U0005085

世界主題之旅
137

義大利
北部大城小鎮

羅馬・米蘭・威尼斯・佛羅倫斯
都靈・阿西西・五鄉地・天空之城

「嗜義」旅遊達人

作者◎吳靜雯

義大利
北部大城小鎮
Northern
Italy

作者序

即使曾住過義大利，後來也持續回訪義大利無數次，但對於不經意走進的燦麗教堂、老屋欣力的古蹟博物館、醉人的山林原野、孤絕的山城，仍不禁而再讚嘆這美麗的國度。義大利這狹長的半島型國家，説大不大，但其豐富度，卻是全球數一數二。

　由於聞名全球的藝術人文主要集中於中北義，因此羅馬以北是許多義大利初遊者的重點區域，書寫時希望將其中值得深入探訪的建築與藝術作品整理出來，協助我們讀者不只是走馬看花，也能感受到那份世世代代人從中獲得的感動，並能多看到一些義大利美麗的生活文化，將之融入自己日常生活中。

　然而義大利除了人文藝術外，自然風光可也毫不遜色！諸如阿爾卑斯山壯麗的山湖景致、中義托斯卡納與溫布里亞柔美蒼翠的丘陵線、遍布於綠林間的野溪溫泉，都讓人一訪再訪。

　感謝這些年來曾共同探索義大利的親友們，也特別謝謝太雅的編輯辛苦校對資料、將龐大的資訊排進適合閱讀的版面中，得以呈現出北義深度之旅這本書。

作者簡介　**吳靜雯**

　曾旅居義大利，細細體驗義式的隨意歲月。每次回義大利，總有種回老鄉般的溫暖，大曬燦爛的義大利豔陽、暢享百吃不厭的義大利美食、探索怎麼也看不完的義大利自然人文。

　出版作品：有太雅So Easy書系《開始在義大利自助旅行》、《開始到義大利購物&看藝術》、《開始在土耳其自助旅行》、《開始在越南自助旅行》、《開始在泰國自助旅行》等；個人旅行書系《英國》；世界主題書系《真愛義大利》、《Traveller's曼谷泰享受》等書。

目錄

旅遊北義不可不知　1

倫巴底 Lombardia　2

威尼托 Veneto　3

皮耶蒙蒂 Piemonte　4

利古里亞 Liguria

艾米利亞一羅馬涅區
Emilia-Romagna

托斯卡尼 Toscana

溫布里亞 Umbria

拉吉歐 Lazio

地圖索引 Maps

【資訊使用圖例】

- http 網址
- 地址
- 電話
- 時間
- 休 休息
- $ 價錢
- 交通指引
- !? 注意事項
- 停留時間
- MAP 地圖位置

【地圖使用圖例】

- ◆ 景點、地標
- ◆ 餐廳
- ◆ 商店
- ◆ 旅館
- 遊客中心
- M 地鐵站
- 巴士站
- 火車站
- 碼頭

本書以深入淺出的方式介紹在地旅遊資訊，提供讀者設身處地的實用導覽。相關情報包括：歷史導覽、景點介紹、小鎮順遊、義起旅行、住宿推薦、貼心提醒、知識充電站等，方便遊客前往探索，透過了解歷史背景故事，深入在地的山水美景之中。

地區／城市介紹
帶你了解當地的背景與現況。

飲食／餐廳／商店／住宿推薦
提供城鎮內具不同類型的飲食或店家選擇；並考量交通與服務等層面，推薦優質住宿。

建議路線／街道地圖
建議的行程規畫安排，與詳細的街道地圖。

景點介紹與參觀重點提示
詳細的參觀資訊，並幫妳整理出參觀的重點。

主題旅遊
精采專題，深入且主題多元的旅行方案。

小鎮順遊
該城鎮遊玩後，推薦也可至附近的小鎮遊玩。

貼心提醒 / 知識充電站
作者的提醒叮嚀，與延伸知識介紹。

品味美食
介紹餐點的上菜順序與各種不同品項的義式餐點。

北義玩什麼
介紹北義各區特色，挑選樂遊區域。

行程規畫
分不同天數，讓你盡情遊歷北義的挑選景點。

購物推薦
伴手禮怎麼買，義大利特產有哪些，通通介紹給你。

臺灣太雅出版編輯室提醒

太雅旅遊書提供地圖，讓旅行更便利

地圖採兩種形式：紙本地圖或電子地圖，若是提供紙本地圖，會直接繪製在書上，並無另附電子地圖；若採用電子地圖，則將書中介紹的景點、店家、餐廳、飯店，標示於Google Map，並提供地圖QR code供讀者快速掃描、確認位置，還可結合手機上路線規畫、導航功能，安心前往目的地。

提醒您，若使用本書提供的電子地圖，出發前請先下載成離線地圖，或事先印出，避免旅途中發生網路不穩定或無網路狀態。

出發前，請記得利用書上提供的通訊方式再一次確認

每個城市都是有生命的，會隨著時間不斷成長，「改變」於是成為不可避免的常態，雖然本書的作者與編輯已經盡力，讓書中呈現最新的資訊，但是，仍請讀者利用作者提供的通訊方式，再次確認相關訊息。因應流行性傳染病疫情，商家可能歇業或調整營業時間，出發前請先確認。

資訊不代表對服務品質的背書

本書作者所提供的飯店、餐廳、商店等等資訊，是作者個人經歷或採訪獲得的資訊，本書作者盡力介紹有特色與價值的旅遊資訊，但是過去有讀者因為店家或機構服務態度不佳，而產生對作者的誤解。敝社申明，「服務」是一種「人為」，作者無法為所有服務生或任何機構的職員背書他們的品行，甚或是費用與服務內容也會隨時間調動，所以，因時因地因人，可能會與作者的體會不同，這也是旅行的特質。

新版與舊版

太雅旅遊書中銷售穩定的書籍，會不斷修訂再版，修訂時，還區隔紙本與網路資訊的特性，在知識性、消費性、實用性、體驗性做不同比例的調整，太雅編輯部會不斷更新我們的策略，並在此園地說明。您也可以追蹤太雅IG跟上我們改變的腳步。

⊙ taiya.travel.club

票價震盪現象

越受歡迎的觀光城市，參觀門票和交通票券的價格，越容易調漲，特別Covid-19疫情後全球通膨影響，若出現跟書中的價格有落差，請以平常心接受。

謝謝眾多讀者的來信

過去太雅旅遊書，透過非常多讀者的來信，得知更多的資訊，甚至幫忙修訂，非常感謝大家的熱心與愛好旅遊的熱情。歡迎讀者將所知道的變動訊息，善用我們的「線上回函」或直接寄到 taiya@morningstar.com.tw，讓華文旅遊者在世界成為彼此的幫助。

旅遊北義
不可不知

義大利大哉問

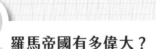

1 Q 義大利在哪裡？

義大利的地形就像一支伸向地中海的優雅靴子，位處於南歐的亞平寧半島。狹長的面積約30萬平方公里，東為宮崎駿卡通《紅豬》的祕密基地亞得里亞海，西邊則為地中海，首都羅馬位於義大利中部。

2 Q 羅馬帝國有多偉大？

義大利史上最著名的古羅馬帝國，其統治範圍曾涵蓋蘇格蘭低地到撒哈拉沙漠、大西洋到美索不達米亞平原，跨足歐、亞、非，當時帝國人口約占全世界人口的20%。

3 Q 羅馬帝國存在多久？

帝國發源於西元前1世紀，BC49年凱撒成為終身獨裁官，BC27年屋大維成為羅馬的第一任皇帝，元老院授予「奧古斯都」的名號，正式進入奴隸制的羅馬帝國，並開始對外擴張，當時的首都羅馬為全球第一大城。

4 Q 分為東、西羅馬帝國？

西元395年狄奧多西一世(Theodosius I)將羅馬帝國分給兩位兒子分治，分為東、西羅馬帝國，羅馬的西羅馬帝國終於西元476年，君士坦丁堡(今伊斯坦堡)的東羅馬帝國(拜占庭帝國)，於西元1453年被鄂圖曼帝國所滅。

5 Q 基督教原為異教？

西元313年之前，基督徒為異教徒，戴克里先等羅馬皇帝曾大規模迫害信徒，直到313年君士坦丁大帝與李錫尼共同頒布米蘭赦令，讓基督教成為合法宗教。392年狄奧多西一世將基督教定為國教。

6 Q 義大利何時統一？

義大利統一前各區小國林立，經加里波底(Garibaldi)等人長期革命後，原為薩丁尼亞·皮耶蒙蒂王國的艾曼紐二世(Vittorio Emanuele II)成為1861～1946年「義大利王國」的第一任國王，1871年首都遷至羅馬。國王傳承了四代，最後一任為溫貝多二世(Umberto II)，1946年正式建立延續至今的「義大利共和國」(Repubblica Italiana)。

必到四大城市

　　羅馬、佛羅倫斯、米蘭、威尼斯這四大城市都位於義大利北部，也是帶領義大利經濟發展的龍頭。

必訪迷人小鎮

　　除了大城市外，柔美的丘陵地托斯卡尼(Toscana)、溫布里亞(Umbria)的樸美小鎮、孤絕的天空之城(Civita di Bagnoregio)，以及濱海地形造就出獨特人文景觀的五鄉地(Cinque Terre)，阿爾卑斯山腳下疏闊的湖區與美食美酒著稱的皮耶蒙蒂(Piemonte)區，均是靜好中透著義式溫情的區域。

必看藝術景點

　　在北義各大家族的助力下，成就了許多稀世珍寶，如：佛羅倫斯的烏菲茲美術館、羅馬的梵蒂岡博物館、米蘭的《最後的晚餐》、威尼斯的總督府，以及各大城市的主教堂(如西耶納及奧維多主教堂)，甚至各古城街巷不經意的轉角，都是令人流連忘返的藝術寶地。而以往的海權霸國比薩、熱那亞，則有斜塔建築群與熱那亞老街巷裡的華麗宮殿群。

北義分區介紹

Trentino-Alto Adige

Friuli-Venezia Giulia

大湖區
Lago Maggiore ★

科摩湖
Lago di Como ★

威尼托
Veneto

Valle d'Aosta

奧爾他湖
Lago d'Orta ★

米蘭
Milano ★

倫巴底
Lombardia

維諾納
Verona ★

威尼斯
Venezia ★

帕多瓦
Padova ★

皮耶蒙蒂
Piemonte

亞德里亞海

都靈
Torino ★

熱那亞
Genova ★

五鄉地
Cinque Terre ★

摩德納
Modena ★

波隆納
Bologna ★

艾米利亞—羅馬涅區
Emilia-Romagna

利古里亞
Liguria

佛羅倫斯
Firenze ★

比薩
Pisa ★

奇揚地
Chianti ★

佩魯吉亞
Perugia ★★

Marche

聖吉米納諾
San Gimignano ★

西耶納
Siena ★

阿西西
Assisi ★

托斯卡尼
Toscana

溫泉區 ★★

蒙特普齊亞諾
Montepulciano ★

溫布里亞
Umbria

奧維多
Orvieto ★

地中海

拉吉歐
Lazio

Abruzzo

羅馬、梵蒂岡
Roma、Vaticano ★

倫巴底
Lombardia

湖泊·購物·設計中心

　　15世紀倫巴底的藝術、貿易、金融大放異彩，經貿觸角開始伸向歐洲北方國家，Visconti家族與Gonzagas家族分別發展出米蘭與曼圖阿(Mantua)這兩座富裕的城市，也因此成為他國征服的目標，16～17世紀倫巴底區社會動盪不安、經濟發展停滯，18世紀初奧地利入主才稍有起色，後來轉為拿破崙轄下的法國領土，直到義大利獨立成功。

　　約有六分之一的人口居住於米蘭，是繼羅馬之後的第二大城，工業、設計、時尚產業發達，成為義大利經濟龍頭，而米蘭適合作為行程最終站，在此買好、買滿所有戰利品，再打道回府；米蘭北部的阿爾卑斯山腳下令人心醉的科摩湖(Lake Como)與大湖(Lake Maggiore)；還有古樸山城貝爾加摩(Bergamo)與小提琴之鄉克雷孟納(Cremona)也在這區。

威尼托
Veneto

歌劇·酒館·浪漫氣息的水鄉

威尼托首府為水都威尼斯，水巷間的老建築，即便不再金光燦麗，依舊雍容爾雅；以《羅密歐與茱麗葉》聞名的維諾納(Verona)，每年夏季在古羅馬劇場所舉辦的露天歌劇季，帶給遊客美好的義式體驗；推薦找個時間來威尼斯附近古老的大學城帕多瓦，欣賞喬托精采的溼壁畫，並與大學生一起享小城生活。

威尼托是義大利最大的葡萄酒產區之一，以風乾葡萄釀製的Amarone、國民氣泡酒Prosecco及義式香檳Franciacorta均產自這區。若想參觀葡萄園及酒莊，加爾達湖(Lago di Garda)周邊的巴爾第諾(Bardino)及瓦爾波利切拉經典(Valpolicella Classico)這兩區的葡萄園景色，美不勝收。

皮耶蒙蒂
Piemonte

山腳·大湖·富麗的皇宮建築

位於義大利西北部，與法、瑞接壤，Pie是「腳」、monte是「山」之意，如其名位於阿爾卑斯山三面環抱的「山腳」，擁有義大利最高的山峰與冰河區。

首府都靈(Torino)為義大利的工業與科技重鎮，城內還有多座華麗的咖啡館、埃及境外最大的埃及博物館、薩伏依(Savoia)王朝富麗堂皇的皇宮建築群！

這區更以自然與美食著稱，包括冬季奧運的滑雪道、充滿仙靈氣息的大湖區與奧爾他湖，以及氣泡酒、松露、榛果巧克力、頂級葡萄酒與葡萄酒圖書館(Museo del Vino a Barolo)、Vini del Ghiaccio冰酒、慢食主義等美食文化。

利古里亞
Liguria

港都·漁村·義大利蔚藍海岸

此區是義大利面積第三小的區域，首府為熱那亞(Genova)，熱那亞共和國曾掌控義大利以西的海域，與稱霸亞得里亞海以東的威尼斯並列為海上強國。利古里亞境內大部分為海岸線與崎嶇的山陵，沿著海岸與法國接壤(靠近尼斯)，連成美麗的里維埃拉濱海度假區(Riviera)，沿線有好幾個著名的度假小鎮，如Bordighera與Alassio之間長達3公里的美麗

沙灘、聖瑪格麗特(Santa Margherita)、Ra-pallo小鎮、芬諾港(Portofino)及最為人所知的五鄉地(Cinque Terre)，另還有迷人的小漁村Camogli及Portovenere港，以花都、賭場、音樂會著稱的聖雷莫(Sanremo)。

精湛的拜占庭藝術。

艾米利亞－羅馬涅區
Emilia-Romagna

美食·酒醋·超跑之鄉

　　由艾米利亞和羅馬涅這兩區組成，「艾米利亞」源自古羅馬人修建的艾米利亞大道(羅馬連接北義的古道)；而「羅馬涅」則是倫巴底人對拉溫納(Ravenna)周區的稱呼。

　　艾米利亞－羅馬涅呈三角形，位於波河與亞平寧山脈之間，一路往東部的亞得里亞海，首府為波隆納，中世紀即創立世上最古老的波隆納大學，19世紀工業時代發展出法拉利、藍寶堅尼、瑪莎拉蒂這些高級汽車品牌。而富饒的土地孕育出豐富食材，讓這區成為義大利最重要的美食之鄉。

　　位在此區東岸的里米尼(Rimini)擁有15公里長的沙灘，為濱海度假勝地；曾是西羅馬帝國和東哥德王國首都的拉維納，則擁有義大利最

托斯卡尼
Toscana

美酒·斜塔·文藝復興藝術標誌

　　美食家韓良露在《義大利小日子》書中提到：「托斯卡尼人獨特的歷史認同……和土地、鄰里的強烈聯繫，田園生活與傳統文化的延續，才是托斯卡尼之所以成為托斯卡尼的原因。」托斯卡尼之美，不只在藝術大城佛羅倫

斯(翡冷翠，Firenze)，還在蜿蜒於丘陵間的絲柏路、葡萄酒莊、橄欖園裡的老修道院等，這片上帝眷顧的土地蘊含著名的奇揚地(Chianti)美酒、比薩斜塔建築群、傳統賽馬聞名的古城西耶納(Siena)等迷人的小城鎮，集自然地景、美食、美酒、藝術、建築、人才於一身！

溫布里亞
Umbria

朝聖·天空之城·地底世界

　　義大利唯一不靠海的區域，亞平寧山脈貫穿此區，最高點為2,476公尺的維托雷山(Mt. Vettore)，境內還有義大利第四大湖特拉西梅諾湖(Lago Trasimeno)，丘陵植被豐富，素有「義大利的綠色心臟」之稱(Il Cuore Verde d'Italia)，生產優質的蜂蜜、橄欖油、葡萄酒、松露等。

　　素有「外國人的大學城」之稱的首府佩魯吉亞(Perugia)，為外國學生學習義文的主要據點，7月初的夏季爵士季，總是吸引無數樂迷前來共襄盛舉；聖方濟各的故鄉阿西西(Assisi)，其充滿神聖氣息的聖方濟各聖殿建築群，已列入世界文化遺產；奧維多(Orvieto)坐落於行

經羅馬與佛羅倫斯的途中，城內擁有優雅的哥德風主教堂與伊特魯斯坎人遺留下來的地底世界，還可由此搭巴士前往傳說中的天空之城(Civita di Bagnoregio)。

拉吉歐
Lazio

遺跡·帝國·最迷你的國家

　　Lazio名稱源自拉丁文的「Latium」，意即「拉丁人之地」，主要為拉丁人居住在此。此區後為擅長工藝的伊特魯斯坎人的居住地，但往南擴展時失利，加上羅馬城興起，最後伊特魯斯坎國王被拉丁貴族驅逐出境，自此開啟輝煌的羅馬帝國史。羅馬建國後，主政者積極建設羅馬城，華麗的公共浴場、神殿、競技場，疆土拓及中亞、非洲，築路工程串連起完善的資訊傳遞網，成就種種現代子孫仍受益的發明，樹立起令人不得不感佩的羅馬精神。

　　雖說拉吉歐的光環全集中在永恆之都羅馬，但獨立邦國梵蒂岡也是世俗世界中最重要的存在，古典希臘藝術品、巴洛克雕刻、文藝復興繪畫，盡收藏在這小邦國的博物館、教堂中。

行程規畫

貼心提醒 **旅遊義大利小叮嚀**

● 可善用高速鐵路旅行，提早訂票常可買到早鳥優惠票。

● 盡量輕裝旅行，古城的路面多是小石塊鋪造的，拉重行李會較辛苦。

義大利地形狹長，旅行時間較短、重在藝術文化之旅者，可以羅馬、佛羅倫斯、威尼斯、米蘭這四大城市為重點；若想悠閒享受義式生活，則可考慮以佛羅倫斯及托斯卡尼為主要旅遊區域；偏好較具義大利色彩的地點，推薦天空之城、托斯卡尼、五鄉地、威尼斯；而喜歡大自然者，北義的科摩湖或大湖湖區，都是很棒的地點。

8日經典行程

Day 1 永恆的藝術之都：羅馬古城、梵蒂岡

羅馬競技場→許願池→萬神殿→西班牙廣場→梵蒂岡博物館→聖彼得大教堂

▲羅馬議事場

　　永恆之都羅馬有著豐富的古遺跡，舉凡羅馬競技場、許願池、萬神殿、西班牙廣場等，整個歷史古城區已列入世界文化遺產。而緊鄰著羅馬的梵蒂岡，為天主教中心，雄偉的聖彼得大教堂、收藏世界級重要藝術品的梵蒂岡博物館，都是來訪義大利不看可惜的景點。

住宿建議：羅馬或梵蒂岡

Day 2 迷人的義式小鎮：天空之城、托斯卡尼小鎮

天空之城→皮恩札→蒙特普齊亞諾或西耶納→聖吉米納諾→奇揚地

　　距離羅馬約120公里，孤絕地聳立於翠綠丘陵間的天空之城，泰然面對自己即將消逝的命運。

　　繼續往北走，是地景最為柔美優雅的托斯卡尼區，中世紀山城西耶納及其南部的蒙特普齊亞諾酒鄉、理想城市典範皮恩札(Pienza)、以及最經典的托斯卡尼絲柏路美景，都位於世界自然遺產的奧爾恰谷(Val d'Orcia)谷區。西耶納不遠處的聖吉米納諾(San Gimignano)，為童話般的高塔古城，而最著名酒鄉奇揚地，則可以依旅遊時間挑選幾個城鎮拜訪。

住宿建議：蒙特普齊亞諾或西耶納

Day 3 人文與自然共構的經典：比薩、五鄉地(五漁村)

▲比薩

比薩斜塔→比薩主教堂與洗禮堂→五鄉地

　　暢享托斯卡尼豔陽後，可往北參觀比薩斜塔、比薩主教堂與洗禮堂，欣賞世界奇景與風格和諧的建築群。接著可搭火車前往利古里亞省的五鄉地，這裡以沿岸的五座濱海小村落聞名，可走上濱海步道，欣賞築於懸崖的繽紛聚落、葡萄園與大海共構的浩瀚美景。

住宿建議：五鄉地或佛羅倫斯

▲五鄉地

Day 4 文藝復興的發源地：佛羅倫斯

佛羅倫斯大教堂→領主廣場＆舊宮→烏菲茲美術館→舊橋→彼提宮→共和廣場＆精品街區購物→Santa Maria Novella百年老藥局購物

　　佛羅倫斯為義大利最重要的藝術城鎮，小小的古城區，收藏了無數重量級的藝術作品，更是方便購買傳統義式食品、天然藥妝及精品名牌的好地方。古城區雖然不大，1天可走完，但若要好好欣賞博物館裡的藝術作品，至少得安排個2～3天的時間。

住宿建議：佛羅倫斯古城區

▲ Santa Maria Novella 老藥局

Day 5 經典水都行：威尼斯

聖馬可大教堂→總督府→嘆息橋→精品街→高岸橋→夜賞聖馬可廣場

　　即使水都因過度觀光化而惡名昭彰，但當你穿梭於頹美的水巷建築間時，不得不承認威尼斯有他處難尋的魅力。若只有兩天，建議第一天住古城區，參觀聖馬可大教堂、總督府等，再往高岸橋、魚市場走，接著搭貢多拉遊水都，晚上再回到聖馬可廣場欣賞花神咖啡館這些老咖啡館的樂團演奏及聖馬可大教堂夜景。

住宿建議：威尼斯古城區

▲威尼斯聖馬可大教堂

Day 6 漫遊謎樣水都：威尼斯

學院美術館→古根漢美術館→安康聖母大教堂→彩虹島
布拉諾

　　在威尼斯的第二天可前往學院美術館、古根漢美術
館、安康聖母大教堂，這區的水巷較為安靜優雅，很值
得慢慢遊逛；接著搭船前往彩虹島布拉諾。有時間的
話，回程可停玻璃島穆拉諾。雙年展期間，還可在城內
各處欣賞展覽、到雙年展公園的主展館區參觀。

住宿建議：威尼斯

▲威尼斯仍有許多安靜而優美的水巷

 Day 7 尋找義式浪漫：維諾納、米蘭

維諾納古羅馬劇場→藥草廣場→茱麗葉之家→米蘭

　　維諾納位於威尼斯與米蘭之間，可中停維諾納，再繼
續前往設計之都米蘭。維諾納是莎士比亞筆下《羅密歐
與茱麗葉》的故鄉，也因這個故事的加持，維諾納成了
全球最浪漫的城鎮之一，而這富裕的城市本身，確實有
著浪漫因子，優美的建築、歡樂的街巷，讓人走在維諾
納街道、河邊，全心感受義式愛情「Amore」。

住宿建議：米蘭

▲維諾納藥草廣場

▲茱麗葉之家

Day 8 時尚、藝術、購物一把抓：米蘭

米蘭大教堂→Prada美術館或最後的晚餐→黃金四邊角
精品街購物→布雷拉美術館→運河區晚餐

　　米蘭與巴黎、紐約並列為時尚之都，亦是最佳的購物
城市，全球精品名牌都想在黃金四邊角精品街區占有一
席之地，而最具哥德建築特色的米蘭大教堂，馬克吐溫
形容為一部大理石寫成的詩；以米蘭為首的義大利當代
設計藝術：前衛的Prada當代美術館、每年4月的國際家
具展設計週、運河區的Tortona設計特區，再加上運河沿
岸歡樂的開胃酒文化、布雷拉美術館街區的優雅生活，
絕對會讓你對米蘭刮目相看。

▲米蘭運河區

▲米蘭時尚精品

14日深度旅程

除了四大城市之外，托斯卡尼多處野溪溫泉及參觀酒莊、烹飪課程，也是相當有趣的深度旅遊；米蘭周區的科摩湖、皮耶蒙蒂的美食之旅及靜雅如詩的湖區風光，或者威尼斯附近的帕多瓦大學城、美食之都波隆納，都是值得多留點時間探訪之處。

Plan 1 藝術生活之旅

▲ 烹飪課程

Day 9　羅馬當代藝術

羅馬城除了經典的景點外，近年的當代藝術也越來越有趣了，例如建築師Zaha Hadid打造的MAXXI二十一世紀當代藝術博物館；若還有時間走進美食雲集的泰斯塔西奧市場(Mercato Testaccio)，那麼你的羅馬之行將更加豐富。

住宿建議：羅馬或梵蒂岡

▲ MAXXI 二十一世紀當代藝術博物館

Day 10、11　托斯卡尼深入酒莊、農莊體驗

推薦安排1～2天的酒莊參觀，亦或入住托斯卡尼美麗的農莊或參加烹飪課程，深入體驗義式生活，將義大利的美麗人生，也帶回日常生活中。

住宿建議：蒙特普齊亞諾

▲ 電力廠改建的考古博物館

Day 12　波隆納的知性學術氣息

遊客常會略過這座美麗的大學城，甚是可惜。波隆納古城內各自展現優雅之姿的拱廊式老街道、活力十足的大學城氣息，就已值得一訪，更別提這裡還是義大利美食的大本營！

住宿建議：波隆納古城

▲ 農莊體驗

▲ 波隆納古城

Day 13、14　靈感泉源科摩湖

米蘭附近的科摩湖，秀美的湖光山色、恬靜的湖濱小鎮，最適合在此慢慢沉澱義大利行的點點滴滴，為這趟旅行劃下完美的句點。

住宿建議：科摩、貝拉焦(Bellagio)

▲科摩湖

Plan 2 呼吸芬多精之旅

Day 9、10　托斯卡尼溫泉之旅

托斯卡尼山谷間還蘊藏了豐富的溫泉，Bagno Vignoni溫泉鎮擁有設施完善的溫泉旅館；喜歡野溪溫泉者，可選擇附近的Bagni San Filippo溫泉；以層層溫泉池著稱的野溪溫泉薩特尼亞(Saturnia)，不但擁有獨特的溫泉景致，還可盡情在層疊而下的溫泉池浸泡，最是過癮！

住宿建議：Bagno Vignoni溫泉鎮或薩特尼亞城

▲奧爾他湖湖濱

Day 11、12　大湖湖區及皮耶蒙蒂美食之旅

如果說科摩湖是秀美，那麼大湖區則是闊朗，附近較小的奧爾他湖畔，還有著童話般的小城鎮。以氣泡酒、號稱「義大利酒王」的巴羅洛(Barolo)葡萄酒、松露聞名的皮耶蒙蒂，還有座瘋狂又具新創力的魔法城市都靈，城內的榛果巧克力、榛果可可咖啡、豐富的開胃酒小菜，絕對不讓遊客失望！

住宿建議：奧爾他湖畔城鎮Orta San Giulio或都靈

▲托斯卡尼溫泉之旅

Day 13、14　義大利的綠色心臟：溫布里亞

重要朝聖地阿西西，擁有神聖的聖方濟各大教堂與喬托精湛的溼壁畫；而古老的大學城佩魯吉亞，曾是培育拉斐爾的藝術之鄉，目前是巧克力及爵士樂的大本營。

住宿建議：阿西西或佩魯吉亞

▲風景秀麗的大湖區

▲冬季滑雪、夏季避暑的北義山區

推薦旅程

阿爾卑斯山北義段的多洛米地山區(Dolomiti)，是個宛如童話世界的區域。這區橫跨義、奧兩國，共分為9大區，擁有特殊的地質與植被，更以直向天際的奇幻山峰聞名，尤其是當夕陽餘暉將這些岩峰染為玫瑰色時，令人對大自然的崇敬之情，不禁油然而生。

雖然自駕較容易參觀山區，但不自駕，也可搭纜車輕鬆上山，再轉搭山上的小火車或巴士，倘佯於美麗的山區，來一趟難忘的森林浴。

▲ Soprabolzano 纜車站出來即可搭該區小火車到周區小鎮

▲沿著小火車鐵軌走，沿路風光迷人

Day 1 波札諾市區觀光→搭纜車上山→入住旅館→周區步道散步

由義大利各主要城市或奧地利均可搭火車抵達波札諾，建議先參觀仍保留許多17世紀老建築的古城區，以及保有千年冰人的考古博物館，再由波札諾火車站附近的纜車站(距離波札諾主廣場Piazza Walther約10分鐘路程)，搭乘長4,560公尺、高度950公尺的雷農纜車(Renon Cable Car)直達山上的Soprabolzano小鎮，車程約12分鐘。

可先入住Soprabolzano的旅館，或搭乘纜車站外的小火車到Lichtenstern-Stella站，住這區的旅館，下午在旅館周區步道散步，或沿著鐵軌走到其他小鎮，晚上再回Soprabolzano鎮上用餐(推薦Babsi Guesthouse民宿附設的餐廳)。

▲生活機能完善的 Soprabolzano 小鎮

▲ Babsi Guesthouse 餐廳的披薩、義大利麵及甜點都做得相當有水準

Day 2 搭Funivie Corno Renon纜車線上山→搭巴士至Piramidi di Terra

由Soprabolzano搭巴士至Funivie Corno Renon纜車線的Stazione a Valle站約25分鐘車程，上山後可在這片山區依循Rittner Horn健行路線走走路，或從山上步行下山，接著再搭約20分鐘車程的巴士到Piramidi di Terra看土版金字塔(長久以來不斷受到暴雨、乾燥、暴雨、乾燥的氣候變化形成的奇特地形)。

▲搭 Funivie Corno Renon 線纜車即可上高山看景，這片山區夏季也是熱門健行區

特色美食

義大利各城市特色鮮明，各有各的特色美食，透過美食的媒介，將可更深入各區的生活文化，讓義大利行更為趣味、豐富。

點餐須知

義大利人的正式全餐餐點

餐桌費 (Coperto)

義大利餐廳帳單上，還會有一筆餐桌費 (Coperto)，算是餐桌、餐具、麵包籃的使用服務費，依人頭算，通常是€2起。

```
                              EURO
1 X MENU DEL GIORN          12,00
2 X COPERTO                  4,00
1 X ANTI. VENEZIAN          10,50
1 X PIRATA                   9,50
```

礦泉水或葡萄酒

麵包 → 前菜 → 第一道菜

配菜 / 第二道菜

濃縮咖啡或餐後酒清口 ← 甜點 ← 配菜

點菜訣竅

吃完義式全餐，可能會撐到走不出門，建議第一道菜或第二道菜擇一，前菜及配菜也可擇一。義大利當地料理口味較重，方便客人佐酒，點餐酒最適合(餐廳自選餐酒vino della casa，通常是便宜又好喝，可點1/4升、半升或1升)。若不喝酒，也建議點氣泡水或礦泉水，要注意的是義大利餐廳的飲品，包括水都要付費。

前菜 Antipasti

　　最常見的義大利前菜包括：大蒜橄欖油烤餅(Bruschetta，常見番茄及羅勒口味)、Crostini烤餅(常見肝醬口味)、新鮮番茄搭水牛起司(Pomodoro e Mozzarella)、帕拿馬生火腿佐哈密瓜、醃肉拼盤(Affettato)。雖然傳統上生菜沙拉算是配菜，但現在也越來越多人將之當前菜，也是較健康的吃法。

▲炸麵團配火腿

▲義式烤餅 (Crostini／Bruschetta)

▲玉米糊 (Polenta) 佐墨魚

▲玉米糕佐松露

知識充電站　認識義大利火腿種類

　　義大利火腿在義式飲食生活中占著相當重要的角色，前菜、披薩都會看到他們的身影，常見的火腿包括：

■生火腿(Prosciutto Crudo)：豬後腿肉清洗後以海鹽按摩，經過幾週的時間重複醃漬、洗淨，低溫保存3個月穩定肉質後，自然風乾10～12個月，整個過程通常約需18個月。

▲常見的哈密瓜義式生火腿前菜

■Prosciutto di San Daniele頂級生火腿：豬隻餵以製作帕馬森起司所剩的乳清，且只使用豬後腿肉製作，熟成時間比一般生火腿還長，味道較為甘甜，接近西班牙的伊比利火腿。

■Prosciutto di Parma國民級生火腿：最普遍常見的生火腿，配上清甜的哈密瓜，最是對味、爽口。

▲義式臘腸 (Salami)

■熟火腿(Prosciutto Cotto)：口感較接近台灣吃的火腿，但味道純粹許多。

■臘腸(Salami)：西耶納地區的黑豬肉做成的臘腸最為著名，是老饕們的最愛。

■義式肉腸(Mortadella)：波隆納特產的熟火腿，外表像大香腸。

▲義式肉腸 (Mortadella) 熟火腿

第一道菜 Primi Piatti

義大利麵(Pasta)、燉飯(Risotto)、湯(Zuppa)等糧食類的料理屬於第一道菜。

米蘭燉飯
Risotto alla Milanese

波河平原產米，米飯也是北義的主食，米蘭人習慣以骨髓湯、番紅花燉飯，再佐小牛犢的腿肉。

肉醬麵
Risotto alla Milanese

最為常見的義大利麵，其中以使用牛或豬碎肉與番茄等蔬菜燉煮的波隆納肉醬(Ragù alla Bolognese)最為著名，亦可使用其他肉類。

義式水餃
Ravioli

早在12世紀熱那亞人就開始食用小義大利餃(Tortellini)煮成的湯餃，內餡多為肉、魚、菠菜、起司，也有些包南瓜餡。

寬管戒指麵
Calamarata

這種特寬的義大利麵口感也很棒，適合搭配花枝、魚肉或肉醬料理。

松露&石蕈菇料理
Tartufi & Porcini

松露香氣特殊，石蕈菇的口感則有點像鮪魚，以橄欖油煎新鮮野菇尤其如此，搭燉飯或義大利麵都美味。

千層麵
Lasagna

最古老的義大利麵種之一，將肉醬與寬扁麵、起司層層鋪好後，最上面再放起司(Mozzarella及Ricotta)焗烤。

培根蛋義大利麵
Carbonara

名稱源自「carbonaro」，炭爐之意，因此有人認為最初是煤炭工人吃的料理。義大利的做法跟台灣一般吃到的培根蛋麵有點不同，義大利的培根蛋義大利麵使用蛋、義式培根(pancetta)或一般培根、黑胡椒、帕拿馬森起司，不加鮮奶油，麵條通常選用細長的義大利直麵(Spaghetti)。

墨魚麵
Spaghetti al Nero di Seppie

義大利的墨魚麵是一般麵條與新鮮墨魚一起烹煮，吃完會滿嘴黑牙，但相當美味！

車夫麵
Spaghetti alla Carrettiera

蒜頭及辣椒料理的義大利麵，藉以幫古時的車夫驅寒。這是道很符合亞洲胃的麵條。

知識充電站 義大利麵種類

一般常說義大利麵是馬可波羅從中國引進的，但據研究指出，早在馬可波羅出生前，義大利半島就已有義大利麵的存在。以往義大利麵屬於奢侈食品，直到17世紀拿坡里發明製作乾燥麵條的機器，才開始普及化，製作出各式的義大利麵，其中包括：義大利直麵(Spaghetti)、扁麵(Lin-guine)、水管麵(Penne)、螺旋麵(Fusilli)、貓耳朵麵(Orecchiette)、千層麵(Lasa-gne)、義式麵疙瘩(Gnocchi)等。

▲扁麵很適合湯汁鮮美濃郁的海鮮麵　▲義式麵疙瘩炒培根大蒜或焗烤均美味

關於義大利披薩

水牛起司及番茄是義式披薩中最重要的元素，其他常見的披薩餡料還包括朝鮮薊、各式火腿、橄欖、鯷魚等。常見披薩種類包含：

■瑪格麗特披薩(Pizza Margherita)：由番茄、水牛起司配料而成的披薩。
■水手披薩(Pizza Marinara)：大蒜、番茄、羅勒烤成的披薩。
■四季起司披薩(Pizza Quattro Formaggi)：以4種不同的起司為餡料的披薩。
■包起來披薩(Calzone)：將餡料封在麵皮內的披薩，有點像大口袋餅。

第二道菜 Secondi Piatti

牛、羊、豬、鴨、兔肉、馬肉、海鮮料理均屬於第二道菜，比較像美式的主菜。著名的第二道菜包括佛羅倫斯牛排、烤羊肉、魚排、炸海鮮(Fritto misto di frutti di mare)等。

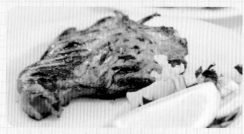

佛羅倫斯牛排
Bistecca alla Fiorentina

獨特的托斯卡尼白牛，處理後冷藏幾天讓肉質變軟，食用前以樹枝燒烤，三分熟為佳，肉質鮮甜，只要加點海鹽就夠了。

炸豬排
Cotoletta alla Milanese
像大象耳朵般大的炸豬排。

烤海鮮
Frutti di mare
靠海的城市可吃到地中海海鮮料理。

配菜 Contorni

常見水煮菜、烤蔬菜、炒菜、生菜沙拉，像是烤花椒、節瓜、大茄子、水煮菠菜等。第一道菜與第二道菜的蔬菜量較少，可加點配菜，通常會在第一道菜與第二道菜之間上菜。

▲非常推薦烤蔬菜，其中橄欖油烤節瓜尤其美味

甜點 Dolci

常見的義式甜點包括：提拉米蘇(Tiramisu)、義式奶酪(Panna Cotta)、千層蛋糕(Mille Foglie)、巴巴萊姆酒糖漿甜點(Baba)、義式冰淇淋(Gelato)、卡諾里卷(Cannoli)。

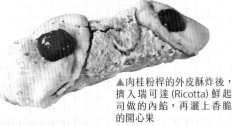

▲肉桂粉桿的外皮酥炸後，擠入瑞可達(Ricotta)鮮起司做的內餡，再灑上香脆的開心果

▲最常見的義式甜點——提拉米蘇

▲搭配蜂蜜及開心果碎片的義式奶酪(Panna Cotta)

飲品

義大利餐廳內的飲品均須付費加點，葡萄酒與水的價格差不了多少，義式濃縮咖啡的價格也受到嚴格把關著，愛品酒、咖啡者，來到義大利應該會喝得相當開心。

水

義大利餐廳的礦泉水通常分為氣泡礦泉水(Acqua Frizzante)、無氣礦泉水(Acqua Naturale)，義大利料理口味較重，很適合搭氣泡水。

北義知名酒

義大利是葡萄酒大產國，有許多享譽全球的知名葡萄酒，包括奇揚地葡萄酒(Chianti)、蒙塔奇諾的布魯內洛(Brunello di Montalcino)、蒙特普希

亞諾貴族酒(Vino Nobile di Montepulciano)、奧維多白酒(Orvieto)、威尼斯的巴爾多利諾(Bardolino)及氣泡酒(Prosecco)、皮耶蒙蒂的義大利酒王巴羅洛(Barolo)、巴巴瑞斯科(Barbaresco)、巴貝拉(Barbera)及莫斯卡托阿斯提氣泡酒(Moscato d'Asti)。而常見的餐後酒包括渣釀白蘭地(Grappa)、檸檬酒(Limoncello)。

▲渣釀白蘭地(Grappa)

義大利咖啡

濃縮咖啡 Espresso

義大利人到咖啡館點「Caffé」，指的就是濃縮咖啡。也適合餐後喝。

咖啡瑪奇朵 Caffé Macchiato

小杯濃縮咖啡加點牛奶，杯子就跟濃縮咖啡一樣小杯，非常推薦的一款義式咖啡，任何時候都適合喝。

卡布奇諾 Cappuccino

濃縮咖啡添加鮮奶及奶泡。義大利人不會在餐後點卡布奇諾，無助消化，通常中午過後就很少點卡布奇諾。

拿鐵咖啡 Caffé Latte

濃縮咖啡加鮮奶，比例約為1/3濃縮咖啡、2/3鮮奶，義大利人也不會在餐後點拿鐵咖啡。「Latte」義文是指鮮奶，點咖啡拿鐵記得說「Caffé Latte」，否則會獲得鮮奶一杯。

美式咖啡 Caffé Americano

萃取出濃縮咖啡後再加水。

可可咖啡 Caffé Marocchino

可可、濃縮咖啡與鮮奶的完美組合。

長咖啡 Caffé Lungo

做濃縮咖啡時，水量增多，萃取的時間也較長(Lungo)，因而取其名。

冰搖咖啡 Caffé Shakerato

濃縮咖啡加冰塊放在調酒壺搖勻，表面會有一層細緻的泡沫。

麥茶咖啡 Caffé d'Orzo

不喝咖啡或鮮奶的蔬食者，可以試試這款以大麥取代咖啡豆的飲品，若點麥茶拿鐵，其中的鮮奶則以豆漿、燕麥奶或杏仁奶代之。

知識充電站 餐前酒文化

義大利人不大喝茶，除了咖啡之外，餐前酒文化非常盛行，晚餐前大多會喝餐前酒，像是Prosecco國民氣泡酒、威尼斯著名的水蜜桃雞尾酒(Bellini)、及帶甘苦味的金巴利調酒(Campari)等。

金巴利調酒

午後到晚餐前，義 ▶
大利人習慣喝調酒

▲很適合夏天飲用的義式冰搖咖啡　▲加上可可的 Caffé Marocchino　▲任何時刻都適合飲用的 Caffé Macchiato

餐廳種類

小酒館 Osteria

氣氛輕鬆的餐館，也較具當地特色。

咖啡吧 Bar

　　Bar在義大利就是咖啡館的意思，也提供各種酒飲，並扮演著里長伯的角色。特別注意的是，在咖啡館站著喝比坐著喝便宜！

酒飲專賣店 Enoteca

　　義大利及各國酒飲的大本營，有些還提供餐前酒及簡單下酒菜。

正式餐廳 Ristorante

　　服務及餐點都較為講究的餐廳，晚餐時大部分用餐時的義大利客人會精心打扮。

熟食店 Rosticceria

　　可以買到烤雞、烤馬鈴薯、烤豬肉等外帶熟食料理。

餐館 Trattoria

　　料理選擇與餐廳差不多，只是較不那麼正式、講究。

披薩店 Pizzeria

　　義大利國民餐館，供應便宜又美味的披薩及常見義式料理。

▲咖啡吧是義大利人簡單吃早點的地方，可頌基本上都做得相當有水準

▲熟食店，烤雞與烤馬鈴薯通常相當美味

PIZZA ALLA PALA
€ 6,50

▲除了餐館外，麵包店或咖啡吧也可看到這種切片披薩或佛卡夏烤餅 (Focaccia)，是便宜用餐的好選擇

▲小酒館的氣氛較為輕鬆

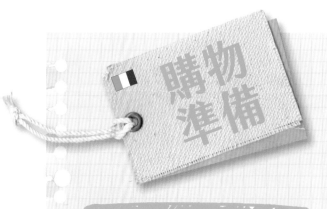
購物準備

推薦買物

精品名牌

要説義大利最大的特產，當屬精品名牌莫屬了，舉凡Gucci、Prada等知名頂級精品，全是「Made in Italy」！(請詳見P.33)

▲「Made in Italy」的剪裁及材質，確實有其獨到之處，難怪能成為品質保證的商標

皮件

義大利人的手工技藝一向卓越過人，長久的工藝傳承讓義大利皮件發展到藝術般的境地。

▲中價位百貨 Coin 可買到優質、價格又不會太高貴的當地品牌產品

廚房、生活雜貨

以設計聞名的義大利有許多實用又美觀的生活雜貨，例如Alessi這個品牌，歷年與不少當代設計大師合作，推出許多獨特又實用的生活雜貨。

▲設計聞名的義大利出產許多實用又美觀的生活雜貨

橄欖木產品

義大利橄欖樹多，易買到百年老木製成的砧板等橄欖木產品。

摩卡壺

Bialetti公司是摩卡壺的始祖，價格親民，近年產品還擴及各種鍋碗瓢盆；Alessi也設計出相當好用的摩卡壺。

天然保養品

義大利教會修士們長久以來有系統地投注心力研究歐洲草藥，且歐盟國家對於產品品質嚴格控管，因此可買到優質、價位又合理的天然保養品、香皂，如：

● **Terre Verdi**：創辦人來自西西里島，產品研發也取自西西里島的傳統配方。有機保養品以使用對肌膚無負擔的原料，且不做動物實驗。尤其推薦保溼面霜(Neroli Pom Moisturiser)、精華液(FranChouliPom Nourishing Facial Serum)及玫瑰水。

● **Santa Maria Novella**：佛羅倫斯四百年歷史的老藥局，眼霜、噗噗莉香氛罐、玫瑰水等都是很推薦的產品。(請參見P.159)

● **蕾莉歐(L'ERBOLARIO)**：義大利最富盛名的天然保養品牌，義大利價格較便宜，護唇膏、護手霜都是平價又實用的伴手禮，蕾莉歐艾菜絲煥顏彈力霜(L'ERBOLARIO Risposta Perfezione)也是掃貨重點。

▲蕾莉歐很受好評的抗妊娠紋霜　▲ Terre Verdi 優質有機保養品　▲ Santa Maria Novella 的蜂膠保健品

▲博物館般的 Santa Maria Novella 老藥局

Marvis牙膏

號稱LV等級的牙膏，推出7種不同味道的牙膏，義大利價位比其他國家便宜許多。近年歐洲越來越倡導不含氟的牙膏，也很推薦購買。

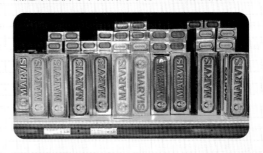

葡萄酒

義大利是享譽全球的葡萄酒出產國之一，不但價錢便宜，各地特色大不同，選擇相當多。(知名葡萄酒請參見P.27)

橄欖油

義大利將各種成分都控制在最佳狀態，算是全球最優質的橄欖油產地，且當地優質橄欖油選擇多，非常值得購買。

▲義大利橄欖油質優、選擇又多

葡萄酒醋(Balsamico)

各地西式餐廳所選用的頂級食材，但單價較高，常吃生菜沙拉者，也可考慮購買像Esselunga或Coop超市裡的有機葡萄酒醋，實惠許多。

酒醋為長時間發酵釀造而成，建議購買有機的葡萄酒醋。

有機葡萄酒醋 ▶

咖啡豆、咖啡粉

台灣超市幾乎都可以買到義大利知名咖啡品牌產品，因此較推薦購買當地咖啡店自家烘焙的產品。

含咖啡豆的巧克力糖

巧克力內包裹著香氣十足但略帶苦味的咖啡豆，真是絕配！

食材、調味料

石蕈菇乾、松露、帕拿馬森起司、西西里島海鹽等，都是很值得購買的義大利食材。

▲ Eataly 超市販售的這款　▲咖啡義大利麵
松露薯片相當好吃

▲香醇的榛果醬，尤其推薦都靈特產的榛果巧克力醬
(Gianduja)

特殊口味義大利麵醬

青醬、肉醬這類醬料在台灣已很常見，比較推薦購買黑、白松露醬等較珍貴或台灣不容易買到的醬料。

▲石蕈菇醬 (Porcini) 的口味也不輸松露醬

天然有機茶包

當地花草製成的茶包，推薦購買較無農藥殘留疑慮的有機產品，其中最推薦茴香與錦葵(Malva)，買回家可混在一起泡。

義大利品牌清單

精品名牌：Prada、Miu Miu、Gucci、Salvatore Ferragamo、Bottega Veneta、Fendi、Tod's、Marni、Brunello Cucinelli。

國民品牌：Benetton與Sisley服飾、Superga老字號帆布鞋、O Bag(可自選配件組搭出屬於自己風格的包、錶、太陽眼鏡)。

▲許多城市郊區設有環境規畫得宜的Outlet，提供舒適的購物環境

▲義大利最常見的百貨公司為Coin及La Rinascente，尤其Coin百貨多為當地優質的中價位品牌，很值得逛

辨別 DOP、DOC、及 BIO

DOP及DOC標籤：在規定產地、以特定傳統製法、獲得品質認證的食品才可標示DOP產地品質標籤(葡萄酒的標示為DOC)，想購買優質義大利食品可以此為參考。

BIO標籤：若欲買有機產品，則可認明有機認證BIO標示(Biologico)。需要長時間發酵的葡萄酒、酒醋，以及茶包、天然保養品，較建議購買有機產品。

▲ DOP 及 DOC 標籤　▲ BIO 標籤

義大利食品哪裡買？

當地商店：米蘭Peck高級雜貨鋪(P.45)、佛羅倫斯Pegna老雜貨鋪(請參見P.146)

Eataly慢食主義超市：精選義大利各區以慢食(Slow Food)精神製作的產品。(各大城市均設有分店，請參見P.130)

Naturasi有機超市：義大利最具規模的有機超市。(各大城市均設有分店)

Coop超市：嚴格把關產品來源及品質的合作社性質超市，是目前義大利規模最大的超市。

Esselunga超市：創立於1957年，也是義大利境內第一個連鎖超市品牌，自家的產品品質也很不錯。

其他義大利常見超市還包括：SPAR、PAM、Conad、Punto、家樂福，最近還出現了24小時營業的超市，購物的時間較不受限。

▲由劇院改的威尼斯超市 Despar Teatro Italia　▲在義大利超市內的熟食區購物時，記得抽號碼牌等候叫號

▲精選各地優質食品、保養品的 Eataly 超市

如何辦理退稅

退稅條件

在加入退稅聯盟公司的店家購物，並在同一家店、同一天內購買超過€155，可出示護照(或影本)請店家提供退稅單。目前，義大利的退稅公司有Global Blue、Tax Refund、Planet(原Premier Tax Free)。

退稅程序

1 Step 辦理退稅準備

抵達機場後持未使用過的退稅商品、退稅單、護照及信用卡，前往退稅櫃檯辦理退稅。

2 Step 海關蓋章

若只有義大利的退稅單，不需先取得海關蓋章，退稅櫃檯要求到海關蓋章再去即可。

3 Step 選擇退稅方式

選擇退稅現金幣值或退入信用卡，現金退稅每筆需加收手續費，但現金先入袋為安；信用卡退稅不需收手續費，但匯率較差。

4 Step 繳交退稅單

櫃檯收回退稅單，完成辦理退稅程序，就可前往登機櫃檯辦理登機，入關候機。

若在機場時間較短且10天內就會出境者，可以直接在市區辦理退稅，抵達機場後，直接走快速通道。服務人員會要求看機票資料，需出示電子機票或線上劃位的電子登機證，並繳回退稅單。

1 Step 至市區退稅處

通常與私營匯兌所合作，窗口標有退稅公司的商標及「Tax Refund」的字樣，Global Blue退稅公司通常設在La Rinascente百貨裡。有些精品店則可在結帳時，直接辦理市區退稅。

2 Step 出境前至機場退稅櫃檯繳回退稅單

抵達機場後，持未使用過的退稅商品、退稅單、護照及信用卡，前往退稅櫃檯繳回退稅單。已辦理市區退稅者，可走快速通道，並出示電子機票或線上劃位的電子登機證，退稅櫃檯若要求到海關蓋章再去即可。

緊急 先辦理登機，再繳回退稅單

若時間來不及，可先至航空公司櫃檯辦理登機，入關後再到裡面的退稅櫃檯繳回退稅單，或裝在信封投入該退稅公司的退稅郵筒。

注意 務必繳回退稅單，否則會從信用卡扣回退稅金額再加上罰金！

▲與退稅公司合作的私營匯兌所，窗口標有退稅公司的商標及「Tax Refund」的字樣

退稅叮嚀

● 退稅單上的國家，一定要是「158-Taiwan」。有些店員搞不清楚台灣跟中國，在單子上打China，可能導致無法退稅，當場看到一定要請服務人員修改，否則可至該退稅公司的服務中心，請他們跟店家聯繫，修正國籍資料。

● 大瓶液體等無法手提上機的退稅商品，需放託運行李，再前往航空公司櫃檯辦理登機手續。

▲ 市區辦好退稅後，所有退稅單會放在信封裡，服務人員會蓋上 Early CC Refund 的章，抵達機場後直接到快速通道，繳回退稅單

住宿訂房

義大利是觀光大國，各城市旅館數量多，除了星級旅館外，還有民宿(B&B、Pensione)、青年旅館(Ostello)，及近年相當流行的公寓式旅館，而濱海、湖區等度假勝地，也能找到便宜的露營區。旅館較多位在火車站及大景點周區，如遇到展覽或大型活動，建議先預訂以免向隅。旺季及大活動期間的房費會高許多，而淡季11～2月的房價較低。

住宿類型

青年旅館

不一定青年才能住，大部分除了以床鋪為主的房間外，還設有2～4人房，親子旅遊也適合。通常設有共用廚房、洗衣機、休閒設施等。單獨旅行者推薦住青年旅館，省錢之餘，還可認識各國旅客。

民宿

較具當地特色，有些還提供豐富的早餐。

星級旅館

分一～五星級旅館，淡旺季價格差很大，三星級以上的旅館房況通常就很不錯了。

公寓式旅館

單房至多房公寓，設有廚房，可自炊，有些也提供洗衣機。

訂房須知

訂房時可注意下列條件，讓旅程更加順利：

● **衛浴位置**：衛浴在房內或在房外？

● **早餐提供**：是否含早餐？

● **電梯設備**：是否設有電梯？因義大利大樓無法隨意改建，因此有些住宿並沒有電梯，攜帶大行李者應特別注意。

● **城市稅**：城市稅(City Tax)，每人約€3起，視城市及旅館等級而定，最多收取10晚，通常是入住或退房時以現金支付。

● **通訊習慣使用**：訂公寓者，建議下載並註冊WhatsApp通訊軟體，方便當地屋主聯繫抵達時間或交通等訊息。

引領世界潮流的時尚之都

倫巴底 Lombardia

Milano
米蘭

　　米蘭在大戰期間飽受摧殘，城內建築多為戰後重建，因此米蘭的市容與城市文化，有別於其他傳統城市，較為現代、輕盈：大教堂旁的艾曼紐二世大道與精品街區的時尚氣息、Corso Garibaldi與Corso Como街區的優雅生活、布雷拉美術館周區奔放的藝術氛圍、運河區那股讓人盡情放鬆享樂的魔幻力量與前衛藝術，組構出一座探得越深，越令人著迷的米蘭城。

聯外交通

米蘭為北義最大都市，共有兩座國際機場：馬爾彭薩國際機場(Milano Malpensa Airport，MXP)及利納特國際機場(Linate Airport，LIN)；聯外的火車站主要為：米蘭中央火車站(Milano - Centrale)與加里波底門火車站(Milano Porta Garibaldi)，另外還有多座小火車站銜接周區大小城鎮。米蘭大都會的範圍雖大，但都心區規模適中，步行或適時搭配地鐵、電車或巴士即可輕鬆參觀各景點。

▲米蘭中央火車站除了是交通樞紐外，建築本身也是折衷主義的典範

【搭飛機】

馬爾彭薩國際機場為米蘭的主要國際機場，亞洲飛來的航線多停靠於此。往返機場可搭乘火車、機場巴士、或計程車，約50分鐘車程；另一座距離市中心較近的利納特國際機場，多為中短程航線，可由聖巴比拉廣場(Piazza San Babila)旁的歐洲大道(Corso Euorpa)搭73號公車前往，約20分鐘車程；廉價航空多停靠米蘭附近的貝爾加摩鎮的Bergamo Orio Al Serio(BGY)，可搭乘火車或巴士前往。

● 馬爾彭薩機場
http www.milanomalpensa-airpo rt.com／ ℡ +39 02 232323

機場火車

可由靠近史豐哲城堡的Milano Nord Cadorna火車站或米蘭中央火車站搭義大利國鐵的機場快車Malpensa Express前往機場，或搭TRENORD慢車往返馬爾彭薩國際機場，車資€13，車程約50分鐘。

機場巴士

馬爾彭薩機場可搭Terravision、Autostradale、Milano-Aeroporti、Malpensa Shuttle

等機場巴士往返EXPO/Fiera Milano City展覽場站、Rho Fiera大展覽場站、米蘭中央火車站，車程約50分鐘，車資€8～10。若要往返馬爾彭薩機場和利納特機場，可搭Malpensa Shuttle巴士所提供的專線。

往返廉價航空停靠的Bergamo Orio Al Serio機場，可搭Orioshuttle、Terravision、Milano-Aeroporti巴士。

● Terravision巴士
http www.terravision.eu

● Autostradale巴士
http www.autostradale.it

● Milano-Aeroporti巴士
http www.milano-aeroporti.it

● Malpensa Shuttle巴士
http www.malpensashuttle.com

● Orioshuttle巴士
http www.orioshuttle.com

機場計程車

依循機場內的「Taxi」指標即可至計程車搭乘處，往返馬爾彭薩機場與米蘭市中心車程約50分鐘，車資€104；而馬爾彭薩機場至米蘭Fiera展覽場，€86；馬爾彭薩機場與利納特機場，€116。

● 計程車
℡ +39 02 6969、+39 02 4000

【搭火車】

由歐洲及義大利各主要城市均可搭火車抵達米蘭，城內有好幾座火車站，主要火車站為米蘭中央火車站，私營高鐵Italo也會停靠在加里波底門火車站。

● Trenitalia義大利國鐵
http www.trenitalia.com

● Italo私營高鐵
http www.italotreno.it

【搭巴士】

長途巴士多停靠中央火車站旁的廣場，可由此轉搭市區地鐵、電車、巴士。

● Flixbus長途巴士
http www.flixbus.com

貼心提醒 留意自身財物

■「黑人套手鍊、鴿子飼料」的陷阱：在米蘭大教堂廣場及艾曼紐二世走廊常會遇到黑人硬塞編織手鍊，並聲稱免費贈送，務必立即歸還，否則會被索取費用。廣場上的鴿子飼料也一樣，餵鴿子後會向你索取不合理的價錢。

■ 留意偷竊行為：搭地鐵、公車時，包包一定要放身前，覺得有人擠過來，就要特別注意自身財物。

市區交通

米蘭市區擁有完整的地鐵、電車、巴士交通網絡由ATM公司營運，同一張車票可以在90分鐘內任意轉搭電車、公車、地鐵（€2.2，但地鐵只能進出一次）。推薦購買24小時(€7.6)或48小時(€13)車票，在有效時間內可無限搭乘各種市區公共交通工具，或可選擇購買米蘭通(Milano City Pass)，除了無限次數搭乘米蘭市區公共交通外，還享有一些景點門票優惠，及機場計程車車資優惠。

米蘭通 Milano City Pass

http www.milanocard.it／$
€14(24小時)、€19(48小時)、€21(72小時)，另有機場巴士、主教堂聯票／⁉ 購票方式：官網線上購票；現場購買可以至米蘭中央火車站地面樓層(GF)西翼、或米蘭大教堂旁的Highline Gallery(Via Silvio Pellico 2，4樓)遊客中心

【搭地鐵】

遊客最常搭乘3號黃線，行經中央火車站、米蘭大教堂、Montenapoleone精品街等重要景點。紅線則可到Rho Fiera商展中心。

● ATM米蘭市區公共交通
http www.atm.it／⁉ 購票方式：在地鐵站的購票機或貼有ATM標示的商店、報攤均可以購票

▲米蘭地鐵各線的標示相當清楚，地鐵站內會以該地鐵線的代表色紅、黃、綠色來設計

▲除了新型電車外，部分路線仍保留可愛的老電車

▲可在車上享用晚餐的老觀光電車

【搭計程車】

可透過Uber APP、Wetaxi APP叫車，或撥打電話、街上的計程車站搭車。

餐廳推薦

北義料理使用較多的米飯、起司與奶油，米蘭以燉牛膝(Ossobuco)及加入番紅花的米蘭燉飯(Risotto alla Milanese)、米蘭炸豬排(Cotoletta alla Milanese)著稱，周區的曼圖阿小鎮(Mantua)則以南瓜餃(Tortelli di Zucca)聞名，玉米粥(Polenta)也是北義人冬季的最佳糧伴，耶誕佳節當然少不了高帽子麵包(Panettone)。

▲加入番紅花的米蘭燉飯

▲耶誕節必吃的高帽子麵包

Nerino Dieci Trattoria
義式餐廳

http nerinodieci.it／ 📍 Via Nerino 10／📞 +39 02 3983 1019／🕐 週一～六12:30～14:30、19:30～23:00／休 週日／➡️ 由米蘭大教堂步行約10分鐘／MAP P.43 ❶

藏身於平價購物街Via Torino巷弄內的熱門小餐館，建議先預約。除了經典義大利菜肴外，也有鮮美海鮮料理值得品嘗，選酒及服務相當有水準。

Al Cantione
義式老餐廳

http alcantinone.it／ 📍 Via Agnello 19／📞 +39 02 863015／🕐 07:00～15:00、18:00～22:30／➡️ 由地鐵Duomo站步行約4分鐘／MAP P.43 ❷

位於艾曼紐二世走廊旁的義式老餐館，相當推薦節瓜鮮蝦義式麵疙瘩，真是令人念念不忘的好滋味。料理美味外，還提供豐富的藏酒。另一家位於黃金四邊角精品街區內的Paper Moon，也是很推薦的米蘭經典餐廳(Via Bagutta 1)。

▲米蘭大教堂旁的老餐館

▲節瓜鮮蝦義式麵疙瘩

Portobello
海鮮餐廳

📍 Via Plinio 29／📞 +39 02 2951 3306／🕐 週二～日12:00～14:30、19:00～00:00／休 週一／➡️ 由地鐵1號線Lima站步行約7分鐘／MAP P.43 ❸

深受當地人喜愛的海鮮餐廳，較少遊客到訪，無論是海鮮麵或燉飯，都分量十足、食材新鮮、味道又相當到位，披

薩也做得非常棒，是家可以吃得相當過癮的道地餐館。

Marchesi 1824
老甜點店

http pasticceriamarchesi.com／ 📍 Corso Vittorio Emanuele II／🕐 07:30～21:00／➡️ 由地鐵Duomo站步行約2分鐘／MAP P.43 ❹

Marchesi為米蘭1824年開設的百年老甜點店，後來Prada將之納入集團旗下，在艾曼紐二世走廊Prada精品店2樓開設新分店，讓老店披上Prada的外衣亮麗登場。咖啡館融合了Prada的簡練時尚與老店的典雅，提供美味甜點、正統義式水果軟糖、下午茶、及價位超合理的香醇咖啡，讓客人捧著茶飲，悠賞雅致的艾曼紐二世走廊。

▲雖為精品甜點店，但站著喝的咖啡價格，與一般咖啡館一樣平價，悠閒享受米蘭的好地方

OUT-OF-THE-BOX
冰淇淋店

📍 Via Marcello Malpighi 7／🕐 週日～四12:00～23:00、週五～六12:00～24:00／➡️ 由地鐵1號線Porta Venezia站步行約3分鐘／MAP P.43 ❺

位於威尼斯門附近超優質冰淇淋店，每天少量製作，確保

冰淇淋的新鮮度，價格雖較高，但食材都是精心挑選而來的，如瑞可達起司(Ricotta)選用的是1876年開始製作起司的Luigi Guffanti老品牌。最推薦杏仁口味(Mandorla Integrale)，口感完全是另一個層次！另還有許多創新口味，像是由咖啡＋馬斯卡彭起司(Mascarpone)＋可可搭配的Guglielmo口味，讓客人充分享受OUT-OF-THE-BOX的開箱驚喜。

喜歡巧克力口味者，則推薦Cadorna火車站附近的Chocolat Milano冰淇淋店，綿滑香濃的口感，多年不變。

烘好的豆子直送吧台儲豆槽。偌大的空間裡，還設有較為安靜的酒吧區及令人看了垂涎三尺的烘焙坊，而他們也聰明地招攬米蘭最熱門的Princi烘焙店入駐，提供各種美味的義式甜點及鹹點，完全抓住義大利人的胃。

▲坐落在典雅老建築中的星巴克，戶外座位區也布置得相當夢幻

住宿推薦

Starbucks Reserve Roastery

咖啡館

http starbucksreserve.com／📍Piazza Cordusio 3／🕐07:00～23:00／➡由米蘭大教堂步行約5分鐘／MAP P.43 ⑥

星巴克要打入這個隨處飄著咖啡香的義大利，並不容易，但他們在米蘭找到了一個華麗的切入點：將典雅的舊郵局大樓，改造為讓人一踏進門就忍不住驚呼連連的咖啡館，因為裡面有著超大型烘豆機，連接著天花板上的美麗銅管，將剛

Hotel Gran Duca di York

三星級旅館

http ducadiyork.com／📍Via Moneta 1／📞+39 02 874863／➡由地鐵Duomo站步行約6分鐘／MAP P.43 ①

位於米蘭大教堂附近的小型精緻旅館，地點便利而優靜，雖然沒有頂級奢華設施，但房間布置典雅，設備齊全，並提供頗具水準的歐式服務。

Eurohotel

經濟型旅館

http eurohotelmilano.it／📍Via Giuseppe Sirtori 24／📞+39 02 20 40 4010／➡由Porta Venezia地鐵站步行約2分鐘／MAP P.43 ②

威尼斯門地鐵站附近的經濟型旅館，提供簡單、乾淨、交通便利的住宿環境，周區用餐方便，深受上班族喜愛的平價三明治及義大利麵店Panino Giusto，超優質的OUT-OF-THE-BOX冰淇淋店、及24小時營業的超市都近在咫尺，鄰近的大馬路就是好逛的中價位購物街——布宜諾艾利斯大道。

Ostello Bello

青年旅館

http www.ostellobello.com／📍Via Medici, 4／📞+39 02 36582720／➡由地鐵3號線Missori站步行約8分鐘／MAP P.43 ③④

將青年旅館精神詮釋到精髓的一家，除了背包客所需的洗衣機、行李存放等設施外，還提供免費迎賓飲料、不限時的免費早餐、19～21:00的免費晚餐。無論是服務、設施都充分發揮青年旅館精神，成為背包客首選。米蘭共有兩家分店，一家距離米蘭大教堂或運河區約15分鐘路程，規模較大的分館則較靠近中央火車站。

建議路線

Day 1

米蘭大教堂→艾曼紐二世走廊(Marchesi 老甜品店)→史卡拉歌劇院→黃金四邊角精品街區→布雷拉美術館及步行至購物區→行人徒步區 Corso Garibaldi、Corso Como 來杯餐前酒→晚餐

Day 2

感恩聖母教堂觀賞《最後的晚餐》→聖毛里齊奧堂→史豐哲城堡→ Starbucks Reserve Roastery → Prada 當代美術館→布宜諾艾利斯大道中價購物區(超市、OUT-OF-THE-BOX 冰淇淋)→運河區體驗義式開胃酒文化

旅人的六大必體驗

- 米蘭大教堂
- 達文西《最後的晚餐》
- 米蘭運河及開胃酒文化
- 布雷拉美術館及 Corso Garibaldi、Corso Como 優雅街區
- 科摩湖
- 時尚街區走一回

中國城
Quartiere Cinese ⑩
Via P. Sarpi

Corso Sempione

Via Bertani

Via Cesariano

Piazza Sempione

Via Mario Pagano

Viale Milton

Viale Alemagna

La triennale di Milano

Cadorna Triennale Ⓜ

Piazza Conciliazione

Via Boccaccio

Cociliazione Ⓜ

感恩聖母教堂
Chiesa di Santa Maria delle Grazi

Piazza Baraco

Corso Magenta

Largoa D'Ancona ⑤

Via Carducci

達文西科學暨科技博物館
Museo della Scienza e della Tecnologia Leonardo da Vinci

Vercellin

Via Terzaggio

聖安勃吉歐教堂
Basilica di Sant' Ambrogio Ⓜ

Sant' Ambrogio

Via Lanzon

Via Olona

Via de Amicis

Viale Papinano

Corso Genova

北
● 景點　● 商店
● 餐廳　● 旅館

往Porta Genova火車站及
Torotona設計特區、運河區

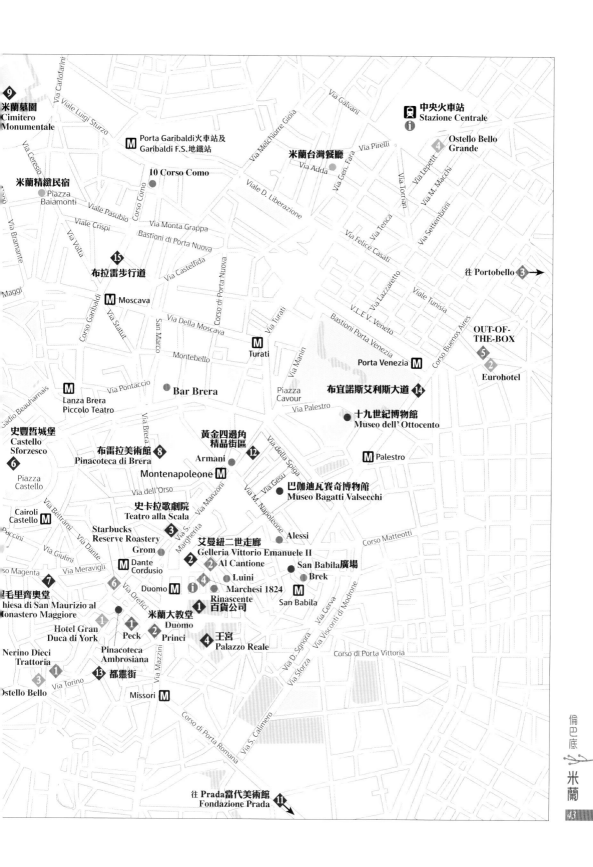

9 米蘭墓園
Cimitero
Monumentale

米蘭精緻民宿
Piazza
Baiamonti

Porta Garibaldi火車站及
Garibaldi F.S.地鐵站

15 布拉雷步行道

10 Corso Como

米蘭台灣餐廳

Ⓜ Moscava

中央火車站
Stazione Centrale

Ostello Bello
Grande

往 Portobello **3** →

Ⓜ Turati

Porta Venezia **Ⓜ**

OUT-OF-
THE-BOX

5

2

Eurohotel

Ⓜ Lanza Brera
Piccolo Teatro

Bar Brera

Piazza
Cavour

布宜諾斯艾利斯大道 **14**

十九世紀博物館
Museo dell' Ottocento

史豐哲城堡
Castello
Sforzesco

6

Piazza
Castello

布雷拉美術館 **8**
Pinacoteca di Brera

黃金四邊角
精品街區

12

Armani

Ⓜ Palestro

Cairoli
Castello **Ⓜ**

Montenapoleone **Ⓜ**

巴伽迪瓦賽奇博物館
Museo Bagatti Valsecchi

史卡拉歌劇院
Teatro alla Scala

3

Starbucks
Reserve Roastery
Grom

Alessi

艾曼紐二世走廊
Gelleria Vittorio Emanuele II

Corso Matteotti

7

Ⓜ Dante
Cordusio

2

2 Al Cantione

San Babila廣場

6

Duomo **Ⓜ**

ⓘ

4

Luini

Marchesi 1824

Brek

Ⓜ San Babila

毛里齊奧堂
hiesa di San Maurizio al
onastero Maggiore

1 Rinascente
百貨公司

Hotel Gran
Duca di York

1

1

Peck

2 Duomo
Princi

4 王宮
Palazzo Reale

Nerino Dieci
Trattoria

1

Pinacoteca
Ambrosiana

3

Ostello Bello

13 都靈街

Corso di Porta Vittoria

Missori **Ⓜ**

往 Prada當代美術館
Fondazione Prada

11

哥德藝術的完美體現

米蘭大教堂
Duomo di Milano

http duomomilano.it／◎ Piazza del Duomo／📞 +39
02 7202 3375／🕐 09:00～19:00，夏季週四屋頂
平台夜間開放18：00～22：00／💲 大教堂€3，屋
頂平台€15、搭電梯€22、快速通道€28，大教堂+
博物館€8／➡ 地鐵1號及3號線Duomo站／⧖ 1小
時／MAP P.43 ❶

米蘭大教堂可說是米蘭人的精神中心，始建於
西元1386年，直到西元1897年才全部完工，歷
經了5世紀之久，規模為全球前三大教堂，教堂
總面積達11,700平方公尺，最多可容納35,000
人。建築本身不但完美體現哥德式建築特色，還
記錄了重要的歷史與信仰，整座建築宛如一首雋
永的史詩。

教堂正面的五座銅門中，左邊第一座即記載了
君士坦丁大帝頒布《米蘭赦令》的事蹟(君士坦丁
大帝與李錫尼於西元313年在此頒布，讓基督教
成為羅馬帝國合法宗教)，第二座描繪米蘭守護聖
人聖安伯吉歐生平事蹟，中間的第三座以優雅的
雕刻技藝述說聖母瑪莉亞的一生，第四座記述菲
德烈二世萊尼亞諾戰爭事蹟，第五座完整刻繪出
大教堂歷史。

▲遊客可登上屋頂平台，穿梭於雕刻間

由於米蘭大教堂在基督教歷史上具重要意義，
拿破崙在巴黎聖母院加冕為法國皇帝後，又於西
元1805年在此加冕為義大利國王，並宣稱自己
的權力至高無上，教會也無可管。

建築主體風格為哥德式，多為垂直向上的細
節裝飾，135座尖塔頂端均為雕像，裡裡外外多
達6千多尊雕像，及96座具不同造型的獸型排水
口。108公尺的中央塔，高立著以3,900多片金

▲整座教堂共有6千多尊雕像裝飾而成

▲米蘭大教堂為全球最大的哥德式教堂

▲採用大片彩繪玻璃裝飾的哥德式建築風格

箔裝飾而成的聖母瑪莉亞像。教堂內部以大量的垂柱及尖拱頂，形成一種崇高、直入天廳之感，並大量採用彩繪玻璃取代溼壁畫描述聖經故事，既具裝飾效果，亦有傳達教義的功能。

教堂內部最重要的聖物是屋頂上那根釘死耶穌的釘子，每年會取下供信徒朝拜，據說達文西為了方便教堂拿取釘子，發明了升降梯，讓大教堂成為第一個裝設電梯的場所。此外，以往沒有時鐘，只能靠光線判斷時間，為此，1786年還特別在屋頂開了個小洞，並在地上裝設一條金屬，方便人們依據照進來的光線準確判斷時間。

參觀米蘭大教堂最好玩的是爬樓梯或搭電梯登上屋頂平台，遊走於尖塔、雕像間，天氣好時還能眺望白雪靄靄的阿爾卑斯山。

▲各式獸型排水口

知識充電站 哥德式建築

哥德風格源自12世紀，以尖拱、垂直線條、肋骨穹隆(肋骨式天頂)、飛扶壁為主要特色，教堂建築還會大量採用彩色鑲嵌玻璃。義大利最具代表性的哥德建築包括：米蘭大教堂、奧維多大教堂、西耶納大教堂等建築物。

飛扶壁

CHECK 1　周區商家推薦
Peck食品雜貨店

🌐 www.peck.it／📍 Via Spadari 7／📞 +39 02 802 3161／🕐 週二～六09:00～20:00，週日10:00～17:00，週一15:00～20:00／➡ 由米蘭大教堂步行約5分鐘／🗺 P.43 ❶

西元1883年開業的Peck老牌高級食品雜貨店，以熟食店起家，後來商品大幅擴展，乳製品、肉類、糕點、酒等食品一應俱全，到了20世紀初更成為義大利薩伏依皇室的食材供應商，整棟樓裡都是義大利各地精選來的優質食材。

CHECK 2　周區商家推薦
Princi烘焙坊

🌐 princi.it／📍 Via Speronari, 6／📞 +39 02 874797／🕐 07:30～19:30，週末08:00～20:00／➡ 由米蘭大教堂步行約4分鐘／🗺 P.43 ❷

米蘭知名的烘焙坊，以其時尚的店面設計和美味的烘焙，成功擄獲米蘭人的心，現還與星巴克合作，提供各種義式烘焙產品。到米蘭，當然要來創始店朝聖一下。

偏巴底 米蘭

艾曼紐二世走廊
Galleria Vittorio Emanuele II

📍 Camparino咖啡館：Piazza del Duomo 21／🕐 24小時開放；咖啡館：09:30～24:00，週日09:30～22:00／🚇 地鐵1號及3號線Duomo站／🅼🅰🅿 P.43 ❷

　　艾曼紐二世走廊高47公尺、長196公尺，以19世紀風格的鑄鐵及玻璃構成，大方地將義大利美麗的藍天與熱情的陽光攬入廊內，清楚照亮中央圓頂的4幅鑲嵌畫，以及地上代表義大利四大城市的徽章：米蘭的白底紅十字、羅馬的母狼、佛羅倫斯的百合，與最受矚目的都靈「公牛」。據説只要踩在公牛的生殖器上轉三圈，就會獲得幸運之神的眷顧。

　　走廊上是一家家頂級名牌，包括Prada、LV、Gucci、Tod's等品牌，Gucci還設有咖啡座，Prada二樓則是老甜品店Marchesi。另一間位於走廊口的Camparino in Galleria咖啡館，開業於1817年，發明了知名的金巴利(Campari)餐前酒，並曾是作曲家威爾第常光顧的咖啡館。

▲被踩出凹洞的都靈公牛

史卡拉歌劇院
Teatro alla Scala

🌐 teatroallascala.org／📍 Via Filodrammatici 2／📞 訂票專線：+39 02 7200 3744／🕐 博物館09:30～17:30／💲 €12、優惠票€8／🚇 地鐵1號及3號線Duomo站步行約2分鐘／🚹 40分鐘／🅼🅰🅿 P.43 ❸

▲全球最重要的歌劇院之一

　　穿過艾曼紐二世走廊即可看到全球知名的史卡拉歌劇院。歌劇院原址為14世紀的史卡拉聖母教堂，18世紀改建為歌劇院，並於1778年正式啟用，為350部歌劇的首演場地。能登上這個舞台表演，就是對音樂家的一種肯定與挑戰，因為這裡的觀眾耳尖得很，一唱錯或彈錯，就會收到毫不客氣的噓聲。來到米蘭，不找個晚上過來聽場音樂或看歌劇、芭蕾舞表演，還真有入寶山空手而回之感。

　　愛好音樂的遊客還可參觀2樓的歌劇博物館，這裡收藏許多威爾第與瑪麗亞卡拉斯的相關文物與樂譜、樂器、海報等，並設有館藏豐富的音樂圖書館。

▲歌劇院前廣場為達文西及4位弟子的雕像

知識充電站

米蘭的守護聖人：聖安伯吉歐（Sant'Ambrogio）

　　聖安伯吉歐原為羅馬帝國相當具影響力的調解官，後來竟在米蘭人的支持下，奇蹟地在短時間內受洗並於西元374年12月7日成為米蘭主教。聖安伯吉歐擔任主教後，致力於濟世救貧，深受米蘭人愛戴，後來也成了米蘭的守護聖人，並將12月7日定為米蘭專屬的節慶，熱鬧舉辦Oh Bej! Oh Bej!耶誕市集，自1951年起，史卡拉歌劇院新年度的歌劇季也會選在這天開幕。

未來主義與當代藝術展場

王宮&二十世紀博物館
Palazzo Reale & Museo del Novecento

http www.palazzorealemilano.it、www.museodel-novecento.org／ ⊙ Piazza del Duomo 12／ ☎ +39 02 8846 5230／ ⊙ 10:00～19:30，週四10:00～22:30／ 休 週一／ $ 王宮€15、二十世紀博物館€10／ ➡ 地鐵1或3號線Duomo站／ ⧖ 1小時／ MAP P.43 ④

　　米蘭大教堂旁的王宮，原址為中世紀時米蘭市政府所在處，史豐哲家族(Sforza)掌管米蘭時進行整建，16世紀的領主將此改為氣派的住宅及辦公廳，後來幾個世紀又陸續加入巴洛克、新古典主義風格，然而二次世界大戰時嚴重受到毀損，

▲仲夏夜常會在王宮中庭舉辦露天電影等藝文活動

▲緊鄰著王宮的二十世紀博物館，登上頂樓可俯瞰大教堂廣場建築群

戰後重新整修，改為國際級藝術展覽空間，曾經展出畢卡索、莫內等重量級藝術家作品，夏季時還會在中庭舉辦露天電影院及各種藝文活動。

　　緊鄰著王宮的二十世紀博物館，依時序展出20世紀義大利藝術家作品，並常有精采的當代藝術展。由博物館的最高樓層，還可俯瞰整座廣場、米蘭大教堂與王宮建築。

偏巴底 ＞ 米蘭

感恩聖母教堂
Chiesa di Santa Maria delle Grazie

http cenacolovinciano.vivaticket.it ／ 📍Piazza di Santa Maria delle Grazie ／ 📞+39 029 280 0360 ／ 🕐08:15～19:00 ／ 休週一 ／ $ €15(含預訂費) ／ ➡地鐵1號線 Conciliazione步行約5分鐘 ／ ⁉1.須先線上預約參觀時段；2.推薦閱讀：Javier Sierra 所寫的《The Secret Supper》祕密晚餐 ／ ⌛30分鐘 ／ MAP P.42 🔖

　　感恩聖母教堂的餐室牆面上，保存著達文西留給米蘭城的藝術瑰寶《最後的晚餐》(Cenacolo Vinciano)，1494～1498年間，達文西應米蘭大公Ludovico il Moro的委託完成這項作品，其純熟的繪畫手法，為文藝復興極盛期立下劃時代的里程碑。這幅作品之所以如此受追崇，主要在於達文西長年研究畫中人物的性格後，才著手深刻描繪出耶穌遭逮捕前與門徒的最後共餐，耶穌向門徒們說：「你們其中有一個人將出賣我」，各位門徒聽了之後紛紛問耶穌：「是我嗎？」的瞬間場景。

　　整幅畫將12位門徒分為3人一組，人物雖多，卻一點也不顯混亂，而其中手抓著錢袋的猶大驚慌往後傾，自然地與其他門徒分隔開來。中間的耶穌一臉淡然，與慌亂的門徒形成強烈對比。而身形呈金字塔的耶穌，透過背後明亮的景色襯托出神聖感，讓觀賞者自然聚焦在耶穌身上。

　　除此之外，餐室兩側的牆面一格格往後縮退，呈現透視景深效果，彷彿打造出一個實體的三度空間。可惜的是，具實驗精神的達文西以自己發明的蛋彩乾畫法繪製這幅畫，以便反覆修改，然而不到20年的時間，這幅畫就開始褪色，再加上餐室戰時又受到破壞，還曾作為馬廄使用，讓這幅畫嚴重受損，直到1977年開始大整修，1999年才重新開放參觀。

　　目前每團的參觀時間只有15分鐘，須先上網預約。若沒預約到，也可到現場詢問是否剛好有名額釋出。

▲《最後的晚餐》這幅名作位於感恩聖母教堂的餐室 (圖片取自／Wikimedia)

跨領域的天才達文西

李奧那多·達文西(Leonardo Da Vinci)來自托斯卡尼的小村莊Vinci，後來律師父親將他帶到佛羅倫斯受教育，並在維洛奇歐(Verrocchio)的畫室開始習畫，不到幾年的時間，便超越老師的技法，開始嶄露頭角，加上他是位極具有創造力與實驗精神的奇才，廣泛鑽研各領域學問，成為文藝復興時期的博學者，與米開朗基羅、拉斐爾並稱為「文藝復興三傑」。

達文西留下的藝術作品雖不多，但每一件卻都是萬世流芳的雋永之作，包括為麥迪奇家族所畫的《蒙娜麗莎的微笑》，在米蘭期間完成的《最後的晚餐》、《岩間聖母》和大量的工程設計與機械發明。達文西晚年前往法國發展，並於法國逝世。

▲達文西的自畫像
(圖片來源／wikimedia)

對於達文西的各項發明有興趣者，推薦前往國立達文西科技博物館參觀，了解他在水利、交通、建築上的研究。也可至位於米蘭大教堂附近的圖書館(Accademia Ambrosiana)參觀，館內收藏了達文西的《音樂家肖像》(Portrait of a Musician)作品。

興盛米蘭城的搖籃

史豐哲城堡
Castello Sforzesco

http milanocastello.it／ⓟ Piazza Castello／🕐 週二～日07:00～19:30／休 週一、五一勞動節、聖誕節／$ €5；每月第一、第三個週二14:00起以及第一個週日免費入場／➡地鐵1號線Cairoli Castello站，由米蘭大教堂步行約10分鐘／❓主題導覽：adartem.it或www.operadartemilano.it/book-now／⏳2小時／MAP P.43 ⑥

米蘭大教堂前方不遠處的史豐哲城堡，原為14世紀Visconti家族所建的防禦堡壘，後來Francesco Sforza將之擴建為家族居住的城堡，現則改為10座不同主題的博物館，收藏以米開朗基羅未完成的《隆達尼尼的聖殤》(Pietà Rondanini)最為著名，另外還包括貝利尼、提香等威尼斯畫派的作品，古代藝術博物館中則可看到古羅馬時期的古文物，樂器博物館收藏各式古樂器，其他博物館館藏包括各式盔甲、武器、家具、埃及文物等，收藏相當豐富。

城堡內另一座備受矚目的「木板室」(Sala delle Asse)，牆面上原為達文西所繪的壁畫，後來這些繪畫全都被覆蓋在木板下，花了很長的時間修復後，才得以完整重現達文西所繪的精采桑樹林。達文西魔法般的繪畫手法，讓人走入廳室，宛如置身桑樹林中，繪畫的主題來自委託達文西繪製的公爵名Ludovico il Molo，人稱「il Moro」，義文是「桑樹」的意思。目前這座廳室一次最多只開放40人入內參觀，建議先上官網預訂。

城堡綠園的另一端則是米蘭重要的設計博物館——**米蘭三年展館**，展覽主題包括建築、服裝設計、工業設計和視覺設計等，也常舉辦各種講座和活動。

珠寶盒般燦麗的小聖堂

聖毛里齊奧堂
Chiesa di San Maurizio al Monastero Maggiore

http chiesadimilano.it ／ 📍 Corso Magenta 15 ／ 📞 +39
02 8844 5208 ／ 🕐 週二～日10:00～17:00 ／ 休 週
一 ／ 💲 免費 ／ ➡ 地鐵1號線Cairoli Castello站 ／ ⌛ 30
分鐘 ／ MAP P.43 ❼

▲仍保留木質唱詩班座席的後殿

位於史豐哲城堡不遠處的聖毛里齊奧堂，修建於1503年，門面雖然樸實，但這裡其實是米蘭規模最大、清修門規最嚴謹的女子修道院。修女們在1794年之前，仍在修道院內自給自足地生活、修息著。

入門首先看到的是以往開放一般民眾禮拜的主殿，再往後走則是修女所用的後殿，眼睛所及之處皆是美麗的壁畫，彷如珠寶盒般華麗，令人讚嘆不已。這些壁畫主要為達文西的弟子Bernardino Luini及其子Aurelio所繪，內容包括耶穌復活、最後的晚餐等宗教畫。

緊鄰著修道院的米蘭市立考古博物館，收藏了西元前6世紀建城以來的考古文物，原址為古羅馬時期的競技場，當時的塔樓改為目前所見的教堂鐘樓。

▲室內繪滿了最後的晚餐、諾亞方舟等聖經故事　　　▲彩色大理石也是教堂的主要裝飾建材

▲殿內的溼壁畫主要為達文西的弟子
Bernardino Luini及其子Aurelio所繪　　▲前殿

布雷拉美術館
Pinacoteca di Brera

米蘭城最重要的美術館

http pinacotecabrera.org／ **地址** Via Brera 28／ **電話** +39 02 7226 3264／ **時間** 週二〜日08:30〜19:15／ **休** 週一／ **$** €12，優惠票€8；每月第一個週日免費，每月第三個週四18:00〜22:15為€3／ **交通** 1.由史卡拉歌劇院步行約10分鐘；2.地鐵2號線Lanza或3號線Montenapoleone再步行約10分鐘／ **時間** 1.5小時／ **MAP** P.43 ❽

拿破崙統治義大利時，認為米蘭這個大城市，應該擁有自己的美術館，便開始募集藝術品作為永久館藏，包括：拉斐爾的《聖母瑪麗亞的婚禮》(The Marriage of the Virgin)、卡拉瓦喬的《以馬忤斯的晚餐》(The Supper at Emmaus)等，其中曼帖那以精湛的透視法所繪的《哀悼死去的耶穌》(Lamentation over the Dead Christ)，讓觀者彷彿站在墓室中，清楚目睹耶穌手腳上的釘痕。

這棟建築除了作為美術館外，還是著名的美術學院，培育出許多優秀的藝術人才。而這個存續著藝術氣質的區域，散發一股迷人的氣息，周區街巷多為個性小店，一直延伸到Corso Garibaldi周區，聚集許多優質餐廳、酒吧，為米蘭上班族喜愛的開胃酒和晚餐用餐區。

▲卡諾瓦為拿破崙打造的青銅雕像

▲曼帖那的透視繪畫手法，讓觀者彷如置身於耶穌墓室中(圖片取自／Wikimedia)

CHECK 館藏名畫深入看

《以馬忤斯的晚餐》
The Supper at Emmaus

卡拉瓦喬曾經創作過兩幅《以馬忤斯的晚餐》，描繪耶穌復活後，突然出現在以馬忤斯這個小村落的場景。在1601年所繪的第一幅畫作中，耶穌身披紅袍、桌上放著鮮豔的食物；第二幅，也就是收藏於布雷拉美術館的這幅作品，畫家正值困苦的逃亡期間，因此桌上只畫了簡單的麵包和水，人物也顯得較為憔悴。卡拉瓦喬也打破宗教化的傳統，讓衣衫襤褸的平民入畫，專注地傾聽耶穌說話。

(圖片取自／Wikimedia)

運河區
I Navigli

📍 Corso di Porta Ticinese大道、Alzaia Naviglio Grande街、Ripa di Porta Ticinese街／🕐 古董市集：每月的最後一個週日早上／🚇 地鐵2號線Porta Genova站／⌛ 2小時／🗺️ P.42

如果你認為米蘭只是個繁忙的商業城，那麼請到運河區逛逛，絕對讓你對米蘭刮目相看。往昔為了便利商貿運輸，特別委請達文西規畫米蘭運河，雖然現在的運河已不再是經濟命脈，卻成為米蘭年輕人暢飲開胃酒、享美食的生活命脈，而近年運河區旁的Via Tortona，也發展為前衛的設計專區。

運河區的Corso di Porta Ticinese大道，曾為工人階級的主要住宅區，米蘭的街頭文化、為勞工或平民階層發聲的活動多由此發起，現在則潮店、小設計店、古著店、日式餐廳(多為中國人開設的)林立。

繼續往Alzaia Naviglio Grande運河走，會先經過一座蔬果市場，內有幾家熱門的小吃攤。運河兩岸多為餐廳酒吧、個性小店，傍晚開業時，各角落響起的嗡嗡談話聲、酒杯碰撞聲，交織

▲米蘭人最喜歡傍晚過來喝杯餐前酒，與朋友天南地北大聊一番

成米蘭最歡樂的生活樂音。運河邊有家老餐廳El Brellin，仍保留古早的洗衣棚。

米蘭運河區的古董市集，是義大利最著名的跳蚤市場，就在每個月的最後一個週日早上舉辦，各位古董商帶著自己從各處收集來的寶物，擺放在運河沿岸，等著識貨的顧客上門尋寶。這是相當值得一逛的市集，有機會遇上可別錯過了。

▲這區可找到許多個性小店

▲運河旁的市場現也有不少熱門小吃店

CHECK 周區商家推薦

運河區最受歡迎的餐前酒酒吧包括Spritz Navigli Milano，餐廳則推薦Il Principe dei Navigli，可享用各式義大利麵、佛卡夏等經典料理。走到運河後段還有La Gelateria della Musica這家老冰淇淋店。

Spritz Navigli Milano酒吧
📍Ripa di Porta Ticinese, 9

Il Principe dei Navigli餐廳
📍Via Giovanni Enrico Pestalozzi, 2

La Gelateria della Musica冰淇淋店
📍Via Lodovico Il Moro, 3

知識充電站 設計之都米蘭

　　每年4月中為期6天的米蘭國際家具設計展，創始於1961年，目前已發展為全球矚目的設計大展，不但是知名品牌發表新作的平台，更是新人設計師嶄露頭角的最佳機會。除了米蘭展覽場(Fiera RHO)的主展場外，城內各處也會舉辦各種設計活動，如設計週(Design Week)，而較前衛的設計作品，匯集到Tortona街的「Fuori Salone」會外展展區，成為主展場外最亮眼、有趣的區域。

　　非展覽期間也推薦到Via Tortona街的BASE Milano文創基地與Mudec藝文中心參觀，BASE Milano文創基地除了展覽外，也提供工藝家們創作的場地與設施，而Mudec藝文中心則是目前米蘭最前衛的當代藝術展覽地點。

▲Mudec藝文中心是目前米蘭最前衛的展覽場

▲BASE Milano文創基地

Mudec藝文中心
🔗www.mudec.it／📍Via Tortona, 56／🕐09:30～19:30，週四、六09:30～22:30，週一14:30～19:30／💲永久收藏免費參觀，特展€10～14(依展覽而定)／➡運河區：位於Porta Genova火車站後面，出火車站後左轉沿著火車站旁的人行步道直走，過軌道即可抵達Via Tortona

▲這座設計感十足的Hotel Magna Pars Suites旅館，就位於Via Tortona街上

露天現代雕塑博物館

米蘭紀念墓園&中國城
Cimitero Monumentale & Quartiere Cinese

📍米蘭紀念墓園：Piazzale Cimitero Monumentale；中國城：Via Paolo Sarpi街／🕐週二～日08:00～17:30／休週一／🚇地鐵2號線F.S. Garibaldi火車站，轉搭29、30、33號電車到Piazzale Monumentale站／⧗40分鐘／MAP米蘭紀念墓園P.43❾、中國城P.42❿

別把米蘭墓園想成陰森森的地點，這座19世紀的公墓，是米蘭許多政治、音樂、文學界名人的長眠地，園內每一座墓碑設計及雕像都充滿了創意與美感，讓墓園儼然成為一座露天現代雕塑博物館。

位於墓園附近的米蘭中國城，是義大利境內最活躍的中國城之一，這區的中國餐廳提供相當平價的餐點。然而，若想吃中菜，當然首推中央火車站不遠處的台灣餐廳Ristorante Taiwan(地址：Via Adda 10)，這是米蘭的老台菜餐廳，現已傳承到第二代了。

體現新寫實主義的廢棄酒廠

Prada當代美術館
Fondazione Prada

🌐 fondazioneprada.org／📍Largo Isarco, 2／📞+39 02 5666 2611／🕐週三～一10:00～19:00／休週二／💲€15；18歲以下、65歲以上免費參觀，同一張票可同時參觀艾曼紐二世走廊的Milano Osservatorio展區／🚇地鐵3號線Lodi T.i.b.b.站／⧗2小時／MAP P.43⓫

Prada一直致力於當代藝術推廣，在米蘭、威尼斯均設有藝術展覽空間，米蘭這座由舊工廠重新改造的藝術中心，特別聘請建築大師Rem Koolhaas操刀，將米蘭南區廢棄的酒廠改為複合式展覽場，原本的倉庫、釀造廠、實驗室、塔樓均改為展覽區，展出基金會永久收藏品及短期的當代藝術品，策展主題豐富而精采。

館內還規畫了藝術電影院、藝術圖書館、咖啡館及餐廳，其中鬼才導演Wes Anderson跨領域設計的咖啡館Bar Luce最受矚目，導演大玩復古元素，讓咖啡館成為體現新寫實主義的餐飲環

▲舊廠房改造的藝術空間，包括展場、電影院、圖書館、餐廳酒吧、咖啡館

▲復古又有趣的咖啡館Bar Luce，餐飲相當有水準

境。此外，最新完成的塔樓頂層(6、7樓)設有酒吧及Torre餐廳，享用餐點之餘，還可飽覽米蘭市區景觀。

購物狂的天堂—
米蘭購物街區

布宜諾艾利斯大道(Corso Buenos Aires)沿路行經三個地鐵站,一路上都是中價位商店、咖啡館,為米蘭最好逛的街道之一,產品優質又不太昂貴,如國民品牌班尼頓、OVS及Upim平價百貨商場、Motivi平價服飾、Furla皮件店、Carpisa行李箱、Pam超市、以及Porta Venezia地鐵站附近的Esselunga超市。逛累了推薦到Il Caffe ambrosiano咖啡館享受一杯香醇的義式咖啡。

全球著名的頂級精品街

黃金四邊角

➡地鐵3號線Montenapoleone站;由米蘭大教堂步行約10分鐘／**MAP** P.43 ⑫

每個國家都有自己的特產,而頂級精品,就是義大利最知名的特產,除了本土的Prada、Gucci、Ferragamo、BV等品牌外,全球各地的國際精品都想在米蘭的黃金四邊角占上一席之地,因為這裡可是宣傳品牌的最佳舞台。到訪這座時尚之都,可別忘了來此逛一圈,單是欣賞各品牌專賣店的櫥窗,就是一場難忘的現代設計巡禮。

時尚人士最愛的潮街

布雷拉步行道

➡地鐵2號線Garibaldi站／**MAP** P.43 ⑮

充滿藝術氣息的布雷拉美術館區,延伸到Corso Garibaldi及Corso Como這兩條步行街,這個街區裡優雅的街道、雅緻的小店,充分展現米蘭迷人的一面。尤其是Corso Como這條小小的人行步道,自時尚教母在此開設了10 Corso Como時尚概念店後,帶起這區的時尚風潮,街底則是以垂直的森林為設計概念打造的Bosco Verticale公寓。Corso Garibaldi與Corso Como之間的四月二十五廣場(Piazza XXV Aprile),還可找到Eataly美食超市、HighTech生活雜貨設計品店、及多家新潮有趣的美食餐廳。

平價年輕潮牌齊聚

都靈街

➡地鐵1號線及3號線Duomo站／**MAP** P.43 ⑬

米蘭大教堂斜前方的平價購物街——都靈街(Via Torino),還幾乎聚集了所有年輕潮牌。

小鎮順遊

科摩湖
Lago di Como

**偷得浮生半日閒的
湖畔風光**

距離米蘭約50公里處的科摩湖，靠近瑞士邊境，自古羅馬時期就是阿爾卑斯山下著名的避暑勝地。科摩湖是個倒Y字形的冰蝕湖，面積約146平方公里，湖水來自阿爾卑斯山，沿岸有好幾座優美小鎮，主要城鎮為科摩(Como)，自1510年即已發展為義大利的絲綢重鎮，可由此搭船遊湖濱小鎮，其中最推薦貝拉焦(Bellagio)、瓦倫納(Varenna)這兩個迷人的小鎮。春季及初秋是最佳拜訪季節，7、8月旅遊旺季遊客較多。

交通資訊

【前往科摩鎮】

米蘭中央火車站或加里波底門火車站搭車到科摩鎮或瓦倫納鎮的Varenna Esino火車站,車程約0.5～1小時。科摩鎮共有兩座火車站,分別位於城區的兩端:一座是聖喬凡尼站(Como S. Giovanni),另一座是靠湖的科摩北站(Como Nord)。若想先搭船遊逛其他湖濱小鎮,可搭到科摩北站;若想先參觀科摩鎮,可搭到聖喬凡尼站,出站後下階梯往市中心走,再前往碼頭搭船。

市區交通

科摩鎮並不大,步行即可參觀各景點及往返火車站與碼頭,由科摩北站步行到大教堂約5分鐘,步行到碼頭約5分鐘,由聖喬凡尼火車站步行到大教堂約15分鐘。

若時間有限只能在科摩鎮遊逛,可考慮至科摩鎮搭纜車到山上的布魯納特(Brunate),幾分鐘的時間即可抵達山頂觀賞壯麗的山湖景致,回程除搭纜車下山外,也可沿著纜車站旁的步道走下山。

● 科摩－布魯納特纜車 (Funicolare Como-Brunate) http www.funicolarecomo.it / ⏰ 週日～五06:00～22:30,週六06:00～24:00 / $ 單程票€3.3、來回票€6.1 / ➡ 科摩鎮的纜車站距離科摩北站火車站約400公尺

【前往貝拉焦】

貝拉焦位於Y字形湖泊的交叉點,可搭船或巴士前往。

搭巴士

由科摩的兩座火車站前,均可搭巴士到湖區各小鎮,C30號公車可前往貝拉焦,車票在車站內的咖啡吧(Bar)購買,車程約1小時10分鐘。從聖喬凡尼火車站出發,穿過科摩市區,也會行經湖濱的科摩北站,接著便開始沿著蜿蜒的湖岸走,沿路停靠各小鎮。另有C10號巴士往返科摩、梅納焦(Menaggio)和科利可(Colico)小鎮,D10號巴士則往返萊科(Lecco)和貝拉焦。

搭船

前往貝拉焦的巴士得沿湖蜿蜒而行,湖船相對較為平穩,易暈車者可選擇搭船,快船(Rapide)航程約50分鐘、慢船(Traghetto)約2小時。科摩湖公船由Navigazione Laghi公司營運,慢船停靠貝拉焦、瓦倫納、梅納焦、Cadenabbia這幾個湖濱小鎮,可購買單程票或一日票。

● 科摩湖公船 Navigazione Laghi http 時刻查詢:www.navigazionelaghi.it

▲貝拉焦可說是科摩湖區最迷人的小鎮之一

▲親子遊可考慮搭這種小火車逛貝拉焦小鎮

住宿推薦

Palace Hotel
科摩鎮／高級旅館

🔗 palacehotel.it／📍 Lungo Lario Trieste 16／📞 +39 031 23391

宮殿般的高級湖濱旅館，近年重新整修後，提供更為舒適的客房設施，且大部分房間坐擁美麗的風光。下午或傍晚也推薦到 The Garden Bar Ceccato喝下午茶，或點杯雞尾酒悠閒賞景。

Ostello Bello Lake Como
科摩鎮／青年旅館

🔗 www.ostellobello.com/hostel/como-lake／📍 Viale Fratelli Rosselli 9／📞 +39 031 570889

米蘭著名的青年旅館，在科摩開設了新分館，靠近聖喬凡尼車站的湖濱區，距離科摩大教堂僅約3分鐘路程。提供不限時的早餐供應時間，廚房備有各種免費食材，公共空間還設置各種娛樂設施。

Hotel du Lac
貝拉焦／中價位旅館

📍 Piazza Giuseppe Mazzini, 32／📞 +39 031 950320／❓貝拉焦鎮上的住宿選擇較少，容易客滿，建議先預訂

迷人的貝拉焦也是相當理想的住宿地點，比科摩鎮安靜、單純，適合想悠閒度假的旅客。這座中價位優質的小型旅館就位於貝拉焦鎮中心、碼頭前，地點便利，雖然是老建築，但內部設施現代舒適。旁邊的Hotel Florence也是不錯的選擇，旅館還設有湖濱景觀餐廳。

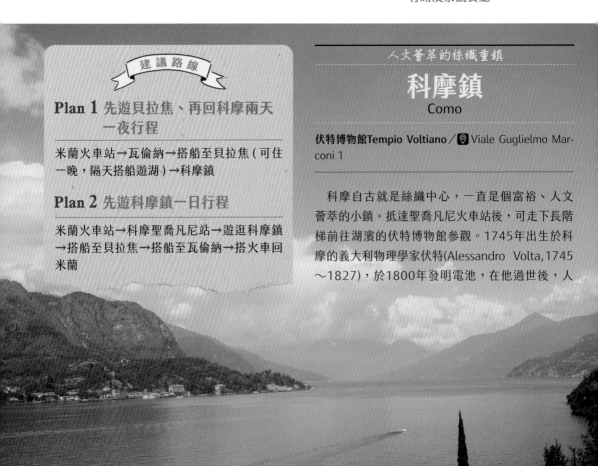

建議路線

Plan 1 先遊貝拉焦、再回科摩兩天一夜行程

米蘭火車站→瓦倫納→搭船至貝拉焦(可住一晚，隔天搭船遊湖)→科摩鎮

Plan 2 先遊科摩鎮一日行程

米蘭火車站→科摩聖喬凡尼站→遊逛科摩鎮→搭船至貝拉焦→搭船至瓦倫納→搭火車回米蘭

人文薈萃的絲織重鎮
科摩鎮
Como

伏特博物館Tempio Voltiano／📍 Viale Guglielmo Marconi 1

科摩自古就是絲織中心，一直是個富裕、人文薈萃的小鎮。抵達聖喬凡尼火車站後，可走下長階梯前往湖濱的伏特博物館參觀。1745年出生於科摩的義大利物理學家伏特(Alessandro Volta, 1745～1827)，於1800年發明電池，在他過世後，人

∧科摩湖

們為了紀念伏特在電學發展上的貢獻，便將電壓、電動勢、電位差的單位命名為「伏特」。以他為傲的科摩鎮特別設立一座**伏特博物館**，展示其發明與生平文物。

鎮內的另一個主要景點**科摩大教堂**，始建於14世紀，共花了350年的時間才完成，建造期間融合了哥德、文藝復興、巴洛克風格。大教堂周區為科摩的主要購物區，義大利許多頂級精品的高級絲質訂製服，仍與科摩這區的絲綢業密切合作，來到科摩，不妨為自己物色一件絲織品。逛完後可前往Piazza Cavour廣場欣賞美麗的科摩湖。

▲科摩是義大利的絲綢重鎮，大教堂內也以精湛的絲織畫裝飾

▲華麗的科摩大教堂

▲在各小鎮均可買到當地的優質絲織品

湖濱夢幻小鎮

貝拉焦
Bellagio

貝拉焦剛好位於科摩湖倒Y字形的分岔處，小鎮依山而建，交織著蜿蜒的小山路，讓旅客宛如尋寶般，沿著小街巷探索各家美麗的商店、餐廳、以及巷弄間的迷人風光！

沿著鎮內的小山路爬上最頂端，便可來到西元1075～1125年間所建的**San Giacomo Church 老教堂**，逛完教堂後，推薦到教堂對面的咖啡館歇腳，接著往貝拉焦最邊角的Punta Spartivento，也就是Y字形科摩湖的分岔點，由此能欣賞到其他的湖濱小鎮。推薦在這附近的湖濱餐廳用餐後，再沿湖往回走到19世紀所建的 **I Giardini di Villa Melzi d'Eril Bellagio花園別墅**，漫步於迷人的新古典風格庭園、坐在園內的湖濱草地暢享科摩湖的青山秀水。

有時間的話，還可步行約15分鐘至遊客較少的**小漁村Pescallo**，夏季可由此租小船遊湖。逛完貝拉焦可搭船回科摩或瓦倫納，瓦倫納也是個迷

▲在依山而建的貝拉焦鎮內遊逛，特別有趣

▲I Giardini di Villa Melzi d'Eril Bellagio花園別墅

▲古樸的San Giacomo Church教堂

人的小鎮，船程約30分鐘。時間充裕者，還可續遊梅納焦及Cadenabbia這兩個小鎮，否則可由瓦倫納搭火車回米蘭。

Venezia
威尼斯

　　威尼斯原為羅馬人打獵的潟湖區，西元5～6世紀時，北方民族南下，當地住民紛紛逃往潟湖區避難。西元726年威尼斯選出自己的第一任總督，自此開啟一千多年的繁華盛世，透過海上貿易，與成熟的手工業、造船業為後盾，15世紀時可說是地中海東部的霸王，當時通行的「杜卡托(Ducato)」更成為國際市場的標準貨幣。

潟湖、嘉年華、
海上女王

　　11世紀起，威尼斯還從十字軍東征中大獲其利，尤其在14世紀由威尼斯主導的第四次十字軍東征中，大規模洗劫富裕的君士坦丁堡、鞏固自己的海上霸權。在此期間，城內建築一棟又比一棟華麗，人稱之為「亞得里亞海女王」。據說新任總督都會搭船出海，將一只戒指拋向亞得里亞海，與大海舉行一場婚禮結盟。

海權喪鐘的響起

　　義大利歷史書形容威尼斯是個「因水而生、因水而美、因水而興」的城市。這座由118座小島、117條水道及401座橋串聯起的水都，最後因大西洋新航線的發現、其他西歐國家金融興起、以及阻礙資本主義發展的封建制度等，讓威尼斯的國際貿易地位逐漸式微。1797年後經拿破崙統治、奧地利管轄，正式讓威尼斯共和國落幕，直到1866年才回歸義大利。

　　然而這華美之都，仍堅定地走過世態炎涼，每年2千萬遊客來此尋找那份浪漫。威尼斯城大概除了11～1月這短短3個月為較易淹水的淡季外，遊客如織，威尼斯嘉年華會更是許多人夢想一生能狂歡那麼一回的盛會！

倒S形大運河貫穿整座威尼斯古城，分為六大區

※ 靠近聖塔露西亞火車站的**卡納雷吉歐區(Cannaregio)**，是以前的猶太區(Jewish Ghetto)，出火車站往左沿這區的主要道路走，即可抵達聖馬可廣場。

※ 出火車站往右走，過現代的憲法橋就是**聖十字區(Santa Croce)**，再過去為Tronchetto島，也是最靠近古城的主要停車場。

※ 聖十字區右側一直到高岸橋為**聖保羅區(San Polo)**。

※ 聖保羅區下面則是學院美術館、安康聖母大教堂所在的**硬壤區(Dorsoduro)**。

※ 與硬壤區隔著大運河相望的是威尼斯最重要的**聖馬可區(San Marco)**，再過去則是幽靜的**城堡區(Castello)**。

※ 離島包括北側的**穆拉諾(Murano)**及**布拉諾(Burano)**、南側的朱代卡島(Giudecca)、東南側的麗都島(Lido)等。

聯外交通

威尼斯主要有威尼斯馬可波羅機場(Venice Airport - Marco Polo Airport，VCE)和附近特雷維索城的特雷維索機場(Canova Treviso Airport，TSF)、及兩座主要火車站，車輛最遠只能到古城邊的羅馬廣場(Piazzale Roma)，想走跳威尼斯古城，只能靠公船及計程船，但威尼斯可能有意無意地想阻止大量遊客湧入，公共交通費可是全義第一高，若想省錢，最可靠的還是自己健壯的雙腿了。

注意 威尼斯古城是由百多個小島組成的，走逛古城，得過一座又一座的橋梁，盡量別帶重行李到此，無可避免的話，那就善用船隻到旅館，或訂火車站附近的旅館吧。

● 威尼斯觀光局官網
🌐 www.turismovenezia.it

【搭飛機】

威尼斯馬可波羅國際機場距離市中心約20分鐘車程，可由羅馬廣場搭威尼斯市區交通的ACTV的5號巴士或ATVO Airport Express機場快捷巴士35號線前往。

部分歐洲廉航只飛往威尼斯附近的特雷維索機場，由特雷維索機場到威尼斯古城約1小時15分鐘。

威尼斯馬可波羅國際機場交通

搭乘巴士到威尼斯梅斯特(Mestre)及威尼斯古城的羅馬廣場，單程票€8、來回票€15，可在ATVO機場巴士櫃檯、機場內行李提領處及機場外巴士搭乘處設置的自動購票機購買。除了機場巴士單程票外，也可購買「機場巴士＋市區交通」90分鐘有效票€18。

前往機場可由威尼斯羅馬廣場搭乘ATVO機場快捷巴士或ACTV的5號巴士。

● 威尼斯馬可波羅國際機場
🌐 www.venice-airport.com／
📍 Viale Galileo Galilei, 30／
📞 +39 041 260 9260

● ACTV 5號巴士機場線
🌐 actv.avmspa.it

● ATVO機場快捷巴士
🌐 www.atvo.it／🕐 04:00～01:00／❓梅斯特購票處有：ATVO購票櫃檯(Via Cappuccina 183)、Bar Binario咖啡吧(Piazzale Favretti)、梅斯特火車站內的旅行社櫃檯(Agenzia 365)

特雷維索機場交通

往返威尼斯古城(羅馬廣場站)的機場巴士單程票為€12，來回票€22。

● 特雷維索機場
🌐 www.trevisoairport.it／📍 Via Noalese, 63E／📞 +39 04 2231 5381

【搭船】

由威尼斯聖馬可機場碼頭搭乘ALILAGUNA公船往返威尼斯郵輪站、Lido或Murano島，單程票€8～15、來回票€15～27。有大行李者可考慮搭乘水上計程船，至古城約€120起，出行李提領處後，可至標示著「威尼斯快船(Speed Boat to Venice)」的櫃檯購票，再依指示走到機場碼頭搭乘，約25分鐘船程。

● ALILAGUNA航運
🌐 www.alilaguna.it，購票及查詢船班時刻／❓航班藍線、橘線、紅線(夏季4～11月營運)皆有停泊馬可波羅機場碼頭

● 水上計程船Water Taxi
🌐 www.motoscafivenezia.it／📞 週一～五：+39 041 240 67 12、+39 041 240 6746、+39 366 825 6174，平日晚間與週末：+39 041 522 2303

▲威尼斯古城區內只能搭乘公船或水上計程船

【搭火車】

威尼斯有兩座主要火車站，如果從外地搭過來，首先會經過威尼斯的衛星城市梅斯特，火車站名為威尼斯梅斯特站(Venezia Mestre)，可別看到威尼斯的字樣就下車，須經過長長的跨海鐵道，才會抵達威尼斯古城區的火車站威尼斯聖露西亞站(Venezia Santa Lucia)。

▲重新整修過的火車站，招攬了不少商店、餐飲店進駐，包括著名的 GROM 冰淇淋店

市區交通

【搭電車／巴士】

威尼斯的市區公共交通有ACTV公司營運的巴士、電車、公船，因威尼斯古城是由小島組成，巴士無法通行，只能搭船，巴士與電車皆只能停靠古城邊緣的羅馬廣場站(Piazzale Roma)，運行路線只往城外的梅斯特及機場等方向，目前電車有兩條線，若至梅斯特市中心亦可運用。巴士及電車票共用，票價跟義大利其他城市較接近，75分鐘有效單程票為€1.5(巴士上購買為€3)。

【步行／公船】

對腳程有信心者，可由火車站步行到聖馬可廣場，路程約30分鐘，但在威尼斯古城行動最方便的公共交通工具為公船(Vaporetto)，但船票比一般巴士票還要貴許多，75分鐘有效票€9.5、24小時€25、48小時€35、72小時€45、7日€65。6～29歲青年則可購買3日青年票(3-Day Transport + Rolling Venice)，€33。注意在上船時要記得在機器刷一下票，否則會被視為逃票。船票購票處：

■船站或巴士站大站的自助購票機。

■火車站及聖馬可廣場旁的大船站設有的AVM/ACTV購票櫃檯。

■貼有AVM/ACTV的雜貨店(Bar)購買。

■AVM Venezia官方APP；如來不及先買票，能上船後立即向船上的服務人員購買。

●ACTV市區公共交通

🌐 actv.avmspa.it／⁉ 1.機場巴士需另外購買，不通用威尼斯市區交通票和交通通行券；2.亦可下載手機APP購買電子票：「AVM Venezia Official APP」

威尼斯交通通行券
Venezia Unica

🌐 線上訂購：www.veneziaunica.it

▲上船、巴士都要在機器上刷票記錄使用時間，否則被查到會被視為逃票

▲威尼斯古城區的主要大眾運輸為 ACTV 公司營運的公船

【搭貢多拉】

貢多拉(Gondola)是威尼斯的傳統平底船,船身兩頭高起如月牙形,又稱為「鳳尾船」。長約10.75公尺、寬1.75公尺,船形呈不對稱設計,船底斜一邊,以便站在左側的船夫操單槳在船的右側划水時,也可以順利掌控方向。

黑色的船身則是因為以往元老院要求船主不可過度裝飾船隻,誇耀財富,規定所有船身都要漆成黑色。船尖為6個鋼齒的銅飾,藉以象徵威尼斯總督的帽子和古城的6個行政區,另外還有一條橫槓,代表與聖馬可廣場遙遙相望的朱代卡島(Giudecca)。

11世紀極盛期的威尼斯,貢多拉多達1萬多艘,目前城內僅剩幾百艘貢多拉,每年9月的第一個週日下午,大運河上會舉行歷史悠久的貢多拉傳統划船比賽。

貢多拉的搭乘費用為25分鐘€80,夜晚為€120,一般最多可乘坐6人。若要貢多拉船上藝人演唱,需額外付費,因為貢多拉船上演唱的藝人須另外取得執照,無執照的船夫不可演唱。若想搭貢多拉遊逛水巷,推薦由聖馬可廣場周區搭船,如總督府前,或逛完聖馬可大教堂正前面的精品街後,由街底的聖梅瑟教堂(Chiesa di San Moisè)旁搭乘。

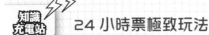

24 小時票極致玩法

威尼斯公共交通的票價是全義大利最昂貴的,建議大家可這樣玩,將一日票的價值用到極致:

☑由火車站購買一日票,直接搭船到高岸橋(Ponte Rialto)。

☑一路遊逛到聖馬可廣場,參觀聖馬可大教堂、總督府、嘆息橋、廣場上的咖啡館。

☑搭船到彩虹島布拉諾、玻璃島穆拉諾。

☑搭船回到學院美術館站,參觀美術館、古根漢美術館及安康聖母大教堂。

☑搭船到賭場站(S. Marcuola-Casino),步行到Paradiso Perduto這區的小酒館或是餐廳用餐。

☑有力氣還可再搭船夜遊大運河回到聖馬可廣場,享受廣場上各家咖啡館的音樂演奏。

【搭計程船】

威尼斯既為水都，計程車也當然變成了水上計程船。同樣是項昂貴的交通工具，但也較為快速、舒適，每船最多可搭10人，古城內的計程接駁約€65起跳。記得搭乘標有黃色標號的合法計程船，偶爾會發生遊客被非法計程船敲竹槓的情況，尤其在Tronchetto停車場旁的碼頭要特別注意。

▲合法計程船的船身有黃色標誌

▲威尼斯公船

貼心提醒

威尼斯不迷路訣竅

威尼斯古城雖然只有7.8平方公里，卻是個118座小島組成的水上城市，猶如織網的大大小小運河多達一百多條，要在水都不迷路，唯有抓住大方向，因此各大小街巷的街頭、街尾牆上可看到這些指標：

「Per Ferrovia(往火車站)」

「Per Accademia(往學院美術館)」

只要抓住自己要去的地方靠近哪一區，緊跟著那個指標走，快抵達時再查看詳細地圖即可。

Per Rialto (往高岸橋)　　Per S. Marco (往聖馬可廣場)

威尼斯的淹水季節

10～1月是潟湖水位較高的季節，較常發生淹水，一旦淹水，城內各處會架起臨時架，方便行走於水上。

威尼斯重要節慶

威尼斯嘉年華會(Carnevale di Venezia)：通常在2月舉辦為期約兩週的慶典，每年日期不一定，請參見官網。

傳統賽船會(Regata di Vene zia)：每年9月第一個週日在大運河舉辦，紀念1489年賽普勒斯女王凱瑟琳·科納羅(Catherine Cornaro)將賽普勒斯王國賣給威尼斯。慶典時16世紀的貢多拉傳統船隊(Corteo Storico)先出場，最前方為代表公爵戰船的禮舟(Bucentaur)。

威尼斯雙年展(La Biennale di Venezia)：每兩年舉辦一次的藝術展，隔年則是建築雙年展。

威尼斯影展：每年9月在麗都島(Lido)舉辦電影界的盛事金獅獎。

● 威尼斯嘉年華會
http www.carnevale.venezia.it

● 威尼斯雙年展
http www.labiennale.org

▲威尼斯雙年展期間，各國的主展場分布在城內各大豪宅中，其中許多為免費參觀

推薦飲食

東臨亞得里亞海、北鄰阿爾卑斯山的威尼托區，不但擁有豐富、新鮮的海產，還有以純淨山林所孕育出的香醇奶製品，這裡也是義大利重要的葡萄酒產區之一。

一般遊客來到威尼斯總有幾樣必吃的清單，例如墨魚麵、炸海鮮、威尼斯魚湯(Brodetto di Pesce)、提拉米蘇，另還相當推薦北義常見的玉米糊(Polentta)，以及以海鮮為主的威尼托式前菜，包括洋蔥醋漬沙丁魚(Le sarde in saor)、鱈魚蓉(fette di pane con baccalà mantecato)、小章魚、墨魚、炸肉丸(Polpette)等餐點。

威尼斯魚湯(Brodetto di Pesce) 是加入大蒜、月桂葉、辣椒等香料，與番茄、及各式海鮮燉煮而成的海鮮湯。可在老餐廳Il Paradiso Perduto吃到威尼斯特色的魚湯，晚上還常有現場音樂表演。

若到彩虹島布拉諾可至著名的Trattoria Da Romano餐廳，嘗嘗大受名廚波登(Anthony Bourdain)讚賞的魚湯燉飯，店內的墨魚麵與提拉米蘇也是大家必點的料理，因無數名人曾經造訪而成為島上的熱門餐廳，建議提前線上預約。

Il Paradiso Perduto老餐廳
http ilparadisoperduto.wordpress.com / 📍 Cannaregio, Fondamenta della Misericordia, 2540 / 🕐 12:30～24:00，週四18:30～24:00 / 休 週二、三 / MAP P.71 ❶

Trattoria Da Romano餐廳
http www.daromano.it / 📍 Via Baldassarre Galuppi, 221 / 🕐 週三～一12:00～15:00 / 休 週二

玉米糊(Polentta)是磨碎的玉米粉慢火攪煮而成的，通常佐墨魚等海鮮一起食用。炸海鮮則是幾乎每家威尼斯餐廳都會提供的料理，各種小蝦、小魚、花枝等綜合炸物，口味有點類似台灣的鹽酥雞。

這兩道料理均可在Trattoria da Gigio小餐館吃到，Gigio餐館距離火車站不遠，雖位於觀光客會行經的主要幹線上，但仍是許多當地人會過來用餐的小館子，因價格實在、食材新鮮之外，又料理得當。

Trattoria da Gigio小餐館
http trattoria-da-gigio.business.site / 📍 Rio Terà S. Leonardo, 1594 / 🕐 12:00～14:15、19:00～22:15 / 休 週日，週一、四晚餐 / MAP P.70 ❸

▲威尼托料理使用不少海鮮食材

▲威尼托區常見的前菜—鱈魚蓉

▲ Il Paradiso Perduto 老餐廳的威尼斯魚湯

▲推薦玉米糊佐墨魚，是多數亞洲人都能接受的口味

▲味美價實的 Trattoria da Gigio 小餐館，墨魚麵也做得美味

威尼斯必體驗——小酒館文化

義大利小酒館稱為「Osteria」，威尼斯傳統酒吧則稱之為「Bàcari」，提供小盤下酒菜(Cicheti)，酒則推薦小杯ombra葡萄酒。

晚餐前這段時間，威尼托人習慣飲用這區所產的Prosecco氣泡酒以及義式雞尾酒(Spritz，尤其是帕多瓦)。Spritz通常是以Prosecco或白酒為基底，加入利口酒(Aperol、Campari)、氣泡水、檸檬片。

義大利小酒館除了提供酒飲外，大部分也會提供餐點，有些甚至提供正式餐點，整體用餐氣氛也較為輕鬆。推薦的小酒館包括：深受學生喜愛的Bacareto Da Lele，以及Ai Promessi Sposi及Ostaria Dai Zemei。Paradiso Perduto餐廳(請參見P.67)周區也可找到許多家氣氛很棒的小酒館。

▲晚上可在 Il Paradiso Perduto 老餐廳附近找到許多熱鬧的小酒吧

Bacareto Da Lele
📍 Fondamenta dei Tolentini, 183 / 🕐 週一～五06:00～20:00，週六06:00～14:00 / 休 週日 / MAP P.70 ④

Ai Promessi Sposi
📍 Calle dell'Oca, 4367 / 🕐 11:30～14:15、18:30～22:15 / MAP P.71 ⑤

Ostaria Dai Zemei
http ostariadaizemei.it / 📍 San Polo 1045 / 🕐 08:30～20:30，週日08:30～19:00 / 休 週二、三 / MAP P.71 ⑥

餐廳推薦 🍴

Cafe Florian

〔咖啡館〕

http www.caffeflorian.com / 📍 Piazza San Marco, 57 / 🕐 09:00～24:00 / 🚢 公船站San Marco站 / MAP P.71 ⑦

威尼斯人自中東將咖啡引進歐洲，1720年福里安(Floriano)在威尼斯聖馬可廣場上設立了歐洲第一家咖啡館Caffé Florian。1840年代為反奧地利的愛國者聚集的地點，19世紀吸引無數文人雅士，包括大名鼎鼎的風流才子卡薩諾瓦(Casano-va)及撰寫《人間喜劇》的寫實主義文學家巴爾札克(Balzac)。

聖馬可廣場上的這幾家老咖啡館，都有自家管弦樂隊輪番演奏音樂，非常推薦下午或晚餐過後，來享受威尼斯專屬的浪漫。在露天座位可清楚欣賞音樂，但坐在戶外區享用餐飲的費用較高，其次是咖啡館裡的座席，而站在最裡面的吧台喝咖啡，當然是最便宜的。

走進這幾家咖啡館前，先墊一下錢包重量，再決定要坐、或站。

▲在這裡喝咖啡共分為三種價錢，站在裡面的吧台喝最便宜

▲歐洲第一家咖啡館 Cafe Florian

商店推薦

Despar Teatro Italia

超級市場

📍 Cannaregio nn. 1939-1952 ╱ 🕐 08:00～20:00 ╱ ➡️ 公船S. Marcuola Casino站，或由聖塔露西亞火車站步行約10分鐘 ╱ MAP P.70 ❶

這棟典雅的威尼斯式老建築立面仍寫著「Teatro Italia義大利劇院」，但其實已經改為超市使用，內部仍保留原本老劇院的樣貌，只是搬進了各種義大利食材、生活用品，顧客能一面購物、一面欣賞這美麗的建築，讓逛超市這件事成為美妙的一件事！

▲ 老歌劇院改建的超市

▲ 在華麗的廳室裡買牛奶、挑水果還真是特殊的體驗

住宿推薦

Centrale Mazzoni 15

公寓旅館

🌐 可透過Agoda、Booking等訂房網站預訂；CASAMICI公寓：www.chih-venice-dailylifeproject.com/casamici ╱ 📍 Cannaregio, 1333 ╱ 📞 +39 041 524 2283 ╱ ➡️ 由威尼斯聖塔露西亞火車站步行約7分鐘 ╱ MAP P.70 ❶

雖位於古城，卻是座距離聖塔露西亞火車站約600公尺的現代建築，交通十分便利，內部空間明亮、現代感十足，設有完善的廚房及廚具、洗衣機。接待辦公室16:00前都有人在，也可寄放行李。若想住語言溝通無礙、能使用中文的公寓，可考慮台灣人開設在梅斯特市中心的CASAMICI公寓。

▲ 充滿現代感的 Centrale Mazzoni 15 公寓

Hotel Santa Chiara

四星級旅館

🌐 hotelsantachiara.it ╱ 📍 Santa Croce, 548 ╱ 📞 +39 041 520 6955 ╱ ➡️ 由威尼斯聖塔露西亞火車站或羅馬廣場巴士站步行均約5分鐘 ╱ MAP P.70 ❷

這家旅館就位於聖塔露西亞火車站正對面，船站、火車站或巴士站皆在咫尺，交通便利，建築本身還是500年老修道院遺址的一部分。

Anda Venice Hostel

青年旅館

🌐 andavenice.com ╱ 📍 Via Ortigara, 10, 30171 Mestre ╱ 📞 +39 041 862 2291 ╱ ➡️ 由梅斯特火車站步行約3分鐘 ╱ MAP P.70 ❸

威尼斯旅館價格很不便宜，若是單獨旅行遊客的話推薦住青年旅館。Anda Venice Hostel是一家前衛感十足的全新青年旅館，就位於梅斯特火車站附近，提供6～9人房及4人家庭房，內設有共用廚房、投幣式洗衣機等設施，並常舉辦派對，也可參加青年旅館舉辦的酒吧巡禮行程。

Day 1

聖馬可大教堂→總督府及嘆息橋→彩虹島午餐→體驗貢多拉或參觀佩薩羅宮→精品街區→小酒館晚餐→聖馬可廣場老咖啡館及聖馬可廣場夜景

Day 2

海關藝術館→安康聖母大教堂→佩姬古根漢美術館→學院美術館→魚市場→高岸橋→威尼斯 T 廣場屋頂平台看景

節慶旅遊

雙年展期間可至雙年展公園主展場看展

Centrale Mazzoni 15 ①

Jewish Ghetto

Despar Teatro Italia

Trattoria Da Gigio ③

往 Anda Venice Hostel

聖塔露西亞車站
Stazione
S. Lucia S.F.

Hotel Guerrini

S. Marcuole

Riva di Biasio

Ferrovia

FMTA. Santa Lucia

Ferrovia

Ponte Degli Scalzi

Chiesa San Giacomo
dell'Orio

Fondamenta San Simeon Piccolo

往 Hotel Chiara

Giardino
Papadopoli

Corte Canal

Corte Degli Amai

Santa Croce

IUAV大學的
建築學院

Calle D. Chiovere

④ Bacareto da Lele

榮耀教士聖母教堂

Fondamenta Minotto

聖洛可大會堂

Calle Saone

Calle Vinanti

Campo San
Pantalon

San Toma

Calle Foscari

聖瑪格麗塔廣場

Osteria alla Bifora

C. Delle Carroz

雷佐尼科宮

Palazzo Gra

San Samuel

Ponte dei Pugni橋

Ca' Rezzonico

Campo
Stefan

Calle Lunga San Barnaba

聖巴納巴廣場
Campo S. Barnaba

Campo San
Vidal

Dorsoduro

Accademia

學院橋

學院美術館
Galleria dell'Accademia ③

貢多拉造船廠
Squero di San Trovaso ③

北

● 景點　● 商店
● 餐廳　● 旅館

帝卡連河
della Giudecca

1 Il Paradiso Perduto

San Stae

Campo San Felice

黃金屋美術館

佩薩羅之家
Ca' Pesaro

Ca' d'Oro

5 Ai Promessi Sposi

Campo del San Apostoli

魚市場 **8**
Pescheria di Rialto

Strada Nova

露天蔬果市場

Salizzada San Canciano

奇蹟聖母教堂

San Polo

RG Vecchia S. Giovanni

Ruga Degli Orefici

10 DFS 威尼斯 T 廣場德國商館
T Fondaco dei Tedeschi

聖保羅廣場

6

Osteria dai
Zemei

高岸橋 **7**
Ponte di
Rialto

Campo San Bartolomeo

Rialto

沈船書店 **3**
Libreria Acqua Alta

San Silvestro

Calle dell' Ovo

C. ponte Antonio San Lio

Sant' Angelo

威尼斯商人香水
The Merchant of Venice

Calle dei Fabbri

Calle Pignoli

Spezier Mandola

San Marco

Campo San Angelo

2

Del Frati

聖馬可大教堂
Basilica di San Marco

Calle Larga San Marco

聖薩卡利亞教堂

1

2

嘆息橋
Ponte dei Sospiri

聖馬可廣場
Piazza di San Marco

1

Hotel Danieli

鳳凰劇院 **9**
Teatro La Fenice

柯雷博物館

7

Cafe
Florian

2

總督府
Palazzo Ducale

San Marco

聖史蒂芬諾教堂

Sai San Moise

Calle Vallaresso

San Marco

Campo San Maurizio

Gigllo

安康聖母大教堂
Basilica di Santa Maria della Salute

Salute

佩姬古根漢美術館
Collezione Peggy
Guggenheim

5

6 海關現代藝術館
Punta della Dogana

聖馬可運河
Canare di San Marco

聖馬可大教堂&聖馬可廣場
Basilica di San Marco & Piazza di San Marco

http basilicasanmarco.it／ San Marco 328／ +39 041 270 8311／ 教堂：10～4月中09:30～16:45、週日及假日14:00～16:15（鐘樓09:30～21:15）／ 教堂€3，聖馬可博物館€7，黃金祭壇€5，鐘樓€10／ 由火車站或羅馬廣場搭1、2、51號公船，1號公船船程約40分鐘、2號線約30分鐘、51號直達線約20分鐘；步行約35分鐘／ 4～11月可線上預約快速通關／ 2小時／ MAP P.71

義大利每個古城都有個主廣場，聖馬可廣場就是威尼斯隨時充斥著遊客、鴿子的主廣場。長形的廣場一端為戴著皇冠的聖馬可大教堂，側面為優雅的總督府(Palazzo Ducale)及嘆息橋(Ponte dei Sospiri)；教堂前有座高聳的鐘樓、側面還有座巧緻的天文鐘；環繞著廣場的拱廊間，是一家家商店及古老的咖啡館，拱廊後面就是精品街區，讓遊客們總是在這廣場周區，流連忘返。

西元9世紀時，威尼斯人在埃及亞歷山大城發現聖馬可的遺體時，為了運回威尼斯將它藏在伊斯蘭教徒不敢碰的豬肉中，並建造聖馬可大教堂來安放聖人遺體。在這座11世紀重建的大教堂上，能見到因商貿活動而受東方藝術(Ayasofya)影響的痕跡，如仿自伊斯坦堡聖索菲亞大教堂的5座大圓頂，以及正門上方4座威尼斯人從君士坦丁堡奪回的青銅馬，後來被拿破崙搶去巴黎，

▲夜晚的聖馬可大教堂又別有一番風情

最後才又歸還給威尼斯，現在真品存放在聖馬可教堂博物館內。立面5座拱門上為13世紀完成的鑲嵌畫，描繪聖馬可的生平事蹟，回歸威尼斯安置於教堂裡的過程，以及中央拱門上的《最後審判》(Il Giudizio universale)。

其建築風格還融合了哥德與文藝復興風格，主

▲廣場兩側拱門廊道　　　　　　　　▲率領大軍初抵威尼斯的拿破崙，將聖馬可廣場喻為「歐洲最美麗的廳堂」

體裝飾同樣深受拜占庭風格所影響，教堂內部目光所及之處，盡是燦亮的鑲嵌畫，仔細刻繪十二使徒的傳教事蹟、基督受難、先知與聖人(最早的作品完成於11世紀)。金燦亮麗的鑲嵌畫，讓信徒走進教堂，都忍不住仰望著上帝、宛如置身天廳。主祭壇後面則是由無數珍貴珠寶裝飾而成的黃金祭壇(Pala d'Oro)，主祭壇下則是安置聖馬可遺骨的石棺；寶藏室(Tesoro)則陳放各地「收集」來的珍品、聖物。

▲正門的5幅描繪聖馬可事蹟及《最後審判》的馬賽克鑲嵌畫

CHECK 廣場周區看點

鐘樓與天文鐘
Campanile & Torre dell'Orlogio

大教堂對面高98.5公尺的鐘樓，雖然12世紀就已存在，不過目前看到的是16世紀重建、19世紀又重新整修過的樣貌，遊客可登上鐘樓欣賞潟湖風光。大教堂側面還有座相當值得參觀的時鐘塔，但基於安全考量需事先預約，由導遊統一帶上鐘樓，沿路解說這15世紀建構的老鐘樓架構。由於這座鐘樓可顯示年、季節、月、日、時，15世紀時即吸引各界人士前來參觀這精湛的技藝。鐘樓上面有兩尊摩爾人，一尊是少年雕像，一尊則是老年雕像，據說老年雕像幾百年來從未停擺過，鐘面上還刻了一句有趣的拉丁文：「我只計算快樂的時光」。

知識充電站 ⚡⚡ 聖馬可福音

《馬可福音》是聖經四福音中最早完成的一部，由耶穌的門徒馬可完成。馬可雖然不是耶穌最親近的門徒，但他常與最了解耶穌的大門徒彼得一起相處，忠實記錄彼得的傳教內容，是相當可靠的基督教義紀實。然而馬可在亞歷山大城傳教時，被異教徒殺害而殉教。馬可的象徵是獅，因此威尼斯的市徽為飛獅。

拜占庭風格(Byzantine)

拜占庭藝術深受東方伊斯蘭教文化影響，在馬賽克鑲嵌畫中加入了金銀色彩，讓教堂裝飾更為富麗堂皇、氣勢雄偉，達到榮耀神以及吸引教徒進教堂的目的。

▲只計算快樂時光的時鐘塔

▲高98.5公尺的鐘樓，可登上鐘樓欣賞潟湖風光

威尼托　威尼斯

總督府&嘆息橋
Palazzo Ducale & Ponte dei Sospiri

🌐 palazzoducale.visitmuve.it / 📍 Piazza San Marco, 1 / ☎ +39 041 271 5911 / 🕐 週日～四09:00～21:00，週五～六09:00～23:00 / 💲 總督府＋柯雷博物館＋馬爾奇亞納(Marciana)圖書館＋考古博物館聯票¥30，一個月前線上預約€25，另可透過官網預約祕密行程€32 / 🚢 公船站San Marco站 / ⧗ 2小時 / 🗺 P.71 ❷

聖馬可大教堂旁以粉紅色的維諾納大理石及白色伊斯特拉大理石打造的威尼斯大公國總督府，建於9世紀，原為拜占庭風格，經兩次火災後，於16世紀改建為目前所見的哥德風建築。第一層由36座拱形建築排列而成，第二層則為71根石柱所構成的鏤花拱門，第三層以粉紅色及白色大理石拼接出幾何圖形。由這種較理性的裝飾可以看出，這時期的哥德藝術已漸受文藝復興的理性主義所影響，捨棄了哥德原先的繁複裝飾。

主入口在教堂旁的紙門(Porta della Carta)，是以往張貼公文之處，穿過中庭爬上2樓，首先會看到24K金打造的黃金階梯(Scala d'Oro)，階梯兩側為象徵海權與國力的海神與戰神雕像。2樓為總督府博物館展廳，3樓有許多重要作品：四門室(Sala della 4 Porte)裡提香(Tiziano Vecellio)的肖像作品；候見室(Sala del Collegio)維諾聶斯(Veronese)繪製的《歐洲大浩劫》(Ratto Europa)

▲電影《情定日落橋》(A Little Romance) 中說：只要戀人在午夜鐘聲響起時，經過嘆息橋深情一吻，彼此的愛情便會長長久久

；大會議廳(Sala del Maggiore Consiglio)一整面牆是提托列多(Tintoretto)的《天堂》(Il Paradiso)，這是當時全球最大的畫作，畫中的天使、先知、聖人達500多尊。

接著往大理石打造的典雅嘆息橋(Ponte dei Sospiri)走，這是被判刑的犯人通往不見天日的地牢時，最後看到藍天的機會，因此總忍不住憂嘆一聲。走過嘆息橋即是以前的牢獄，著名的卡薩諾瓦也曾被關在這裡，後來竟還成功逃出牢獄！

▲大部分遊客由靠海的這一側觀賞嘆息橋，也推薦從嘆息橋另一側遊客較少的 Ponte della Canonica橋欣賞

▲粉紅及白色大理石打造的宏偉建築，透過小細節裝飾，讓這棟大建築顯得輕盈 活潑

學院美術館
Galleria dell'Accademia

🌐 gallerieaccademia.it／📍 Campo della Carità,
1050 Dorsoduro／📞 +39 041 522 2247／🕐 週一
08:15～14:00，週二～日08:15～19:15／💲 €12，
18～25歲青年票€2，18歲以下免費(線上預訂仍須付
€1.5預訂費)／🚌 公船1號到Accademia站／❓ 時有夜
間特別開放，且門票較便宜，前往威尼斯前可先至官網
查詢／⏳ 1.5小時／MAP P.70 ❸

學院美術館區所在的硬壤區，擁有多座美術館
及藝術中心，匯聚出獨具的文化藝術氣質，就連
橫跨大運河的木製學院橋，都有著優美的大運河
出海口風光。

學院美術館原為「慈悲的聖母堂」(Santa
Maria della Carità)，後改建為美術館，主要收
藏威尼斯畫派的作品，其中包括貝利尼(Bellini)
的兩位得意門生——提香及喬久內(Giorgione)。
英年早逝的喬久內留下的畫作雖不多，但其感性
與詩一般的寫意手法，仍留下深遠的影響。例
如著名的《暴風雨》(The Tempest)，算是劃時

代的牧歌式繪畫創作，畫中的自然景觀不再只是
背景，無論是雷光、雲彩、甚至空氣，在在表現
出繪畫主題的情緒。此外，館內的其他重要收藏
還包括提托列多的聖馬可事蹟系列、維諾聶斯的
《李維家的盛宴》
(Feast in the Hou-
se of Levi)、以及
達文西依照古羅馬
建築師維特魯威
人(Uomo vitruvi-
ano)所繪製的人體
黃金比例。

▲學院美術館前的學院前是唯一跨越大運河上的木製橋
梁，由這座橋上可欣賞優美的大運河風光

佩姬古根漢美術館
Collezione Peggy Guggenheim

🌐 www.guggenheim-venice.it／📍 Dorsoduro 701-
704／📞 +39 041 240 5411／🕐 週三～一10:00～
18:00／🚫 週二及聖誕節／💲 €16，優惠票€9、10
歲以下免費／🚌 搭1號水上巴士到Accademia或Salute
站／⏳ 1小時／MAP P.71 ❹

由學院美術館後面走向佩姬古根漢美術館，是
威尼斯一塊靜謐而優雅的小角落，難怪佩姬古根
漢(Peggy Guggenheim)生前長居於此。

從大運河看過來，這棟建築只有一層樓，威
尼斯人稱之為「未完成的建築」。雖然與大運河
沿岸的老豪宅相比，簡直就只是一朵不起眼的小

白花，但建築的主人古根漢是紐約富商之女，生
平結識許多藝術家，並大量贊助及收藏藝術家作
品，包括米羅、畢卡索、康丁斯基(Wassily Kan-
dinsky)、杜尚(Marcel Duchamp)、波洛克(Jack-
son Pollock)等人的作品，能一次看足20世紀的
各種藝術風格作品：立體主義、未來主義、歐洲
抽象藝術、超現實主義和美國抽象表現主義。

▲威尼斯人戲稱這座建築為「未完成的建築」

大運河上最優雅的地標性建築

安康聖母大教堂
Basilica di Santa Maria della Salute

http basilicasalutevenezia.it / ⊚ Dorsoduro 1 / ☏ +39 041 274 3928 / ⏰ 09:30～12:00、15:00～17:30；聖器室僅下午開放 / 💲 免費，參觀聖器室€6 / ➡ 1號水上巴士到Salute站 / ⌛ 30分鐘 / MAP P.71 ⑤

由古根漢美術館再往前走，則可來到圓頂建築的安康聖母大教堂。這是經過黑死病的大難之後，威尼斯人為了感謝聖母的護佑而建的，因此取名為「Salute」(健康之意)。1687年正式啟用的教堂，呈現華而不奢的巴洛克風格，教堂的聖器室內有保存著提香及提托列多的作品。

安康聖母大教堂是威尼斯的著名地標建築，也是建築師Baldassare Longhena的代表作，八角形建築結構上頂著皇冠般的圓頂，藉以讚頌神聖的聖母瑪麗亞，現可登頂欣賞潟湖風光。

▲為了感謝聖母的護佑挺過黑死病大難而建的安康聖母大教堂

▲大運河出海口的地標性建築

安藤忠雄與威尼斯老建築的相遇

海關現代藝術館
Punta della Dogana

http www.palazzograssi.it / ⊚ Dorsoduro 2 / ⏰ 週一～日10:00～18:00 / 休 週二 / 💲 €15 / ➡ 1號水上巴士到Salute站 / ⌛ 1小時 / MAP P.71 ⑥

安康聖母教堂再往前走是一座三角形的海關大樓，上面頂著一顆醒目的大金球，據說這金球所指的可是財富的方向！令人驚豔的是，這棟17世紀的老建築，後來由法國富豪弗朗索瓦·皮諾(François Pinault)取得經營權，2007年重新整修時，請來日本建築大師安藤忠雄設計。

內部陳列皮諾先生個人喜好的極簡與當代前衛風格作品，整修時除了加入安藤忠雄擅長的清水模手法點顯出現代感外，以簡練的手法，讓歷史老建築展現原本潛在的魅力(一方面是因為義大利當地規定不可大規模更動、改造老建築)。

▲舊海關大樓在安藤忠雄的改造後，成為威尼斯的當代藝術展覽場

▲傳說金球所指的方向為財富之所在

義起旅行

避開人潮的威尼斯散步路線

威尼斯終年遊客如織，但遊客主要集中在聖馬可、高岸橋這兩區，若想享受悠閒的水都，推薦這三條路線：

Route 1 **硬壤區南段美術學院、造船廠散步路線**

若想探索不一樣的威尼斯，推薦由海關藝術館後面這區，往威尼斯美術學院(Accademia di Belle Arti di Venezia)走，沿路仍可看到小造船廠、美術用品店，和深受學生喜愛的小酒吧，最後可以走到貢多拉造船廠(Squero di San Trovaso)，這是威尼斯少數留存的貢多拉船廠。硬壤區寧靜的威尼斯小日子，與聖馬可及高岸橋的熱鬧景象大不同。

隱藏不少深受當地▶
人喜愛的小酒館

▲靜謐的硬壤區

Route 2 **硬壤區北段普尼橋、聖史蒂芬諾教堂周區散步路線**

普尼橋(Ponte dei Pugni)橋邊是硬壤區迷人的運河小區，橋邊停靠載著販賣各種蔬果的小船，及深受當地人喜愛的小酒吧，沿岸迷人的威尼斯民居，構成最經典的威尼斯風情畫。

往前直走就是聖巴納巴廣場(Campo S. Barnaba)，推薦廣場上的炸海鮮小攤及食品雜貨店。附近的聖瑪格麗特廣場(Campo Stanta Martherita)有幾家不錯的小餐館，廣場後面的聖史蒂芬諾教堂(Chiesa di S. Stefano)，是一座13世紀的老教堂，15世紀擴建時將天頂蓋成諾亞方舟的樣式，內部散發古樸的威尼斯建築風格。晚上可到這區的威尼斯爵士俱樂部(Venice Jazz Club)聽音樂。

硬壤區北段仍有些▶
威尼斯當地居民專
屬的小區

Route 3 **城堡區的雙年展綠園及聖艾蓮娜(Sant'Elena)周區散步路線**

位於本島最邊角的城堡區，也是遊客較少的區域。雖然每年雙年展期間，會吸引不少遊客至雙年展綠園區的主展場(I Giardini della Biennale)及中世紀造船廠(Arsenale)看展，但只要往後走，就會看到Via Giuseppe Garibaldi街上自在的民居生活。遊走在街巷裡，可看到義大利特有的曬衣旗幟在烈陽下盡情飄揚。這樣的威尼斯，讓人更貼近當地生活。繼續往聖艾蓮娜區走，天氣好時會看到許多人在公園裡曬太陽、看報，這裡也藏了不少美味餐廳，等著願意多走些路的客人來品嘗。

雙年展後面的區域▶
可看到威尼斯樸實
的生活文化

推展威尼斯盛世的舵手

大運河&高岸橋
Ponte di Rialto

🕐 24小時 / 💲 免費參觀 / ➡️ 公船站Rialto站 / ⏳ 15 分鐘 / 🅜🅐🅟 P.71 ❼

▲高岸橋上總是熙熙攘攘

呈S形的大運河貫穿威尼斯古城，長3.8公里，平均深約5公尺。共有四座橋跨越大運河，包括學院美術館前的木橋(Ponte dell'Accademia)、高岸橋(Ponte di Rialto)，以及火車站兩側的赤足橋(Ponte degli Scalzi)與憲法橋(Ponte della Costituzione)。

四座橋中最受矚目的當屬白色大理石打造的高岸橋。12世紀時為1萬2千根木樁打造而成的木橋，後來改為吊橋，但1444年一次慶典人潮過多而斷折，西元1580～1592才又改建為目前所見的白色大理石橋，橋上兩側成了一家家美麗的商店，最外側則為欣賞大運河的最佳地點，曾為威尼斯最熱門的社交場所。

14～16世紀鼎盛時期，大運河沿岸根本就是宮殿競技場，興建了兩百多座豪宅、宮殿，其中最著名的包括立面以黃金雕飾而得其名的黃金宮(Ca' d'Oro)、現改為現代美術館與東方美術館的佩薩羅宮、轉為自然歷史博物館的土耳其倉庫

▲佩薩羅宮為三層樓的大理石建築，館內收藏了克林姆(Klimt)等傑出現代藝術家作品與東方藝術收藏

(Fondaco dei Turchi)、雷佐尼可宮(Ca' Rezzonico)及佩姬古根漢美術館。有些呈現雅致的拜占庭、哥德、或別緻典雅的威尼斯風格，有些則披著華麗的巴洛克外衣，搭船遊運河，猶如置身建築大觀園。

▲大理石造的高岸橋

魚市場
Pescheria di Rialto

📍 Campiello de la Pescaria／🕐 週二～六07:30～12:00／🚫 週日～一／➡️ 公船站Rialto站步行約3分鐘／⏳ 30分鐘／🗺️ P.71 ⑧

高岸橋不遠處的魚市場已有百年歷史，位於大運河畔的魚市場建築，仍保留古老的梁木，可謂全球最典雅的魚市場之一。遺憾的是，隨著威尼斯居民不斷外移，遊客光是拍照，並不足以讓魚販們生存下去，因此目前僅剩少數幾攤苦撐著。魚市場旁的露天市場(Mercato di Rialto)也面臨同

▲魚市場外的露天蔬果市場

樣的命運。

在市場旁的老建築內有許多家小酒館，傍晚時最適合坐在運河畔喝杯餐前酒、點個威尼斯下酒菜來享用。

▲仍保留老梁木的百年魚市場

鳳凰劇院
Teatro La Fenice

🌐 teatrolafenice.it／📍 Campo San Fantin, 1965／📞 +39 041 786654／🕐 09:30～18:00／💲 €12／➡️ 公船站Rialto站，由高岸橋步行約8分鐘／⏳ 45分鐘／🗺️ P.71 ⑨

威尼斯原本的主要劇院為聖本篤劇院(Teatro SanBenedetto)，不幸遭逢祝融之災後，在新址興建了這座新的劇院，取名為「鳳凰劇院(Teatro La Fenice)」，有著浴火重生的寓意，並於1792年開幕。然而，1836年、1996年又發生兩次火

▲經歷好幾次祝融之災的鳳凰劇院

災，經過整修之後，於2003年12月重新盛大開幕，除了正廳外，還規畫了4層包廂及頂樓座位區，很推薦大家到這座金碧輝煌的歌劇看場表演，或參加導覽團參觀劇院。

威尼托

威尼斯

DFS威尼斯T廣場德國商館
T Fondaco dei Tedeschi

http 屋頂平台觀景預約：www.dfs.com/en/venice/t-fondaco-rooftop-terrace／ ⊙ Calle del Ponte di Rialto／ ☏ +39 041 314 2000／ ⊕ 10:00～19:30，屋頂平台開放時間10:15～18:00／ ⇨ 公船站Rialto站步行約2分鐘／ ⧖ 1小時／ MAP P.71 ⑩

1960年創立於香港的DFS高端零售集團，在歐洲的第一家分店就選在高岸橋旁的老德國商館這座建築中。13世紀時，來自東方的香料與絲綢、德國的合金、敘利亞的棉花，在此熱絡地交易著，現今則變身為時髦的購物商場，在原本的建築架構下，盡是精品名牌店與現代酒吧進駐，包括義大利名廚開設的AMO咖啡館暨餐廳。

▲以往為老德國商館，現改為DFS百貨集團在歐洲所設的第一家分店

▲義大利及歐美各頂級名牌都可在此買到，滿額還可辦理退稅

而DFS威尼斯是欣賞威尼斯風光的絕佳位置，DFS也特別免費開放屋頂平台，只要事先透過網路預訂或利用商場內3、4樓的平板電腦預約，即可上頂樓平台俯瞰威尼斯古城美景。要注意的是，無法當日預約，且每個時段的參觀時間僅限15分鐘，別錯過預約時間否則需重新預約。

▲免費開放觀賞水都風光的屋頂平台

威尼斯商人香水
The Merchant Of Venice

http www.themerchantofvenice.com／📍Campo San Fantin, 1895／🕐週二～日10:30～19:30／休 週一／➡由聖馬可廣場步行約5分鐘／MAP P.71 ❷

　　威尼斯商人以往就是藉由異國香料的買賣，在歐洲大發利市的。這個品牌使用了各種不同的香料調配香水，產品中仍有1612年的古老配方。此外，香水瓶特別採用穆拉諾製的玻璃，其中「博物館收藏(Museum Collection)」系列還加入了金粉製作，呈現血紅色的搶眼香水瓶。此品牌的產品香氣非常「威尼斯」，覺得自己跟威尼斯這個城市的調性合拍者，不妨過來挑瓶香水。本店原為藥房，現仍保留著1701年的樣貌，原有

的老木櫃陳列著一瓶瓶精緻的香水瓶。威尼斯T廣場內也設有專櫃，但時間足夠的話還是推薦到本店逛逛。

▲華麗的威尼斯香水品牌

沈船書店
Libreria Acqua Alta

📍Calle Lunga Santa Maria Formosa, 5176b／🕐09:00～19:30／➡由聖馬可廣場步行約8分鐘／MAP P.71 ❸

　　威尼斯著名的書店，如同水都威尼斯，書店裡堆滿的書籍，宛如潟湖潮水，讓人走進書店，不自主地沈入書海之中。但書店裡的霉潮味較重，

且慕名而來的遊客相當多，很難讓人好好選書，若沒時間，可以略過這個景點。

▲店內外書籍繁多

義起旅行

玩跳島，享慵懶，
感受浪漫。

距離威尼斯不遠的離島中，有兩座美麗而浪漫的島嶼——穆拉諾與布拉諾，分別以精湛的玻璃與蕾絲手工藝品聞名。

燦麗精美的玻璃島探險
穆拉諾離島 Murano

➡ 由機場、聖馬可廣場旁的San Zaccaria船站（4.1及4.2號公船）、或羅馬廣場與威尼斯聖塔露西亞火車站的船站（4.2號公船）均可搭公船至此，約20分鐘船程

因燒製玻璃容易釀成火災，1291年時，將11世紀以來就開始發展的玻璃工房，遷到這個距離聖馬可廣場約20分鐘船程的穆拉諾離島，讓穆拉諾成為著名的玻璃島。威尼斯玻璃於15世紀開始展露頭角，18世紀末更成為歐洲最主要的玻璃製造中心。後來北義淪為奧地利屬地時，奧地利政府為了銷售本國的波斯米亞玻璃，對威尼斯玻璃品課重稅，玻璃島也因此逐漸沒落，從原本的3萬人口，到1990年降至只剩6千人，但提到頂級水晶燈，還是穆拉諾製品最為卓越。

今日浪漫的婚禮杯及香水瓶，更是令女孩們愛不釋手。到島上除了參觀玻璃工坊外，還可參觀當地神父為保留玻璃歷史而成立的「玻璃博物館」。

▲以玻璃製造工藝聞名的穆拉諾島

Murano

與蕾絲起舞的繽紛彩虹島

布拉諾離島 Burano

⇨ 可由聖馬可廣場旁S.Zaccaria船站「Ａ」號碼頭搭乘14號公船，船程約1小時；由穆拉諾可搭12號公船，約40分鐘船程

布拉諾的房舍被漆成不同色彩，因此又稱之為「彩虹島」。這個宛如童話世界的繽紛聚落，共由4座小島組成，一條約10公尺寬的運河串起4座小島，組起這個可愛的小漁村。小河流經繽紛的屋舍間，不但讓這個小島更為迷人，島民的船隻也方便停放在家門口。

此外，布拉諾還以蕾絲編織聞名，亦有蕾絲島之稱，島上的婦女之所以開始織製蕾絲，是因曾有位年輕漁夫出海捕魚時，在漁網上看到鹽白化的美麗海藻織網，便拿回家送給戀人。他的戀人為了將這份美麗的紀念品永遠留下，依其美麗的織紋編成蕾絲品。自此島上的婦女等候出海捕魚的丈夫時，便坐在家門口編織蕾絲。由於她們的手藝太好了，15世紀時，島上的蕾絲品還榮獲為米蘭主教堂的用品，讓布拉諾的蕾絲一躍成為

歐洲的高級貨。

更令人驚豔的是，這小小的聚落，竟有好幾家著名的餐廳，像是著名的Trattoria Al Gatto Nero黑貓餐廳、以鮮魚燉飯聞名的Trattoria da Romano、優雅的Riva Rosa餐廳，就連碼頭前的炸海鮮小攤都相當美味，很推薦到此午餐。

Trattoria Al Gatto Nero
http gattonero.com／📍 Via Giudecca, 88／🕐 週二～日12:30～15:00、19:30～21:00／休 週一

Riva Rosa
http rivarosa.it／📍 Via San Mauro, 296／🕐 週四～二12:00～16:00／休 週三

小鎮順遊

帕多瓦
Padova

最具批判精神與活力的
大學城

帕多瓦這座古老的大學城，1318年起在卡拉拉家族(Carraresi)的治理下穩定發展，直到1405年才併入威尼斯共和國轄下，自14世紀便慢慢積累的人文氣息，從古城裡的老建築、街巷，都能充分感受到那股自然散發出來的學者涵養，但同時又不失年輕學子熱血的批判精神與活力。歡迎想尋找一份沉靜的遊客，走進歐洲第二古老的大學，細賞喬托的溼壁畫，靜靜在神聖的聖安東尼大教堂裡祈禱。夜幕低垂時，入座廣場邊的酒吧、巷弄裡的小餐館，品味這區所產的美酒與佳肴。附近還有尤加寧山區(Colli Euganei)，讓喜愛大自然的遊客，暢行於美麗的葡萄酒園間。

交通資訊

帕多瓦距離威尼斯約40多公里，至最近的威尼斯馬可波羅機場約30公里，由機場可搭乘銜接威尼托各城市的Busitalia巴士抵達帕多瓦火車站；亦可搭乘火車，帕多瓦與威尼斯的車程約25～50分鐘，距離米蘭約2小時的車程。

【市區交通】

從帕多瓦火車站步行到斯克羅威尼禮拜堂(Cappella degli Scrovegni)僅約500公尺，到市中心約1.5公里，或由火車站前的Ponti Romani站搭SIR 1號電車到古城。帕多瓦市區內的巴士由APS Mobilità公司營運，車票通用於電車及巴士。除公共交通運輸外，APS也有共享汽車服務，對於郊區短程行程很有幫助。

帕多瓦的古城區禁止外車進入，但因市區範圍不大，可善用市區內的共享單車，透過官網和手機APP即可租用。可至下列官網訂購或在火車站旅遊中心、斯克羅威尼禮拜堂旁的Eremitani Civic Museums博物館購票窗口、佩脫拉克村旅遊中心購買。

● Busitalia巴士
http www.fsbusitaliaveneto.it

● APS Mobilità交通公司
http www.apsholding.it

● Goodbike Padova共享單車
http www.goodbikepadova.it

● Mobike App租用共享單車
http 下載APP「Mobike Global」

帕多瓦旅遊卡
Padova Card

帕多瓦旅遊局推出48小時(€28)或72小時(€35)的旅遊卡URBS PICTA CARD，可搭乘市區公共交通工具及參觀斯克羅威禮拜堂(門票雖免費，但參觀禮拜堂須預約參觀，仍須支付€1的預訂費)、聖安東尼大教堂及城內大部分的景點。

http 禮拜堂官網購買：www.cappelladegliscrovegni.it

歐洲第二古老的大學

帕多瓦大學波宮
Palazzo Bo'

http www.unipd.it/visitebo／ ⊙ Via VIII Febbraio／ ☎ +39 049 827 3939／ ⏰ 英文導覽：11:30、13:30、16:30；義大利文導覽平日10:30，週末09:30開始，每隔2小時一團；需預約導覽團，無法自行入內參觀，11～2月至少15人才能成團／ 💲 €7／ ➡ 由火車站步行約16分鐘，或由火車站前搭U05、U12、U16等巴士到Ponti Romani 9站／ ⏳ 1小時

帕多瓦大學是歐洲第二古老的大學，成立於1222年，大學的主樓為波宮(Palazzo Bo')，遊客可參加導覽團拜訪這些古老的大學建築，了解牆面上知名畢業生家族徽章的故事，以及「四十大廳」(Sala dei Quaranta)中陳列的英、法、德等國知名學者。這也象徵帕多瓦大學是個自由、無國界、無性別差異的學術殿堂，所有人都可在此學習，並將所學到的知識帶回國發揚光大，全球第一位女大學生愛蓮娜(Elena Lucrezia Corner)即畢業於此。

帕多瓦大學就跟波隆納大學(L'Archiginnasio di Bologna)一樣，有座設計獨到的解剖教室，現在所看到的是1919年重建的樣式。當時的解剖大體放在圓形劇場的中間，300多位學生沿著環形階梯而坐，座位經特別設計，前面的觀眾不會擋到後面的視線，並在座位前設置欄杆，以免學生看到大體不支而昏倒的安全護欄。

▲牆面掛滿畢業學生的家庭徽章

斯克羅威尼禮拜堂
Cappella degli Scrovegni

http cappelladegliscrovegni.it／ⓞ Piazza Eremitani／ⓒ +39 049 201 0020／ⓛ 週一～五09:00～19:00，需24小時前先預約(預訂費€1)／$ €15，優惠票€11，同一張票也可參埃米塔尼市立博物館(Musei Civici agli Eremitani)及朱可曼宮(Zuckermann Palace)／→ 距離火車站約5分鐘路程／⁉ 1.未先預約者，當天可至禮拜堂旁的埃雷米塔尼市立博物館售票處詢問是否有任何可參觀的時段；2.已預約者，請在預約時間的5分鐘前到場；3.提早到者，可先參觀旁邊館藏豐富的希臘、羅馬、埃及考古文物的埃雷米塔尼市立博物館／⏳ 1小時

　　許多拜訪帕多瓦的遊客，就是專程來欣賞喬托在斯克羅威尼禮拜堂內精采的溼壁畫。一踏進禮拜堂，滿室以阿富汗寶石研磨而成的青金藍與精采的繪畫，絕對讓你秒懂眾人為何而來！

　　斯克羅威尼禮拜堂建於1303年，原本緊鄰著斯克羅威尼家族的宅邸。帕多瓦的富商艾瑞可·斯克羅威尼(Erico Scrovegni)在父親過世後，請人為父親建造禮拜堂，期盼能藉此救贖父親曾經營高利貸的罪過，免於被打入地獄，並特別聘請喬托於1303～1305年繪製禮拜堂的溼壁畫，而喬托也把握機會盡情發揮，為人類藝術史留下劃時代的巨作。

　　左牆首先畫出聖母的一生，右牆接著描繪聖母結婚、天使報喜、耶穌在馬廄誕生、三王朝聖、

▲帕多瓦的斯克羅威尼禮拜堂外表看似平凡，裡面卻有著具劃時代意義的溼壁畫

出埃及記、將水轉為酒的神蹟、最後的晚餐、耶穌被抓、耶穌復活、返回天國、最後的審判，一系列的聖經故事在禮拜堂的所有牆面鋪陳開來。

　　除了壯觀之外，喬托更在細節下足了功夫，

▲以阿富汗寶石研磨而成的青金藍畫作

▲所有牆面鋪陳出一系列的聖經故事

繪出當時代罕見的聖母流淚、天使傷心欲絕的神情，畫家開始繪出自己揣摩角色後所詮釋的情感，而不再只是個照本宣科的工匠。此外，喬托還利用鮮豔的色彩、流動的線條來表現情緒，這在當時都是前所未見的創舉。而在《最後的審判》中，還特別描繪教徒祈求聖母拯救靈魂的場景，這也是建造這座禮拜堂最重要目的，希望經營高利貸的父親能在此獲得寬恕。

▲《最後的審判》

20世紀的重要社交咖啡館

Caffé Pedrocchi 咖啡館

http caffepedrocchi.it／ 📍 Via VIII Febbraio, 15／ 📞 +39 049 878 1231／ 🕐 週一～五08:00～24:00、週五～六08:00～01:00／ ➡ 由帕多瓦大學波宮步行約2分鐘／ ⧗ 30分鐘

位於帕多瓦大學不遠處的Pedrocchi咖啡館，為1772年Francesco Pedrocchi所創立的，後來其子Antonio Pedrocchi又於1831年擴建為目前所見的新古典主義樣貌。這座咖啡館還被稱為「大門敞開的咖啡館」，因為1916年之前，這家咖啡館是24小時開放的，歡迎著大家進來聊天、交流，並經常舉辦講座、展覽。

咖啡館大戰時曾短暫歇業，1950年代進行大規模整修，咖啡館立面仍保留原建築賈沛力(Jappelli)設計的新古典主義及威尼托式的哥德風格。內部各廳室以不同風格裝飾，如古老的伊特魯里亞(Etruria)、希臘、文藝復興、埃及等。1861年義大利統一時，室內的三個廳室分別以義大利國旗綠、白、紅作為主色。最令人感動的是，綠廳為開放空間，不需點任何餐飲也可坐在這裡與人暢談、閱讀書報，讓經濟能力較差的人，冬天能坐在溫暖的地方休息。咖啡館外也常有人在此高談政論，與路人辯論。帕多瓦最觸動人心的城市精神，盡在此了！

▲曾為24小時全天候敞開大門的Pedrocchi咖啡館

聖安東尼大教堂
Basilica di Sant'Antonio di Padova

http www.santantonio.org/it/basilica／ Piazza al Santo 11／ +39 049 822 5652／ 06:15～19:25／ 免費／ 由帕多瓦大學波宮步行約11分鐘／ 1小時

如果帕多瓦大學是帕多瓦的人文中心，那麼帕多瓦的聖安東尼大教堂，則是市民的精神中心，當地人習慣稱此為「聖殿」(Il Santo)。教堂建於1232年，將這位以治癒眾生聞名的聖人遺體安置在教堂內，據說他的舌頭從未腐爛過，因此是天主教徒重要的朝聖地，為羅馬天主教宗座聖殿，教廷承認的8座國際朝聖堂之一。喬托開創了藍色星空的畫風，後來成為14世紀教堂天頂設計的主流，聖安東尼大教堂即採用此種風格。主祭壇上的耶穌受難像與青銅浮雕原作是佛羅倫斯偉大的雕刻家唐納太羅(Donatello)於1443～1450年間完成的，主要為聖母子與聖人群像，不過16世紀時原祭壇已被拆除，目前所見

的是1895年複製的雕像。廣場上的格泰梅拉達騎馬像(Equestrian Statue of Gattamelata)也出自唐納太羅之手，這座雕像偉大之處在於雕刻家忽略瑣碎的細節，重於表現軍人冷靜、堅毅的精神。參觀完教堂後，可到側面的迴廊跟其他朝聖者一起在此靜心休息。

然而，聖安東尼大教堂並不是帕多瓦的主教堂，主教堂(Duomo di Padova)9世紀就已存在，1552年委託米開朗基羅設計，不過後來16～18世紀擴建時，已經和原本的設計相背離。旁邊的圓頂洗禮堂(Battistero)仍是12世紀的建築，內有梅納波伊(Menabuoi)於1378年繪製的精湛溼壁畫。這些溼壁畫的色彩運用特別精采，並大量採用「7」這個元素，象徵圓滿之意。繪畫主題為新約與舊約聖經故事，包括創世記、耶穌受難及耶穌復活。

主教堂前的Via dei Soncin街區以往為城內的猶太區(Il Ghetto)，現在有許多特色小店及餐館。

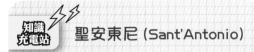

知識充電站　聖安東尼 (Sant'Antonio)

聖安東尼為葡萄牙人，當時他深深仰慕聖方濟各，遠從葡萄牙經北非、西西里島來到阿西西(Assisi)追隨聖方濟各的腳步。1231年他來到帕多瓦進行40天的布道，結束後不久便在此辭世，帕多瓦為了感念這位聖人，建造這座大教堂獻給聖安東尼。6月13日為聖安東尼聖人節，會有許多信徒前來朝拜。

理性宮&藥草廣場
Palazzo della Ragione & Piazza dell'Erbe

🌐 www.padovanet.it／📍 Piazza delle Erbe／📞 +39 049 820 5006／🕐 週二～日09:00～18:30／🚫 週一／💲 €7／➡️ 由帕多瓦大學波宮步行約3分鐘／⏳ 40分鐘

▲原為法院的哥德式建築，近年在宮殿底下挖掘到遺跡，現也開放參觀

藥草廣場早上是熱鬧的蔬果市集，拱廊下還有一家家博物館級的老雜貨，總是可在此買到優質食材。廣場上的理性宮是座哥德式建築，以往曾是法院，原本設有一座可通往隔壁監獄建築的小拱廊，2樓華麗的大廳(Salone)，目前為大型活動與展覽所用。廣場上的天文鐘為1344年所建。晚上的廣場跟早市一樣熱鬧，市民、學生總喜歡聚集在此，喝著餐前酒、享用威尼托下酒菜、小三明治(Tramezzini)。

佩托拉克村
Arqua' Petrarca

➡️ 可搭火車到Montegrotto Terme站(帕多瓦-波隆納線)，再轉搭巴士約15分鐘抵達；或由帕多瓦的巴士總站搭前往Este的巴士

佩托拉克村距離帕多瓦約30公里，位於最迷人的Colli Euganei丘陵區，沿著Z字形的小山路往上爬，就可進入這小小的佩脫拉克天地。

弗朗切斯科·佩脫拉克(Francesco Petrarca)是位義大利的詩人、人文主義者，與但丁(Dante Alighieri)、薄伽丘(Giovanni Boccaccio)並列為14世紀三大文學家。其詩文極具啟發性，且生平積極推動人文主義，因此被稱為「歐洲的人文主義之父」。佩脫拉克雖生於托斯卡尼的阿雷佐(Arezzo)，後來也曾長時間停留在法國亞維農(Avignon)，但晚年遷居於此，潛心深思生命的意義，並在此辭世。

維諾納
Verona

茱麗葉與羅密歐的
浪漫之城

維諾納因莎翁筆下的《羅密歐與茱麗葉》而成為浪漫城鎮，城內優美的建築、維諾納式陽台、石造古橋、令人融化的秋色，確實具有浪漫的本質。早在古羅馬帝國時期，因這裡是北邊的防禦要塞，因此羅馬人開始在城內建設，讓她有了「小羅馬」的稱號。千年歲月過去，市區仍保留西元1世紀所建的羅馬競技場，每年6～9月著名的維諾納歌劇季(Verona Opera Festival)，就是在這座露天劇場(Arena di Verona)舉辦。

維諾納位於威尼斯跟米蘭之間，城內的景點雖一日即可看完，但時間充裕的話，建議住一晚，晚上的維諾納古城相當有活力，還是個適合購物的美好城市，可找到許多設計獨特的當地品牌。

交通資訊

維諾納為威尼托重要的城鎮，位於交通要道，無論是從中南部前往威尼斯，或者威尼斯往米蘭走，幾乎都會經過這裡，市郊也設有機場。

飛機：維諾納機場（Aeroporto Valerio Catullo，VRN）距離古城區約10公里，主要為英、俄等周區國家航線，以及羅馬、西西里島的國內航線。可搭乘199 Verona Airlink機場巴士往返維諾納的主要火車站Verona Porta Nuova站，約15分鐘車程（€6，75分鐘內憑票可轉乘市區巴士）。

火車：維諾納與威尼斯的火車車程約70分鐘，距離米蘭或波隆納均約1.5小時。

● 維諾納機場
🌐 aeroportoverona.it
📍 37066 Caselle Verona
📞 +39 045 809 5666

● 199 Verona Airlink機場巴士
🌐 www.atv.verona.it

【市區交通】

維諾納火車站位於古城區南方約1.5公里處，沿著火車站右前方的新門大道（Corso Porta Nuova），直走約20分鐘可抵達古羅馬劇場的布拉廣場（Piazza Bra），由此起就是維諾納古城區。基本上步行即可參觀維諾納古城區各景點，亦可考慮租用Verona Bike共享單車，前半小時免費，第二個半小時€0.5，第三、四個半小時€0.75，最多可使用2小時（共€2），使用時間為06:00～24:00。

● Verona Bike共享單車
🌐 www.bikeverona.it

維諾納通行券
Verona Card

🌐 線上訂購：visitverona.it，或旅遊中心購買
💲 24小時€20，48小時€25
⁉️ 用於市區大眾交通及參觀各大景點

餐廳推薦

Antica Bottega del Vino
小酒館

🌐 bottegavini.it / 📍 Via Scudo di Francia, 3 / 📞 +39 045 800 4535 / 🕐 11:00～24:00 / ➡️ 由藥草廣場步行約3分鐘

過去維諾納人上劇院前最愛到此喝杯酒、吃些小點心，因此這裡的酒單可豐富了。現在仍是相當熱門的小酒館，還可吃到這區特產的阿瑪羅內（Amarone）紅酒燉飯，這種風乾葡萄釀造的紅酒果香濃郁，入飯燉煮，別有一番風味。

Terrazza Bar Al Ponte
咖啡吧餐廳

🌐 terrazzabaralponte.eu / 📍 Via Ponte Pietra, 26 / 📞 +39 045 927 5032 / 🕐 10:00～02:00 / ➡️ 由藥草廣場步行約10分鐘

坐在老石橋（Ponte Pietra）旁的餐廳露台，聽著潺潺流水聲、欣賞對面的山景用餐，真是輕鬆愜意，餐點又具水準，尤其推薦迷迭香培根麵疙瘩，飯後別忘了再點一杯香醇咖啡。

▲迷迭香培根麵疙瘩

住宿推薦

Casa Coloniale
民宿

🌐 www.casa-coloniale.com / 📍 Via Fratelli Cairoli, 6 / 📞 +39 337 472 737 / 💲 雙人房€90～110 / ➡️ 由藥草廣場步行約2分鐘

位於藥草廣場附近的小巷內，既有設計感又溫馨的民宿，近年民宿內部還增設了兩家美麗的咖啡館。

▲巷內的溫馨民宿

古羅馬劇場
Anfiteatro Arena

http www.arena.it／◉ Piazza Bra, 1／☎ +39 045 800 5151／🕐 週二～日09:00～19:00／休 週一／$ €10，優惠票€7.5／➡ 由維諾納火車站前搭90、92、94、98等巴士到Piazza Bra站下車，車程約10分鐘；步行約20分鐘／⏳ 30分鐘

古羅馬劇場建於1世紀，主要採用維諾納特產的粉紅色大理石，至今已有兩千多年的歷史，12世紀雖曾歷經一場大地震，但大致的架構仍保留完整。這也是現今全球規模最大的露天劇場，座位區共有44個階層，可容納2萬人，自1913年起，每年夏季仍在此舉辦維諾納歌劇季(Verona Opera Festival)，尤其推薦《阿依達》(Aida)這部歌劇，整個氣勢完全能在這座古老的劇場中展現出來，經典的《卡門》(Carmen)或《托斯卡》(Tosca)歌劇也很精采。

知識充電站　跟著當地人逛維諾納

由古羅馬劇場再往前走就是主購物街Via G. Mazzini，沿路盡是LV、COS、Bershka等精品及流行商品店。與這條街平行的Via Stella，則是條溫馨的人行步道，近年開設許多個性商品店、咖啡館等，其中相當推薦Flego咖啡館，甜品美味又美觀，店內的布置陳設，充分展現維諾納人絕佳的美感。

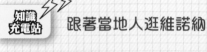

▲古羅馬劇場旁的主購物街 Via G. Mazzini，往前直走即是藥草廣場

▲建於1世紀的古老劇場，目前仍為歌劇季的露天表演重要場地

藥草廣場&藍貝提鐘樓
Piazza delle Erbe & Torre dei Lamberti

http torredeilamberti.it / ⊙ Via della Costa 1 / ⊙ 鐘樓：週一～五10:00～18:00，週六～日11:00～19:00 / ⑤ 鐘樓：€6 / ⊡ 由古羅馬劇場步行約5分鐘 / ⧗ 30分鐘

藥草市集以往為市民最需要的蔬果市集，只可惜現在的攤販多是紀念品攤，不過廣場上各棟豪宅立面仍保留優美的溼壁畫，據說過去政府為了鼓勵市民建造美麗的城市建築，房子外觀越漂亮，稅就減免得越多。晚上市集收攤後，廣場轉為露天咖啡座，讓人在此享受維諾納的夜晚。

廣場上高聳的藍貝提鐘樓，為1172年所建，原本僅37公尺。13世紀改為鐘樓，1403年因雷電嚴重損壞，1448年進行大整修，高度也增加至84公尺，鐘面則是1778年加上的。可搭乘電梯登上鐘塔欣賞維諾納的周區景致或爬368階階梯上塔。

由藥草廣場往河濱走，會經過鐘樓後面的領主廣場(Piazza dei Signori)，廣場上有座但丁雕像，後面是15世紀的議會迴廊(Loggia del Consiglio)。領主廣場後面則是13世紀帶領維諾納蓬勃發展的Scaligeri家族墓園(Scavi Scaligeri)。

CHECK 藥草廣場周區看點

Via Sottoriva街完整保留老拱廊建築，拱廊下仍有一家風味十足的老酒館。再往前直走會接到Via Ponte Pietra，走過老石橋，往上爬為1世紀所建的羅馬劇場(Teatro Romano)。這裡在古羅馬時期稱為公雞山(Monte Gallo)，主要為宗教場所，現則常舉辦國際級的戲劇及音樂會。

由劇場旁還可以爬上聖彼得堡壘(Castel S. Pietro)，中世紀時這裡曾有一座聖彼得教堂，後來拿破崙和奧地利軍隊占領維諾納後被大肆破壞，所幸自然美景依在，傍晚時可在此欣賞夕陽餘暉下，潺潺流水環抱的迷人古城。

▲鐘樓後面的但丁雕像　　▲爬 368 階階梯上鐘樓

▲維諾納的秋色真是浪漫得讓人融化

▲以往的蔬果市場，現多為紀念品攤

▲ Via Sottoriva 拱廊下的老酒館

茱麗葉之家
Casa Giulietta

http casadigiulietta.comune.verona.it／ 🏠 Via Cappello 23／ 📞 +39 045 803 4303／ 🕐 週二～日09:00～19:00／ 休 週一／ 💲 €7(憑票可參觀茱麗葉之墓)、僅茱麗葉之家€6，庭院免費參觀／ ➡ 由藥草廣場步行約2分鐘／ ⌛ 30分鐘

▲胸部被摸得晶亮 ▲新人只要提出申請，就有機會在茱
的茱麗葉雕像 麗葉之家舉行婚禮

▲茱麗葉之家的牆面貼滿愛的小語

　　莎士比亞的《羅密歐與茱麗葉》愛情故事，改編自16世紀義大利作家路易吉‧波爾圖(Luigi da Porto)所寫的詩歌，而建於13世紀的茱麗葉之家(Cappello家族宅邸)，也成了名聞天下的浪漫景點，牆面滿是情人所寫的浪漫情話，內庭院還有座右胸被摸得金亮的茱麗葉雕像。故居老建築結構典雅樸實，但陳設的文物較不突出，對於老建築有興趣者，可考慮入內參觀。

　　想在這浪漫的地點許下終身只要提出申請，就有機會在茱麗葉之家舉行婚禮，隔壁還有座適合蜜月旅行的高級夢幻旅館Il Sogno di Giulietta。

每年2月中情人節期間，能在維諾納這個城市的各角落發現各種精心布置的愛情飾物，甜甜蜜蜜舉辦Verona in Love活動。

朱斯提花園
Giardino Giusti

http giardinogiusti.com／ 🏠 Via Giardini Giusti 2／ 🕐 10:00～19:00，週六、日09:00～20:00／ 💲 €11，持維諾納通行券優惠票€8／ ➡ 由維諾納火車站前搭91號巴士到Piazza Isolo站下車，約24分鐘／ ⌛ 1小時

　　16世紀朱斯提(Giusti)家族宅邸的後花園，被認為是歐洲最具代表性的義大利文藝復興式庭園之一。庭園空間可分為上下兩部分，下半部的庭園主要以雕像、噴泉及樹籬迷宮構成，沿著層層而上的絲柏小徑，可來到上半部的庭園區，這區多為石洞、神獸裝飾的觀景平台，並可由此眺望古城與周區山景。

城堡裡的軍事博物館

舊堡博物館
Museo di Castelvecchio

http museodicastelvecchio.comune.verona.it／ Corso Castelvecchio, 2／ +39 045 806 2611／ 週二～日10:00～18:00／ 休週一／ €6／ 由維諾納火車站前搭93、94、95號巴士到Corso Cavour 49站下車，約10分鐘車程；由藥草廣場步行約12分鐘／ 1小時

14世紀威尼斯的統治者斯卡利格爾家族(Scaligeri)在原有的遺跡上興建舊堡(Castelvecchio)，18世紀轉為陸軍學院，拿破崙時期進行了較大的結構變動，改為新古典主義風格，但仍為軍事用途，直到1923年才開始進行大規模整修，立面加入了後哥德與文藝復興裝飾，並於1925年正式轉為博物館。

1957年特別聘請名建築師卡洛·斯卡帕(Carlo Scarpa)為這座舊城堡注入新生命，讓全球各地的建築迷不遠前來欣賞斯卡帕的靈巧設計，看博物館如何在微調了城堡內原有的小吊橋、階梯等結構後，各項雕刻、繪畫、軍事收藏品，能在光影變化中，與所在的空間環境交融出新的藝術性。

義大利第一大湖

加爾達湖小鎮
Lago di Garda

http www.visitgarda.com／ 由維諾納火車站前搭LN026號巴士到希爾米歐內(Sirmione)站下車，約90分鐘車程／ 2小時

威尼托區的加爾達湖，為義大利最大的湖泊，其寧和的氣息，吸引無數遊客前來探訪。來訪加爾達湖不妨以希爾米歐內(Sirmione)小鎮為據點遊玩，這裡仍保留完整的城堡建築，古城街道相當迷人，走出童話世界般的城門，即可望見平靜如波的加爾達湖，並可由鎮內碼頭搭乘公船遊玩各個濱湖小鎮。

圍繞在湖區最著名的小鎮包括以水中城堡著稱的希爾米歐內鎮(Sirmione)、坎皮歐內(Campione)懸崖小鎮、迷人的檸檬小鎮加爾達里摩內(Limone sul Garda，雖名為檸檬Limone，但字義源自拉丁文的疆界「lemos」，因此鎮位於附近

兩個區域的疆界處)、浪漫的湖濱小鎮馬爾切西內(Malcesine)。

威尼斯小鎮順遊 維諾納

Lago Maggiore

大湖區

　　阿爾卑斯山腳下的大湖區，為義大利第二大湖，僅次於威尼斯附近的加爾達湖，跨倫巴底及皮耶蒙蒂兩個大區和瑞士。湖面達212.5平方公里，長約65公里，最寬處約4.5公里，最深處372公尺，沿湖總長166公里。這塊土地散發著北國的純淨，有別於南義的粗獷，也成了海明威《戰地春夢》(A Farewell to Arms)的故事場景。

大湖沿岸的主要城鎮包括阿羅納(Arona)、史翠莎鎮(Stresa)、韋爾巴尼亞－因特拉(Verbania Intra)、韋爾巴尼亞－帕蘭札(Verbania Pallanza)。史翠莎鎮為主要城鎮，聚集最多高級旅館，二～三星旅館選擇也不少，郊區還可找到露營區，因此史翠莎是許多遊客的首選住宿城鎮。

http 大湖區官網：www.illagomaggiore.com

大湖區地圖

Locarno
Ascona
Isole di Brissago
Brissago

Cannoblo

Cannero Riviera　　　Maccagno
Oggebbio　　　　　　Luino
Ghiffa　　　Porto Valtravalia

Villa Taranto
帕蘭札 Pallanza　　因特拉 Intra
母親島 Isola Madre
漁夫島 Isola Superiore　　Laveno
美麗島 Isola Bella
史翠莎鎮 Stresa　　Santa Caterina

Belgirate

Ispra

阿羅納 Arona

建議路線

Plan 1

史翠莎鎮→搭船至美麗島→母親島→漁夫島→阿羅納＆購物區

Plan 2

史翠莎鎮→韋爾巴尼亞－帕蘭札→韋爾巴尼亞－因特拉

交通資訊

【搭火車】

大湖區沿岸的火車行經阿羅納、史翠莎鎮、韋爾巴尼亞－帕蘭札等主要城鎮，由米蘭到史翠莎鎮約1小時車程。

若由大湖西北方的多莫多索拉鎮(Domodossola)可搭乘Lago Maggiore Express到瑞士(終點站Locadino)。

● **Lago Maggiore Express**
http lagomaggioreexpress.com

【搭巴士】

若從米蘭馬爾彭薩機場可直接搭SAF巴士到韋爾巴尼亞－帕蘭札或多莫多索拉鎮。

大湖各城鎮的巴士主要由SAF巴士營運，最實用的路線包括韋爾巴尼亞(Verbania)←→史翠莎鎮←→阿羅納←→米蘭的A、B兩線，銜接區內的主要城鎮和米蘭，但冬夏季節班車時刻略有不同，出發前可先上官網查詢時刻。

● **SAF巴士**
http safduemila.com/linee／**⁉️** 通往米蘭馬爾彭薩機場交通可使用「Milan Airports」APP加以查詢

【區內交通】

可從最南邊的阿羅納小鎮搭船到最北邊的Locarno(瑞士境內)，此外，史翠莎鎮、巴維諾(Baveno)、博洛梅歐宮島(Borromean)、韋爾巴尼亞之間則較多專為遊客而設的船班，例如由史翠莎搭船至韋爾巴尼亞－因特拉，或由史翠莎搭船至美麗島(Isola Bella)或漁夫島(Isola Superiore)。

票價依船程分為1～10區，1區內的單程票為€3.4起(如：史翠莎鎮←→美麗島)，建議航班出發前20分鐘抵達碼頭，尤其是夏季旺季時。

● **La Gestione Navigazione Laghi 大湖區航行機構**
http www.navigazionelaghi.it

美麗島
Isola Bella

美麗島：⧗1小時
博洛梅歐宮：http www.isoleborromee.it/isola-bella/cosa-vedere/palazzo-borromeo/ ⏰10:00～17:30，冬季010:00～16:30／休9月12日／$€20、美麗島＋母親島€30

沿著史翠莎鎮內的湖濱大道散步是遊大湖最愜意的事，寧靜的湖上有三座著名的Borromee群島，自1501年起為來自佛羅倫斯的博洛梅歐家族所有，其中以美麗島最為迷人。島上17世紀所建的華麗宮殿博洛梅歐宮(Palazzo Borromeo)及精心設計的綠園，彷彿就是大湖上的一顆綠寶石，很推薦到宮內的餐廳露台Il Fornello Bottega con Cucina享用早午餐。

而美麗島為當時的島主以其愛妻之名Isabella d'Adda(簡稱Bella，義文是「美麗」的意思)命名，因此踏上小島時，彷彿能感受到這麼一股浪漫氣息。洛梅歐宮殿內展示博洛梅歐(Borromeo)家族許多珍貴的收藏，宮外層層而上的綠園平台設計，極具義大利庭園風範，園內還擁有2千多種植物。

目前部分建築還改為高級公寓，遊客可透過官網預訂房間入住美麗島，暢享島民的悠閒氣息。

▲除了華麗的宮殿與綠園外，還設有以慢食精神料理的餐廳

母親島
Isola Madre

母親島：⧗1小時
Villa Madre：http www.isoleborromee.it/isola-madre/ ⏰10:00～17:30，冬季10:00～16:30／$€17、美麗島＋母親島€30

美麗島的姊妹島——母親島，是Borromee三座小島中最長、也最綠意盎然的一座。小島上主要為18世紀所建的母親島宮(Palazzo dell'Isola Madre)，現仍保留博洛梅歐家族所收藏的古董、畫作，其中還包括木偶劇場、華麗的威尼斯起居室、溫室與家庭禮拜堂，別墅外則有建築師菲利波·卡格諾拉(Filippo Cagnola)所打造的植物園，引進許多異國植物與花卉，讓母親島雖不像美麗島高貴，但滿島蒼翠的綠林，呈現出母親般的溫馨感。

漁夫島
Isola Superiore dei Pescatori

漁夫島：⧗1.5小時
Ristorante Verbano餐廳：◉ Via Ugo Ara, 2, Isola Superiore／☎ +39 0323 31226

Borromee群島中的漁夫島，看似最平凡的一座，但島上安靜而慵懶的漁村氣息，卻也讓不期不待的遊客喜愛不已。建議先參觀美麗島，並在宮內餐廳享用早餐，接著參觀母親島，最後安排到這裡享用午餐，尤其推薦島上的Ristorante - Verbano這浪漫的用餐地點(也提供住宿)。

來趟環湖小鎮放鬆之旅

大湖區周區小鎮

塔蘭托別墅植物園：http www.villataranto.it／ Via Vittorio Veneto 111, Verbania Pallanza／ 3月08:30〜17:30、4〜9月08:30〜18:30、10月1〜18日：09:00〜17:30、10月19日〜11月1日09:00〜16:30／ €11／ 1〜2小時

史翠莎鎮交通較為便利，且鎮上的住宿及餐廳選擇多，雖然沒有什麼景點，但仍為大湖區的主要旅遊據點。自1961年起，每年6月中〜9月初大湖區會舉辦史翠莎音樂節(Stresa Festival Musical Weeks)，周區城鎮的教堂、古蹟建築、城堡、與小島上的宮殿，個個都成了最有情調的演出場所。

由史翠莎鎮可上山欣賞壯麗的湖景，喜歡健行者可考慮步行上下山。距離史翠莎鎮約20分鐘車程外的**阿羅納鎮**，鎮內有條看似不起眼的購物街(Via Cavour)，雖沒有名牌店進駐，但小店的貨品都是店家認真挑選的高級貨，因為大湖區是米蘭人最喜歡的高級度假地點。

史翠莎鎮對岸的悠閒小鎮韋爾巴尼亞－因特拉，搭船約45分鐘船程，搭車則約50分鐘，這裡能找到一些特色小店，湖邊還有一些咖啡館。

若想要安靜度假，可以考慮史翠莎與**韋爾巴尼亞－因特拉**之間的**韋爾巴尼亞－帕蘭札鎮**。周區規畫了良好的腳踏車道及慢跑道，並靠近常有現代藝術展的朱利歐別墅(Villa Giulio)，附近的塔蘭托別墅植物園(Giardini Botanici Villa Taranto)，原為蘇格蘭上尉所擁有，引進上千種異國植物，以及2萬多種珍稀的植物種，每年4〜10月開放參觀。

CHECK　周區推薦餐廳

il Gigi Bar咖啡館

 Corso Italia 30, Stresa／ +39 0323 30225／ 07:30〜19:30／休 週三

想吃大湖區著名的瑪格利特奶油餅(Margheritine di Stresa)，當然要到湖濱大道上的老咖啡館il Gigi Bar，享用茶點之餘，還可欣賞宜人的湖景。

▲韋爾巴尼亞－帕蘭札鎮周區規畫了良好的腳踏車道及慢跑道

▲史翠莎對岸的韋爾巴尼亞－因特拉鎮

皮耶蒙蒂 ✈ 大湖區

Lago d'Orta
奧爾他湖

奧爾他湖位於大湖西側，長約13公里、寬1.2公里，面積18平方公里。原本以這區的守護聖人聖朱利歐(San Giulio)命名為聖朱利歐湖(Lago di San Giulio)，16世紀後才改為現在的名稱。

相較於大湖，奧爾他湖在寧靜中，又帶著一股巧緻的魅力，如湖濱的主要城鎮奧爾他聖朱利歐(Orta San Giulio)，鎮內惹人喜愛的街道布置與老房舍。而湖中的聖朱利歐島，則是座充滿哲思的小島，也相當值得參觀。附近的主要城鎮還包括東側的佩泰納斯科(Pettenasco)、最北的奧梅尼亞(Omegna)及西側的佩拉(Pella)。

▲可以奧爾他聖朱利這迷人的小鎮為據點遊賞奧爾他湖

建議路線

奧爾他朱利歐鎮主廣場市集＆遊逛小鎮→搭船至聖朱利歐島→回奧爾他朱利歐鎮步行上奧爾塔聖山

▲奧爾他湖是深受義大利當地人喜愛的湖濱度假地

奧爾他湖地圖

奧梅尼亞 Omegna
Nonio
Oira
Cesara
船線
公路
Punta di Crabbia
Giardinetto
Ronco
佩泰納斯科 Pettenasco
Arola
L'approdo
佩拉 Pella
Alzo
San Filiberto
奧爾他 Orta
聖朱利歐島 San Giulio
Lagna
San Maurizio D'opalio
Lido di Gozzano

交通資訊

【搭火車】

奧爾他湖的南端距離都靈主要幹線上的諾瓦拉(Novara)鎮約35公里，可由米蘭或都靈搭火車到諾瓦拉轉車到距離奧爾他聖朱利歐市中心約2公里的奧爾他一米亞西諾(Orta Miasino)火車站，車程約2.5小時；附近另一個小鎮佩泰納斯科也設有火車站，可先到此遊玩，再搭船至奧爾他聖朱利歐鎮；若計畫前往奧爾他湖北區，則可搭火車到奧梅尼亞站(Omegna)。

【區內交通】

往返區內各個小鎮可善用Navigazione Lago d'Orta公船，例如由Orta碼頭可搭船前往聖朱利歐島，船程約半小時、至奧梅尼亞約50分鐘、至佩拉則約需半小時。

6～9月初還有往返大湖區的史翠莎鎮與奧爾他聖朱利歐鎮的直達巴士，營運公司為SAF巴士，約45分鐘車程(Linea Orta Maggiore班車)。

● Navigazione Lago d'Orta
www.navigazionelagodorta.it

● SAF巴士
www.safduemila.com

▲由Orta碼頭可搭船前往聖朱利歐島

住宿推薦

奧爾他聖朱利歐是奧爾他湖區最可愛的小鎮之一，推薦以此為據點遊湖。

Locanda Orta　小旅館

locandaorta.com／ Via Olina, 18, 28016 Orta San Giulio／ +39 0322 905188

奧爾他鎮中心的小旅館，地點位置極佳，市集及碼頭都近在咫尺，房間布置相當溫馨。

Camping Orta　露營區

campingorta.it／ Via Domo-dossola, 28／ +39 0322 90267

湖濱Camping Orta露營區的性價比很高，不只有露營帳篷，也提供設備齊全的小木屋，內設有2～3人房及廚房設備，周區綠意盎然，又可遠眺奧爾他湖。

皮耶蒙蒂 奧爾他湖

漫步悠閒小鎮
奧爾他聖朱利歐
Orta San Giulio

⌛ 1天

▲碼頭前的早市

奧爾他聖朱利歐鎮的主廣場(Piazza Motta)早上會有小市集,市集旁就是碼頭,可由此搭船前往聖朱利歐島。而背著湖泊由主廣場往右走,往上坡爬就可來到列入世界文化遺產的奧爾他聖山(Sacro Monte d'Orta),這是天主教的重要朝聖地,共有9組禮拜堂及建築,由聖山上也可俯瞰周區的山湖風光,最後可由修道院旁的優美小徑漫步回小鎮。

▲在鎮內小巷隨意走走即是趟愜意的小旅行

▲由奧爾他聖山步行回鎮上沿路風光優雅

▲鎮中心的主街上林立著許多可愛小店、餐廳

朝聖守護聖人家鄉
聖朱利歐島
Isola San Giulio

⌛ 1.5小時

聖朱利歐島主要為修道院所用,4世紀時這區的守護聖人聖朱利歐(San Giulio)居住在此,古老的聖朱利歐大教堂(Basilica di San Giulio)西元5世紀便已存在。參觀完教堂後,可往旁邊的靜思小徑環小島一圈,沿路都是發人省思的小語錄。

▲聖朱利歐大教堂

最具創新精神的魔法城市

皮耶蒙蒂 Piemonte

Torino
都靈

據說白魔法金三角為都靈、法國里昂、與捷克布拉格，而黑魔法金三角則是都靈、英國倫敦與美國舊金山，都靈的皇宮剛好就是黑、白魔法的交會點，難怪都靈人點子多，發展為義大利的工業與科技重鎮，著名的飛雅特(FIAT)汽車、LAVAZZA咖啡等，均來自這個魔法城市！

都靈是義大利獨立運動的起點，人稱都靈為「義大利自由的搖籃」，而且城裡的埃及文物收藏為全球第三大，僅次於埃及與倫敦。城內成立於1404年的杜林大學，是全球最古老的大學之一。都靈還是16世紀以來薩伏依(Savoia)王國的基地，17世紀時依照古羅馬的城市格局重新規畫，大氣地展現曾為首都的氣勢，宮殿內部更是奢華之至！

▲ Vittorio Veneto 廣場咖啡座

交通資訊

【搭火車】

由米蘭搭火車到都靈約1～2小時，主要火車站為Stazione Porta Nuova，較靠近城內主要景點，距離聖卡洛廣場(Piazza San Carlo)約10分鐘路程，次要火車站為Stazione Porta Susa，兩座火車站相距約1.5公里；由都靈搭火車到熱那亞(Genova)單程則約需2小時。

【市區交通】

都靈市區設有巴士、電車及地鐵等公共交通，由GTT市區交通公司負責營運，同樣提供不同類型的票券，因應遊客不同的需求。由都靈Caselle Airport機場可搭乘巴士或電車抵達市區，車票為€2.7，車程約45分鐘，另還有：120分鐘有效的機場電車票＋市區車票聯票€3。

● GTT市區交通公司

http www.gtt.to.it；地鐵路線圖 www.metrotorino.it / $ 100分鐘有效票為€1.7、1日票€4、48小時票為€7.5、72小時票€10 / 用於市區及近郊的巴士、電車、地鐵

都靈皮耶蒙蒂卡 Torino+Piemonte Card

含大部分重要景點的門票，市區巴士則享優惠價。

$ 1～5日觀光卡€27～51 / 若只想參觀宮殿，可購買皇家建築群通用券「Royal Card」，7日有效票€35

餐廳推薦

Caffe San Carlo
咖啡館

Piazza S. Carlo, 156 / 08:00～22:00

1882年開業至今，一直是知識分子的聚集地點。而附近的Café Torino咖啡館則在水晶燈的照耀下，滿室輝煌，提供都靈知名咖啡品牌LAVAZZA的咖啡。咖啡館外頭有隻黃銅牛雕像，據說鞋子在上面擦一下，就可以帶上好運氣。

Cioccolateria Giordano
巧克力店

http giordanocioccolato.it / Piazza Carlo Felice 69 / 週一～六09:00～13:00、15:00～19:30，週五09:30～19:30 / 休 週日

1897年開業至今的老巧克力店Giordano，只選用上好的巧克力與皮耶蒙蒂地區的榛果，由於沒有添加其他材料(像是會讓巧克力變硬的成分)，所以這裡的巧克力一入口即慢慢融化，可可跟榛果混合的香味，一下子蹦了出來，讓人覺得吃巧克力原來是這麼幸福的一件事。

Café Al Bicerin
咖啡館

http www.bicerin.it / Piazza della Consolata, 5 / 週四～二08:45～19:30 / 休 週三

以巧克力聞名的都靈，還有一種稱為「Bicerin」的特調咖啡，底層是熱可可，中間為咖啡，最上層再擠上奶油，香氣十足的咖啡與溫醇的可可融合在一起，甜中帶苦，而奶油就好像是這兩者的媒合，真是美妙的組合。

創始店Al Bicerin於1763年開業至今，老木牆邊擺放著大理石桌，散發著古樸的氛圍。

埃及境外最大的埃及博物館

埃及博物館
Museo Egizio

http www.museoegizio.it／⊙ Via Accademia delle Scienze, 6／☎+39 011 440 6903／🕐 週一09:00～14:00，週二～日09:00～18:30／休 週一下午及聖誕節／$ €18／➪ 由聖卡洛廣場步行約2分鐘／⏳ 1.5小時

▲牛木乃伊

館內大部分為拿破崙時期駐埃及副領事Bernaardino Drovetti的收藏，共有5千多件文物，後來館長Schiaparelli又到埃及挖掘了好幾座墓室，目前共有2萬6千多件收藏，是開羅之外最具規模的埃及博物館。

博物館共分為4層，依時間由西元前4000年至西元1000年陳列文物，讓人了解埃及5千年的歷史。除了珍貴的古文物、神廟遺跡及雕刻外，更陳列了滿室巨大的法老王雕像、獅像，完全能感受到古埃及王國的力量，尤其別錯過阿蒙霍特普二世(Amenhotep II)的法老王雕像，完美的比例與神情，真讓人開始想像那神祕未知的力量了。

館內的木乃伊收藏同樣相當豐富，其中一尊還非常聳動地讓人看到他千年不老的頭髮，另還包含了許多動物木乃伊，像是鱷魚(象徵波貝克神

▲館內擁有豐富的紙莎草紙收藏

Bobek)、鷹(象徵Horo赫羅神)、牛(象徵Hapi哈比神)等。而2樓的紙紗草紙上的文字、圖案，也值得好好欣賞。此外，5千多年前完整的克哈(Kha)及其妻美瑞特(Merti)的陵墓，可看到當時陪葬的各種珍寶、食物、工具等。

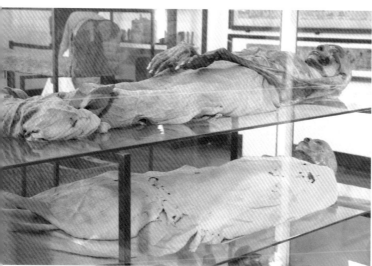
▲館藏保存良好的木乃伊

▲阿蒙霍特普二世

薩伏依王室的華麗姿態

都靈皇宮
Palazzo Reale di Torino

📍Piazzetta Reale 1 / 📞 +39 011 436 1455 / 🕐週
二～日09:00～18:00 / 休週一 / 💲€15 / ➡由聖卡
洛廣場步行約10分鐘 / ⧖1.5小時

1563年都靈成為薩伏依王室的首都，並開始
建造皇宮。皇宮的地點選得相當巧妙，大門的兩
座雕像，據說就是黑白魔法的分界點！而金碧輝
煌的內部為17世紀完成的，內有接待大廳、皇
寢、軍械室、皇家圖書館。目前所見的地板、擺
飾和收藏，都是17世紀時的原件，因此參觀時需
走在紅地毯上，避免破壞木質地板。

除了每個廳室極盡奢華的裝飾外，各小細節
也相當用心，例如門特別設計得有點歪斜，關門
時才不至於刮到木板。有趣的是，牆壁上針織畫
的人物眼睛都細細長長的，因為這些針織畫都是
在中國訂製的，中國人不知道歐洲人到底長什

義大利近代史上重要的薩伏依(Savoia)王朝

薩伏依王朝原本的占領區為法國東南部和
義大利西北部，薩伏依伯爵於1046年將皮耶
蒙蒂加入王朝領地，當時王朝首都還在法國
的尚貝里(Chambéry)。1563年伊曼紐爾•菲
利貝托公爵(Emanuele Filiberto)遷居皮耶蒙
蒂，1720年薩伏依公爵成為薩丁尼亞國王，
爾後壯大為薩丁尼亞王國(Sardegna)，並將
都靈定為首都。皮耶蒙蒂也是1859～1861
年間義大利獨立運動的發起地，統一之後，
薩伏依王室成為義大利王室，直到1946年建
立義大利共和國。

麼樣子，所以畫中的人物都是具中國特色的細長
眼睛。宮內最著名的是皇家圖書館，共收藏了2
萬多冊書籍，其中包括一系列偉大藝術家的素描
畫，達文西珍貴的自畫像也陳列其中。

▲皇宮廣場。來自法國的薩伏依王朝定都後，在城內建設了多座華麗的宮殿

公爵夫人的居所

夫人宮
Palazzo Madama

🌐 www.palazzomadamatorino.it ／ 📍 Piazza Castello ／ 📞 +39 011 5211788 ／ 🕐 週三～一10:00～18:00 ／ 休 週二 ／ 💲 €10，階梯及中世紀庭院免費 ／ ➡ 由聖卡洛廣場步行約7分鐘 ／ ⏳ 1.5小時

▲深受公爵夫人喜愛的宮殿，因此名為夫人宮

原為中世紀的建築，後來改建為克麗絲丁·瑪麗亞夫人(Madama Cristina Maria)的居所，因此除了巴洛克華麗的風格外，還有收藏了許多中世紀的藝術品，包括豐富的宗教畫、雕刻、陶瓷及裝飾藝術。

另還推薦以公爵夫人命名的Madama Café咖啡館，可在18世紀風格的建築中享用皇家小點。參觀宮內需購票，但階梯的部分則是免費開放的區域，兩座階梯和諧的比例與開闊的氣勢，豪氣中帶著典雅的氣息。

▲氣勢非凡的夫人宮樓梯

▲中世紀建築改建的夫人宮，內部收藏6千多件藝術品

耶穌裹屍布保存地

都靈主教堂
Duomo di Torino

🌐 www.sindone.org ／ 📍 Piazza San Giovanni ／ 🕐 10:00～12:30、16:00～19:00 ／ 💲 免費 ／ ➡ 由都靈皇宮步行約1分鐘 ／ ⏳ 30分鐘

都靈的主教堂建於1498年，是城內唯一的文藝復興建築，正面為建築師尤瓦加(Juvarra)於1720年所設計的，內部以大量的圓柱與拱門營造出和諧、宏偉之感。教堂最著名的為薩伏依家族帶到都靈的「耶穌的裹屍布」(Santa Sindone)，據說這是耶穌在墓中裹的屍布，麻布上依稀可

看到臉部及身體的印痕，有些科學鑑定認為這條亞麻布是12世紀的產物，有些則認為是1世紀，目前仍無定論。裹屍布現在存放在大教堂後殿與皇宮之間的巴洛克小教堂中，尚未開放參觀。

Cinque Terre
五鄉地（五漁村）

五鄉地是長18公里的海岸線圍構而成的區域，共由五座
濱海小村落組成，由南到北分別為：里奧馬焦雷(Riomag-
giore)、馬納羅拉(Manarola)、哥尼利亞(Corniglia)、韋爾
納扎(Vernazza)、蒙特羅索(Monterosso al Mare)。

五鄉地對遊客來講，是個美麗的區域，但當地居民卻需辛苦地在崎嶇的地勢中開鑿田地、種植葡萄，為此還特地發明特殊的單軌滑輪車，在險峻的環境下輸運工人與葡萄。五鄉地的人與大自然相互競衡地生活著，其獨特的生活方式與地景，已列入世界文化遺產，且範圍還涵蓋蒙特羅索及里奧馬焦雷的海域，保育海中生物。政府積極推動各種保護措施，並將五鄉地整區設為國家公園，向農家收購農產，製造出最棒的葡萄酒、保養品，以促進當地生活文化的保存。

http 國家公園官網：www.parconazionale5terre.it

五鄉地地圖

蒙特羅索 Montreeosso al Mare
健行步道 No.1
健行步道 No.2
韋爾納扎 Vernazza
哥尼利亞 Corniglia
馬納羅拉 Manarola
里奧馬焦雷 Riomassiore

聯外交通

【搭火車】

最近的機場是比薩機場(Pisa Aeroporto Galileo Galilei，PSA)，由比薩搭火車到五鄉地的里奧馬焦雷約1～1.5小時；由北部的熱那亞Genova Brignole火車站到蒙特羅索約1.5小時，除少數直達車外，多數車班須在Sestri Levante轉車。要特別注意的是韋爾納扎及里奧馬焦雷的火車站在隧道內，記得下車，火車並不是暫時停在隧道內等候會車。

若只想搭火車到各村莊走走，不打算走步道者，可以考慮購買單程火車票，義大利火車票是打卡後，6小時內有效。購票時可向服務人員索取時刻表以掌握乘車時刻。

● Trenitalia義大利國鐵
http trenitalia.com

【搭巴士】

國家公園規畫了ATC綠色巴士往返五鄉地各鄉鎮，持五鄉地通行券(Cinque Terre Card)即可免費搭乘巴士，購買票券後，要記得在卡片寫上姓名，第一次搭乘火車或巴士時需要在火車站內或巴士上的機器過卡打票，否則會被視為逃票。

另外，國家公園所設立的濱海步道No.2則需在入口處的票亭購買門票才能進入，而五鄉地通行券包含步道門票。

【搭船】

4～12月初可由拉斯佩齊亞(La Spezia)搭船至五鄉地及五鄉地北邊的Levanto，隨上隨下的一日票為€39，各站均可停靠的單程票價為€30，拉斯佩齊亞前往里奧馬焦雷或馬納羅拉的單程票為€20，拉斯佩齊亞前往蒙特羅索或韋爾納扎的單程票為€25。

● Golfo Dei Poeti
五鄉地地區航運公司
http www.navigazionegolfodei-poeti.it

貼心提醒　不建議自駕遊玩五鄉地

所有車輛均需停放在鎮外的停車場，不可進入市中心，旺季時停車位是一位難求(尤其是4～8月的週末)，且公路狹小，路邊停車也不容易，非常不建議開車到五鄉地，搭火車是最快捷的方式。自駕者亦可選擇將車停放在五鄉地南部的出入門戶拉斯佩齊亞鎮上的停車場，不僅較便宜，車位也較多，再由拉斯佩齊亞搭火車進入五鄉地。

利古里亞

五鄉地

五鄉地通行券
Cinque Terre Card

票券種類

1. **Cinque Terre Trekking Card**：1日票€7.5、2日票€14.5，單純在區內使用，包含：1.國家公園門票／2.區內的ATC巴士／3.部分導覽活動／4.免費使用公廁

2. **Cinque Terre Treno MS Card**：這是與義大利火車國鐵合作的票卡，可搭乘Levanto和拉斯佩齊亞之間的區間火車(不可搭IC/ICN/FB快車)。票種分為1、2、3日有效票，另有兩大兩小(12歲以下)的家庭票。全票票價分別為：€18.2、€33、€47，兒童票€11.4，家庭票€48。

購買方式

五鄉地國家公園服務處或線上購買：card.parconazionale5terre.it；亦能至拉斯佩齊亞火車站內服務中心購買，並提供詳細時刻資料。

http card.parconazionale5terre.it／$ 票價11～3月中淡季另有優惠價；住在五個村莊內的民宿、旅館，可以優惠價購買五鄉地通行券

▲五鄉地步道景觀

▲運送工人及葡萄的特殊單軌滑輪車

住宿推薦

可透過國家公園遊客中心訂房，精選了許多極具當地特色的民宿。

● **五鄉地國家公園旅遊服務中心**
http www.parconazionale5terre.it/Edormire.php／ ☎ +39 0187 762600

建議路線

由比薩到五鄉地僅約1～1.5小時，許多遊客會安排佛羅倫斯出發的一日遊，建議將比薩及五鄉地兩個地方排在同一天，先參觀五鄉地，回程中停比薩；若能安排兩天一夜為佳，行程較不趕。若從托斯卡尼地區(佛羅倫斯)過來，可以考慮住靠近拉斯佩齊亞的里奧馬焦雷。

Day 1

拉斯佩齊亞→入住里奧馬焦雷民宿→走步道至馬納羅拉→回里奧馬焦雷晚餐

Day 2

搭火車至韋爾納扎→走步道至蒙特羅索→聖瑪格麗特(Santa Margherita)與芬諾港(PortoFino)。
相當推薦韋爾納扎與蒙特羅索這段步道，雖然稍微費力些，但地勢較高，視野也是最好的(約2～3小時)。

順遊行程

來到五鄉地遊玩，可再安排時間參觀附近幾個優美的度假小鎮，例如可以先到聖瑪格麗特，再由這裡搭巴士到芬諾港；接下來規畫繼續往北到熱那亞、都靈、或米蘭者，可以考慮住聖瑪格麗特。

藏在小漁村的好料理

馬納羅拉
Manarola

　　距離里奧馬焦雷僅20分鐘路程，步上愛之小路步道就可輕易往返這兩個村莊。而馬納羅拉最值得參觀的莫過於國家公園的商店及工作室了。這裡有國家公園自製的檸檬、葡萄酒及橄欖油，尤其是Sciacchetrà甜酒，這是義大利最著名的甜酒之一，比其他甜酒更為溫醇，香氣的層次也豐富。此外，五鄉地的醃漬鯷魚品質絕佳，利用羅勒葉揉製的義大利寬麵，口感飽實、料好實在！鯷魚與香草搗成的鯷魚醬(Salsa di Aciughe)也是這裡的特產，清香的檸檬醬及蜂蜜，同樣是必購極品。

▲國家公園與農民合力製造
出優質的白酒及Sciacchetrà

里奧馬焦雷
Riomaggiore

這是最南端的小漁村，主街Via Colombo可找到咖啡館、餐廳、傳統雜貨店，生活機能佳，是個適合住宿的村莊。這區的海岸風光，算是五鄉地最傑出的一段。

▲五鄉地最南端，由托斯卡尼地區過來適合住這區

韋爾納扎
Vernazza

出火車站就是村莊的主街，各色細長的老房舍立於街巷間，房舍裡躲的是小咖啡館，如：Blue Marlin咖啡館，以及雜貨店、冰淇淋店、美味的鷹嘴豆烤餅(Farinata)店。走出狹窄的主街，豁然出現開闊的教堂廣場(Chiesa di Santa Margherita di Antiochia)，廣場旁還有個可以坐下來好好眺望大海的碼頭。

▲走在往蒙特羅索的步道上，回望韋爾納扎的景色

哥尼利亞
Corniglia

位於山脊上的哥尼利亞，是唯一不靠海的村莊，四周被葡萄園、檸檬園環繞，相較於其他旅客較多的村莊，這裡較為寧靜。主街為Via Fieschi，得爬377階才能抵達市中心，或者可搭乘巴士繞山路進村莊，攜帶大行李箱者較不建議住這裡。冬季旅遊淡季時，這個村莊較多商店、住宿不營業。

蒙特羅索
Monterosso al Mare

蒙特羅索跟韋爾納扎是五鄉地中最早形成聚落的村莊，其中的蒙特羅索面積最大，提供的住宿選擇也最多，並且是唯一擁有沙灘的村莊，因此旺季時人潮相當多，不過村內多為現代建築，聚落的魅力較低於其他村落。

▲蒙特羅索是五鄉地唯一擁有沙灘的村莊

貼心提醒　時間有限的旅遊建議

如果只有1天的時間，可搭乘火車遊這5個小鎮，因每段火車距離僅5～8分鐘，各小鎮的規模不大，可將重點放在里奧馬焦雷、馬納羅拉與韋爾納扎這幾個村莊。

漫步步道感受五鄉地
療癒系美景

國家公園規畫了許多條健行步道，讓遊客更親近這裡的土地，慢慢欣賞它特殊的植被、蔚藍的海岸，緩步穿過一畝畝農夫辛勤耕作的葡萄園，眺望多彩繽紛的小村莊。

步道中最著名的就屬No.2的濱海步道（Sentiero a mare），最輕鬆的路段是里奧馬焦雷及馬納羅拉之間的愛之小路（Via dell'Amore），20分鐘就可以浪漫走完全程，途中還有座懸崖小咖啡館供遊客休憩。不過愛之小路旺季時遊客非常多，其實國家公園還有許多條步道也值得走走，像是里奧馬焦雷上面的Monte Negro，或者國家公園外的Levanto走到蒙特羅索。

注意 禁止穿夾腳拖在國家公園內走步道，若違反，罰款為€50～2,500；11～3月遊客最少，5月1日、8月、復活節遊客相當多，甚至可能搭不上火車。

五鄉地國家公園
http www.parconazionale5terre.it/Erete-sentieristica.php／⁉️ 出發前先確認路況，尤其是淡季11～3月，有時會因維修或天候狀況而關閉路線

最熱門的 No.2 濱海步道：

步道	距離／步行預估時間	備註
里奧馬焦雷(最南)↔蒙特羅索(最北)	全長約16公里／4.5～5.5小時	--
里奧馬焦雷↔馬納羅拉	1.5公里／25分鐘	又稱愛之小路，目前仍在維修，預計2024年重新開放
馬納羅拉↔哥尼利亞	2公里／1～1.5小時	由濱海步道回望馬納羅拉最美
哥尼利亞↔韋爾納扎	4公里／1.5～2小時	--
韋爾納扎↔蒙特羅索	3.7公里／2.5小時	在此條路線上回望韋爾納扎的景色很棒

▲步道路況

▲國家公園規定不可穿夾腳拖入園

▲步道沿路均有這樣的步道標號

低調奢華的港口城市

利古里亞 Liguria

Genova

熱那亞

熱那亞為義大利西北部利古里亞的省府，自12世紀因十
字軍東征而慢慢崛起，與威尼斯、比薩、阿瑪菲共和國並
列為海上四大強權國。

西元16世紀在安德里亞‧多里亞(Andrea Doria)的帶領下，將熱那亞推到最巔峰，企業家、探險家、銀行家紛紛崛起，勢力與威尼斯相當，熱那亞城內的貴族也在這段期間花了8年的時間，將丘陵地開闢為Via Garibaldi街道，當時又稱為新街(Strada Nuova)。16～17世紀時建造了42棟豪宅，收藏無數珍貴的藝術作品，並招待來自各地的王宮貴族、教皇、大使，據說當時還曾接待過路易十二及其三百多名隨從。目前整個街區已列入世界文化遺產中。

http 熱那亞官網：www.visitgenoa.it

▲法拉利廣場為熱那亞的中心廣場

交通資訊

【搭飛機】

熱那亞機場(Aeroporto di Genova，GOA)為銜接義大利及歐洲主要城市的機場，可搭Volabus機場巴士前往熱那亞市中心，約30分鐘，€5。

● 熱那亞機場
http www.airport.genova.it

● Volabus機場巴士
http www.amt.genova.it

【搭火車】

熱那亞共有兩座火車站，一是Stazione Brignole火車站，主要為周區城鎮的班車，步行即可抵達熱鬧的購物街區；另一座是較多長途班車停靠的Stazione Principe，也較靠近熱那亞舊港區，步行約7分鐘路程，兩座火車站相距約2.5公里。由米蘭或都靈至熱那亞約2小時，與五鄉地的蒙特羅索約1.5小時車程。

【市區交通】

古城區範圍不是非常大，可步行觀光，較遠的區域可搭配AMT市區巴士。由於地勢的緣故，市區的地鐵只有一線，不過另設有纜車、升降梯等，方便上下古城各區。通用於巴士、地鐵、纜車的100分鐘有效票票價為€1.5，一日票€4.5，4人票€9。

● AMT市區巴士
http www.amt.genova.it

▲市中心購物街九月二十日街(Via XX Settembre)

熱那亞博物館卡與通行券 Genova Museum Card

可以免費參觀28個景點，包括新街區建築群、Villa del Principe、海洋博物館(Galata Museo del Mare)、王宮博物館(Museo di Palazzo Reale)等，並可搭乘市區大眾運輸。另還有Genova City Pass，除可參觀大部分景點外，也可搭乘大眾運輸、導覽團等活動，共推出24、48、72小時的旅遊卡。

http 24小時通行券＋大眾運輸€15／⁉ 可在各博物館、旅遊服務中心及線上購買www.visitgenoa.it

餐廳推薦

I Tre Merli
餐廳

http www.itremerli.it / ⊙ Calata Cattaneo 17 / ☎ +39 010 246 44 16 / ⊙ 12:10～15:00、19:30～23:00 / 休 週六中午～日 / ➡ 由熱那亞水族館步行約3分鐘

　　熱那亞知名餐廳，在美麗的海港區提供許多利古里亞傳統菜肴，口味偏傳統，但擺盤則相當有創意。推薦菜色包括著名的熱那亞魚湯(Il Ciuppin)，以及搭配蔬菜及綠醬的熱那亞海鮮開胃菜(Cappon Magro)、螃蟹麵，當然還可嘗到熱那亞最著名的青醬義大利短麵或青醬小餃子、起司烤餅，主菜也推出多道以利古里亞傳統方式做的海鮮料理。

▲青醬義大利麵及螃蟹料理也是相當推薦的料理

Antica Sciamadda
烤餅店

⊙ Via S. Giorgio, 14/R / ⊙ 10:00～14:30、17:30～19:30 / 休 週日 / ➡ 由熱那亞水族館步行約5分鐘

　　現改為海關辦公室的聖喬治宮(Palazzo San Giorgio)，後面的老拱廊下，有幾家道地小吃店，其中最不可錯過的就是香氣傳千里的老烤餅店Antica Sciamadda的鷹嘴豆烤餅(Farinata)，現仍以材燒現烤，香氣十足。

▲熱那亞最著名的鷹嘴豆烤餅店

Friggitoria Carega
炸海鮮店

⊙ Via di Sottoripa, 113R / ⊙ 08:00～19:00，週日08:00～17:00 / 休 週一 / ➡ 由熱那亞水族館步行約5分鐘

　　聖喬治宮殿後面的老拱廊上還有兩家很棒的炸海鮮店，Friggitoria Carega這家提供了各種鮮炸海鮮外，也有鷹嘴豆烤餅。而另一家炸海鮮店Friggitoria San Giorgio，一定要品嘗看看香甜酥脆的炸蝦。

▲港口邊的老拱廊下有許多海鮮店及小吃店，是便宜覓食的好地點

▲炸海鮮

知識充電站 ⚡ 利古里亞特色小吃

　　鷹嘴豆烤餅(Farinata)原本是窮苦的漁夫將小魚、鷹嘴豆粉、橄欖油和在一起酥烤的薄餅，現為利古里亞的特色小吃。另還有一種佛卡夏義式烤餅(Foccacia)，源自拉丁文「Focacius」，也就是灰燼的意思，因為以前的人會趁著灰燼還有餘溫時，和麵團放在熱石頭上烤餅。

　　據說以前的熱那亞人還會吃烤餅配卡布奇諾當早餐，這區最著名的口味是包著Recco這種起司的Foccacia Recco。

建議路線

紅宮→白宮→土耳其宮→Antica Sciamadda 老烤餅店午餐→舊港區海洋博物館→熱那亞水族館→I Tre Merli 餐廳晚餐

榮耀蛻下華麗前身的宮殿

紅宮
Palazzo Rosso

http www.museidigenova.it / 📍 Via Garibaldi 18 / ☎
+39 010 275 9185 / 🕐 週二～五09:00～19:00、
週六～日10:00～19:30；冬季：週二～五09:00～
18:30、週六～日09:30～18:30 / 休 週一 / 💲 紅
宮、白宮、土耳其宮聯票€9 / ➡ 由Genova Brignole
搭地鐵到San Giorgio站，再步行約7分鐘；由Genova
Principe火車站步行約15分鐘 / ⏳ 1.5小時

▲新街上坐落的豪宅宮殿建築群已列入世界文化遺產

▲由紅宮頂樓眺望海港與古城區

早年Garibaldi街稱為「新街」(Strada Nuova)，
17～18世紀時，所有最有權勢的王公貴族都想
擠棟豪宅進這條新貴街，因此為後代留下一棟
又一棟金輝燦麗的宮殿，故又稱「黃金街」(Via
Aurea)。其中最值得參觀的就屬布里尼諾(Bri-
gnole Sale)家族於18世紀所建的紅宮及對面的
17世紀建築白宮(Palazzo Bianco)。

紅宮為紡織業起家的布里尼諾家族所有，這個
家族成功透過聯婚打入政治界，並曾有家族繼承
人擔任過熱那亞共國的總督(但幾天後就去世了)，
後來其唯一的男繼承人安東‧布里尼諾(Anton
Giulio Brignole)如願在新街區建造了宮殿，擠入
城內的王公貴族之列(馬廳Sale a cavallo可看到他
的騎馬畫像)。

紅宮由Pietro Antonio Corradi建築師設計，
呈U字形，以涼廊構築出內庭院。現在宮內除

了精湛的溼壁畫外，1874年嘉里耶拉公爵夫人
(Duchess of Galliera)還捐贈了大批畫作給市政
府，連同布里尼諾家族原本的藝術收藏與家具，
讓這座宮殿的館藏更為豐富，包括畫家凡戴克
(Dirk Van Dyck)及魯本斯(Peter Paul Rubens)為
此家族所繪的多幅肖像畫。由於來自法拉利家族
的公爵夫人曾長居巴黎，因此房間的裝飾散發著
活潑的洛可可風。參觀完室內各廳室後，還可爬
上頂樓平台，欣賞整個古城區與港口區。

▲洛可可風的內部裝飾

▲宮內收藏多幅凡戴克及魯本斯為此家族成員所繪的肖像畫

貴族豪宅化身為市立美術館

白宮
Palazzo Bianco

http www.museidigenova.it / 📍 Via Garibaldi 11 / 📞
+39 010 275 9185 / 🕐 週二～五09:00～19:00、
週六～日10:00～19:30；冬季：週二～五09:00～
18:30、週六～日09:30～18:30 / 休 週一 / $ 紅宮、
白宮、土耳其宮聯票€9 / ➡️ 位於紅宮對面 / ⏳ 1小時

▲現改為市立美術館

紅宮對面的白宮是1530～1540年間盧卡·格
里馬爾迪(Luca Grimaldi)家族所建，由於外牆採
明亮的色彩，而取名為「白宮」，後來成為瑪麗亞
夫人(Maria Brignole-Sale De Ferrari)的住宅，她
認為熱那亞需要一座美術館，決定將這裡捐出來
闢為市立美術館(Galleria Civic)，大眾也因此有
機會欣賞卡拉瓦喬、魯本斯、凡戴克等16～18
世紀義、法、荷、西等國畫家的豐富作品。15～
17世紀初許多法蘭德斯畫派畫家曾來到熱那亞，
並在這裡的宮殿創作出眾多傑出畫作，白宮擁有
不少這些藝術家的作品。

另還有熱那亞巴洛克風格畫家貝爾納多·斯特

白宮最著名的作品卡諾 ▶
瓦(Antonio Canova)的
《懺悔的抹大拉》(The
Penitent Magdalene)

羅茲(Bernardo S-
trozzi)的豐富收藏，
其中以生動的《廚
師》(La Cuoca)最令
人印象深刻，這位修
道士畫家總能生動地
將平民生活帶入畫中。有趣的是，他畫中的女人
都是同一個人，因為清修的教士只能以自己的妹
妹作為模特兒。

熱那亞當地藝術保存館

土耳其宮
Palazzo Doria Tursi

http www.museidigenova.it / 📍 Via Garibaldi 9 / 🕐
週二～五09:00～19:00、週六～日10:00～19:30；
冬季：週二～五09:00～18:30、週六～日09:30～
18:30 / 休 週一 / $ 紅宮、白宮、土耳其宮聯票€9 /
➡️ 由白宮步行約1分鐘 / ⏳ 1小時

▲土耳其宮

1565年，在熱那亞最繁盛的時期(1530～
1630年)所建的土耳其宮(Palazzo Doria Tursi)，
可說是新街建築中最成熟的作品。庭園還因地勢
及有限的土地，特別規畫為兩層式庭園(附近的
Palazzo Lomellino則為三層式庭園)。

宮殿後來改為市政辦公室，各廳室門口掛著對
熱那亞有貢獻的名人雕像，白宮的部分收藏也陳
列於此，並可看到許多精湛的地毯掛畫、陶瓷及
熱那亞共和國的重要文物。其中最著名的應為熱

那亞小提琴家帕格尼尼(Paganini)因賭債而當掉的夢幻小提琴Cannone，這把琴出自1743年小提琴之鄉克雷蒙納(Cremona)的朱塞佩·瓜爾內里(Bartolomeo Giuseppe Guarneri)製琴大師之手。這把名琴跟一般小提琴不大相同，一般小提琴的弦高度不同，以避免拉到另一條弦，但這把小提琴所有弦的高度同等，這麼一來，帕格尼尼便可一次拉出兩條或三條弦的樂音，將小提琴的音色發揮到前所未有的境界。

▲土耳其宮後來也改為市政辦公廳，並展示熱那亞大公國的重要文物

守護熱那亞的信仰

聖羅倫佐主教堂
Cattedrale di San Lorenzo

📍 Piazza San Lorenzo／🕐 週一～五08:00～12:00、15:00～19:00／休 週六～日／$ 自由捐贈／➡ 由土耳其宮步行到此約7分鐘路程／⏳ 30分鐘

黑白相間的聖羅倫佐主教堂建築本身結合了13世紀的哥德立面及羅馬、文藝復興風格，細部裝飾都是中世紀法國工藝師之作。教堂內收藏熱那亞守護聖人施洗者約翰(San Giovanni Battista)的骨灰，每年6月24日聖人節會拿出骨灰罐供信徒瞻禮，並帶著骨灰罐繞行整個城市，祈求聖人繼續護佑熱那亞。教堂內還有一顆英國炸彈，這是

▲主教堂旁的總督府，現改為國立美術館

大戰時投入這座教堂的未爆彈。

教堂附近還有富麗堂皇的總督府(Palazzo D-ucale)，現改為國立美術館，館藏包括維諾內塞(Veronese)、提托列多(Tintoretto)、凡戴克及熱那亞當地畫家的作品。

▲熱那亞人獻給施洗者約翰的聖羅倫佐主教堂

舊港區
Porto Antico

💲免費／🚇由Stazione Brignole或Stazione Principe火車站搭地鐵到San Giorgio站，再步行約8分鐘／⏳30分鐘

▲嶄新面貌的碼頭區

以海為生的熱那亞，港口才是熱那亞城的主要入口，若要認識熱那亞，還真得到這區走一回。1992年為慶祝哥倫布發現新大陸五百週年，熱那亞市大刀闊斧翻修城市，其中以舊港區最為亮眼，特別委請出身於熱那亞的建築大師倫佐·皮亞諾(Renzo Piano)在海面上設計了一座醒目的泡泡建築(熱帶動植物館Biosfera)以及海洋博物館(Galata Museo del Mare)、義大利數一數二的熱那亞水族館。整個港口區充滿著輕盈的濱海氣息，碼頭停靠著一艘艘豪華遊艇，與古城區蜿蜒的小街巷截然不同。

▲港邊的聖喬治宮，現改為海關辦公室

熱那亞水族館
Acquario di Genova

🌐 acquariodigenova.it／📍Ponte Spinola／📞+39 010 23451／🕐週一～五09:00～20:00、週六～日08:30～20:00／💲水族館成人票€22；水族館＋熱帶動植物園Biosfera €31，若要搭乘Bigo觀景纜車另加€5／🚇由Stazione Brignole或Stazione Principe火車站搭地鐵到San Giorgio站，再步行約2分鐘／⏳1.5小時

▲熱那亞水族館

熱那亞水族館共有71座水族箱、1千2百多種海洋生物，最特別的是，這座水族館依著港口而建，後來擴建時受限於地形，乾脆利用大船延伸出第二展場。因此，由第一棟的展區走到第二展區時，有種走入海洋的感覺。

水族館內最熱門的當屬兩隻活潑的海豚，他們最喜歡在傍晚遊客較少時出來嬉戲。走進水母

▲水族館旁有座熱帶動物玻璃館 Biosfera

區，就好像來到夢幻世界，藍色的水族缸裡束忽往上游的透明水母，彷如藍色大海的點點繁星。水族館外的玻璃球是熱帶動植物館Biosfera，立於海上獨特的玻璃球設計，晚上在燈光照射下，尤其耀眼。

水族館外的Bigo全景纜車，則可乘載遊客升上40公尺的高空，伴隨著音樂及詳細的介紹，360度欣賞熱那亞城的主要地標與歷史文化。

▲館內的海洋生物豐富，參觀環境也規畫得相當好

與海密不可分的前世今生

海洋博物館
Galata Museo del Mare

http www.galatamuseodelmare.it／📍 Calata Ansal-do De Mari, 1／🕐 10:00～18:00；11～2月10:00～17:00；週六～日10:00～18:00／休 週一／$ €17／➡ 由Genova Principe火車站步行約7分鐘／⌛ 1小時

博物館原址為熱那亞港的造船廠，由西班牙建築師孔蘇埃格拉(Guillermo Vazquez Consuegra)將之改造為海洋博物館，館內陳放一艘傳統木造船艦，據說以往一排排座椅上的奴隸得不分日夜地在艦上奮力划船。館內的實體船艦展示當時船艙內的廚房、臥室環境，並可讓訪客體驗如何駕駛船艦、透過4D了解在海上面對風暴時的實際情況，而哥倫布的航行日記，也完整保存在博物館內。另還可參觀潛水艇。

▲以往的奴隸需坐在這些座椅上不分日夜地划船

知識充電站 🗲 **熱那亞的名人—哥倫布**

提到熱那亞，第一位讓人聯想到的人物就是發現新大陸的探險家哥倫布(Cristoforo Colombo)。出生於熱那亞工人家庭的哥倫布，有著偉大的夢想，想打破地平說的理論。為了實現這個夢想到處尋求贊助，最後終於在西班牙伊莎貝拉一世(Isabel I la Católica)及亞拉岡的斐迪南二世(Ferrando II)的資助下，於1492年10月12日發現美洲新大陸，美國還特別將10月12日定為哥倫布日。這條新航線發現後，開展了往後幾個世紀歐洲探險和殖民海外的大時代，翻轉了世界歷史的發展。

▲哥倫布的航行日記

Bologna
波隆納

波隆納古城不但擁有歐洲第二大的歷史城區，還有一座
1088年設立的大學，學術涵養加上完整的古城建築，那
股典雅而古樸的氣息，真是迷人！這裡也是著名的肥胖之
城，周區以義大利火腿、起司和美酒著稱，源源不絕滿足
波隆納饕客的需求。

素有「紅色城市」之稱的波隆納，除了紅磚、橘、黃色的建築外，也因這裡曾是義大利社會主義和共產主義的大本營。波隆納也是最早獨立創建市政機關的城市，並且是全球最早廢除奴隸制度的城市之一。城內還以無數的拱廊建築串起古城，讓市民一年四季不受天候影響安心逛街。真心建議前往威尼斯或佛羅倫斯途中，留一天來探索這典雅又充滿活力的古老大學城。

http 波隆納官網：www.bolognawelcome.com

聯外交通

【搭飛機】

波隆納機場(Marconi International Airport，BLQ)位於市中心西北方6公里處，航班主要銜接歐洲及中東各城。

往返波隆納機場及市區，可搭乘機場巴士Aerobus，€4，車程約20～30分鐘，可在較靠近古城中心的Via Ugo Bassi站或波隆納中央火車站前搭乘。平日搭乘計程車往返機場與市區為€15(行李每件另加€0.5)、假日€18，另也可使用Uber、Bla Bla Car叫車。

機場內還有前往拉溫納(Ravenna)的班車，約2小時車程，以及前往佛羅倫斯的班車，約90分鐘車程。

● 波隆納機場
http www.bologna-airport.it

● Aerobus機場巴士
(佛羅倫斯)
http appenninoshuttle.it／⏰ 05:30～00:15，每1小時一班

【搭火車】

波隆納中央火車站(Bologna Centrale)為中北義重要樞紐，國鐵Trenitalia及私營高鐵Italo均停靠此站，距離威尼斯車程2小時、米蘭約1～1.5小時、佛羅倫斯約40分鐘、羅馬約2.5小時。

波隆納中央火車站距離主廣場(Piazza Maggiore)約1.5公里，步行約20分鐘，或搭市區巴士C號線到Piazza Maggiore站下車，約10分鐘車程。

【搭巴士】

主要有Flixbus、Baltour、

Marino這幾家運行的長途巴士，可在Autostazione di Bologna長途巴士站搭乘。

艾米利亞－羅馬涅地區推出「Mi Muovo Multibus」巴士聯票，可搭乘區內的巴士往返各城市，亦可用於各區的市區巴士。12次的聯票為€15，每次搭乘有效時間為75分鐘，而每次最多可7人共用。

● Flixbus巴士＆Baltour巴士
http global.flixbus.com

● Marino巴士
http www.marinobus.it

● Autostazione di Bologna 長途巴士站
📍 Piazza XX Settembre, 6

市區交通

Tper巴士為波隆納地區的市內交通公司，75分鐘有效票€1.5，若會到市郊，可以購買市區＋郊區的Citypiù車票，€1.8，24小時票為€6(每次換乘都要過卡)。波隆納古城區多數景點可步行參觀，往返中央火車站跟商展區(Fiera)步行約15分鐘，也可搭乘Tper巴士。

近郊的FICO Eataly World美食樂園者，距離市區約半小時車程，設有FICO專車(無法

▲FICO專車

使用市區巴士票搭乘)，單程票為€5、來回票€7，憑FICO入場券，週末可免費搭乘接駁車，可由中央火車站前、Via Indipendente、Autostazione長途巴士站搭乘。

●Tper市內巴士
 www.tper.it

波隆納博物館通行證
Bologna Welcome Card

分為兩種：純參觀博物館€25的Bologna Welcome Card EASY以及含市區交通€40的Bologna Welcome Card PLUS。古城區多可步行參觀，若會參觀大部分博物館者，可考慮購買Bologna Welcome Card EASY。

❓購買地點：遊客中心或線上預訂www.bolognawelcome.com/en/home/card

推薦飲食

許多眾所皆知的義大利美食皆源自波隆納，包括：寬條狀的蛋麵(Tagliatelle)、義式水餃(Tortellini)，最常見的義大利肉醬(Ragù)也來自波隆納，主要以牛肉(有些會加鵝肝)、義式培根(Pancetta)、番茄、洋蔥、蘿蔔、白酒等食材料理而成。

▲肉醬麵

義大利火腿

義大利火腿中，除了生火腿(Prosciutto)及臘腸(Salame)外，口感較為醇厚的Mortadella熟火腿也來自波隆納。Mortadella的體積相當大，就像巨大的香腸，主要以碎豬肉(約含15%的肥豬肉)佐黑胡椒、荳蔻等香料煙燻而成，波隆納人最愛將這種火腿切成薄片，跟炸麵團一起吃，整個咀嚼的口感真是太過癮了！

▲ Mortadella 火腿包炸麵團吃最過癮

餐廳推薦

Osteria dell'Orsa
肉醬麵餐館

 osteriadellorsa.com／ 📍 Via Mentana,1／ 🕐 12:15～22:30／ ➡️ 由主廣場(PiazzaMaggiore)步行約8分鐘

波隆納最著名的肉醬麵小館，創立於1979年，雖然無法說這道菜有多麼令人驚豔，但分量足、價格不貴、又在大學區，因此深受當地學生喜愛，用餐時間總是大排長龍。除了肉醬麵外，還有豐盛的火腿拼盤及沙拉、招牌菜之一的炸排骨(Wiener schnitzels)及甜點也很棒。

這裡原本是一家酒吧，改為餐廳後，仍保留老酒吧的氣息，還常舉辦爵士樂表演。

Osteria del Sole
小酒館

http osteriadelsole.it / ⦿ Vicolo Ranocchi 1D / 🕐 週一～四11:00～22:30 / 休 週日 / ➡ 由主廣場(Piazza Maggiore)步行約2分鐘 / ⁉ 內部不可拍照

穿過白齊宮拱門即可來到蜿蜒的Il Quadrilatero街區，這區的小街巷隱藏著一家1465年開業至今的Osterie del Sole小酒館。酒館非常有個性，只賣酒不賣食物，他們並不介意客人自己帶食物過來配酒，平時小酒館就是人手一杯紅酒，聚在一起打牌、談天説地，用餐時間則會看到上班族帶著食物，點杯酒享用午餐。

▲市集裡最有個性的老酒館

Il Gelatauro
冰淇淋店

http Via S. Vitale, 98/b / 🕐 08:30～22:30，週五～六10:00～23:30，週日10:00～21:00 / 休 週一 / ➡ 由主廣場(Piazza Maggiore)步行約13分鐘

對於食材相當講究的一間冰淇淋店，口味十分多樣，可嘗到如蘋果肉桂(Melle e Canella)等特別的口味，而擠上香濃奶油的冰淇淋咖啡(Affigativo)及Gustavo特調咖啡冰淇淋，都是這裡的熱賣商品。

Tamburini
熟食店

http www.tamburini.com / ⦿ Via Caprarie 1 / 🕐 09:00～22:30、週五～六09:00～23:30、週日10:00～22:00 / ➡ 由主廣場(Piazza Maggiore)步行約2分鐘

位於Osterie del Sole小酒館的街角，是波隆納著名的熟食店，不妨到這裡買幾樣熟食進酒館用餐。Tamburini原本是家肉鋪，店裡仍可看到橢圓形陳列台上的豬肉掛勾，現在店內則販賣各種頂級食材、熟食，也供應價格合理的自助餐飲。

La Sorbetteria Castiglione
冰淇淋店

⦿ Via Castiglione, 44 d/e / 🕐 週二～五11:00～23:30、週六～一08:00～23:00 / ➡ 由主廣場(Piazza Maggiore)步行約6分鐘

獲獎無數的老冰淇淋店，巧克力口味相當受老顧客的喜愛，而米(riso)口味的冰淇淋，口感扎實而清香，杏仁(mandorla)加榛果(nocciola)口味則是絕配。

Le Stanze
咖啡館酒吧

http lestanzecafe.it / ⦿ Via del Borgodi S. Pietro, 1 / 🕐 週五～六12:00～01:00、週日12:00～22:00、週二～五12:00～24:00 / 休 週一 / ➡ 由主廣場(Piazza Maggiore)步行約10分鐘

褪色的溼壁畫牆與時尚的桌椅擺放在一起，並不顯唐突，反而散發一股頹美感，也難怪這家咖啡館酒吧一直是波隆納年輕人的最愛，晚上常有現場音樂表演。附近一家老修道院改成的藝廊Freakandò，在老修道院原本的古老結構中，陳列各種精選藝品，也相當有趣，對古董藝品有興趣者可順訪。

Enoteca Italiana
酒鋪

http enotecaitaliana.it / ⦿ Via Marsala, 2 / 🕐 週一～六09:00～21:30 / 休 週日 / ➡ 由主廣場(Piazza Maggiore)步行約6分鐘

這家酒鋪簡直就可稱為葡萄酒博物館，販售各式義大利葡萄酒、氣泡酒、香檳及頂級食材。由於這裡的酒品質非常好、價格又合理，傍晚時總是擠滿喝餐前酒的波隆納人。

建議路線

佩脫尼歐主教堂→市政廳博物館→耳語長廊→ Il Quadrilatero 老街區→波隆納大學→ Galleria Cavour 精品拱廊→午餐→ FICO Eataly World 美食樂園(也可在此午餐)→Via dell' Indipendenza 逛街或波隆納現代美術館→小酒館餐前酒→晚餐

▲將高貴的主教堂廣場與後面的街市隔開的白齊宮

全球規模第五大的教堂

佩脫尼歐主教堂
Basilica di San Petronio

📍 Piazza Galvani, 5 / 📞 +39 051 231415 / 🕐 08:30～13:30、15:00～18:30；東方三博士禮拜堂10:00～18:00 / 💲 €5 / ➡ 由波隆納中央火車站搭公車約10分鐘，或步行約20分鐘 / ⏳ 40分鐘

波隆納人14世紀時曾夢想著要蓋一間規模超越梵蒂岡聖彼得大教堂的主教堂，並於1390年開始動工，但庇護四世教皇(Pius IV)得知後，百般阻擾，甚至將部分土地撥為大學用地，直到17世紀才完成目前所見的樣貌，主教堂正面依舊一直未能完成。不過它的面積仍是全球第五大，內部空間本來就寬敞，再加上尖拱柱形設計，整座教堂仍顯得相當宏偉。

教堂名稱取自波隆納的守護聖人聖佩脫尼歐(San Petronio，波隆納5世紀時的第八任大主教)原本規畫為拉丁十字形，兩側共22座小禮拜堂。其中東方三博士禮拜堂(Cappella dei Magi)仍完整保留最初的設計，包括Jacopo di Paolo的木質三聯屏畫、Giovanni da Modena精采的溼壁畫。

左側廊道巨大的黃銅日晷，是1655年卡西尼(Cassini)與古吉耶米尼(Guglielmini)所設計的，地上的子午線正對著拱頂縫隙時，就是正午時分，透過影子的長度，即可以推測出正確時間。教堂內還有一座世上最古老的管風琴(1470年)，另一座1596年的管風琴，雖已有400多歲，現在仍持續使用中。

▲宏偉的佩托尼歐主教堂建造過程曾受百般阻擾，正面依舊未完成

▲主教堂前為人潮聚集的主廣場和海神噴泉

主廣場
Piazza Maggiore

➡ 由波隆納中央火車站步行約20分鐘／⏱ 30分鐘

波隆納的主廣場(Piazza Maggiore)原為市集，城裡的重大活動幾乎都在這裡舉辦，目前仍是個非常活絡的廣場，廣場上時時刻刻發生的人事物，簡直就是一座精采絕倫的開放式博物館。

廣場上最醒目的莫過於市政廳高聳的鐘樓，由此順時鐘算起分別是：市政廳(Palazzo Comunale)、交易所(Sala Borsa)、海神噴泉(Fontana del Nettuno)、雷安佐宮(Palazzo de Re Enzo)、波德斯塔宮(Palazzo del Podestà)、白齊宮(Palazzo dei Banchi)、佩脫尼歐主教堂。

市政廳隔壁的**公共圖書館**(Scavi Romani Biblioteca Sala Borsa)，原為典雅的交易所，內部玻璃地板下仍保留羅馬遺跡，外牆貼滿了照片，藉以緬懷對抗德軍犧牲的游擊隊隊員。對面的**海神噴泉**是為了慶祝教皇成功掌控波隆納而建的，由16世紀著名的雕刻師詹波隆納(Giambologna)負責建造。海神腳底噴流而出的四位女神雕像，代表當時所知的全球四大洲，站立的海神平舉著手，平復洶湧的浪濤，象徵教皇統治陸地，猶如海神統治大海。

海神噴泉的另一側為雷安佐宮及**波德斯塔宮**，波德斯塔宮是最早的市政廳所在處(中世紀時，城鎮的最高領導者稱為Podestà)，建於13世紀，1484～1494年改為現在的文藝復興風格，後來又由市政辦公室改為法院。這棟建築最有趣的是1樓的**耳語長廊**，只要在對角線的牆角小小聲說話，聲音就會清楚傳達到對角。背後的**Torre dell'Arengo鐘塔**，為以往城裡的市民聚會場所與市集中心。

後來13世紀時波德斯塔宮往後擴建了城堡般的**雷安佐宮**，名稱取自被囚禁在此的薩丁尼亞國王Enzo，宮內的三百大廳(Salone dei Trecento)為建築師Antonio di Vincenzo所設計的議會廳，與隔壁的波德斯塔宮相通，1樓是放置馬車及戰爭器具的空間，2樓保留當時的辦公室、禮拜堂和起居室。

白齊宮立面由15個文藝復興風格的拱廊構築而成，1樓多為優雅的商店，將主廣場與後面蜿蜒的老街區Il Quadrilatero隔開來。

▲原為典雅的交易所，現改為公共圖書館

▲在耳語長廊的對角線牆角小小聲說話，聲音就會清楚傳達到另一方

▲海神噴泉

市政廳&市立藝術博物館
Collezioni Comunali d'Arte

http musibologna.it / ◉ Piazza Maggiore 6 / ☎ +39 051 219 3998 / ◷ 週二、四14:00～19:00，週三、五 10:00～19:00，週六～日10:00～18:30 / 休 週一 / $ €6 / ➡ 由波隆納中央火車站步行約20分鐘 / ⧗ 1小時

　　1773年的典雅鐘樓，為市政廳建築群中最顯目的一座。鐘樓這側的建築是市政廳較古老的部分，建於1287年，原為波隆納大家族阿庫西奧(Accursio)的宅邸，13世紀才改為市政廳。右側新翼則是16世紀擴增的教皇大使館，當時特別將樓梯設計為寬闊的緩坡道，以便馬車載著尊貴的教皇、大使直奔2樓。

　　上2樓後可先參觀艾可雷廳(Sala d'Ercole)，這裡常有一些短期的藝術展，接著往前直走是古老的議會廳(Sala del consiglio)，內有華麗的溼壁畫，現為市政會議廳。接著是美麗的紅廳(Sala Rossa)，名字取自它紅而不豔的布置，以往為接待重要賓客之處，現在則是波隆納市民許下浪漫誓言的結婚場所。

　　3樓原是教皇使團駐波隆納的居所，現改為市立藝術博物館，展示14世紀至今的波隆納藝術收藏。每個廳室裝潢得美輪美奐，並以原貌展出，尤其是擺放著雕刻、畫作及華麗家具的維多尼安那廳(Sala Vidoniana)。而寬敞的法爾聶斯廳(Sala Farnese)，牆壁上畫了許多紀念波隆納重大事件的溼壁畫，像是第一次十字軍東征、教皇保羅三世來訪波隆納等精采作品。

▲市政廳就位於主廣場上

▲紅廳，現為市民結婚的場所

▲方便馬車直奔2樓的市政廳樓梯

▲市政廳兩側皆有拱廊出入口，方便人們穿梭於這棟屬於全體市民的市政廳

雙塔
Le Due Torri - Torre degli Asinelli e Garisenda

📍 Via Rizzoli街底／🕐 週一～三10:00～19:00，週四～日10:00～20:15／💲 €5／➡ 由佩脫尼歐主教堂步行約5分鐘／⏳ 30分鐘

12世紀時，為了防衛與彰顯家族的勢力，波隆納各大家族紛紛建造塔樓，而且是一家又比一家高，全盛期共有180座，後來因各種天災人禍等因素，現在僅存20多座，其中最具代表性的為Torre degli Asinelli e Garisenda這兩座塔樓。塔樓名稱取自建塔的家族，較高的阿西內利塔(Torre degli Asinelli)高97.2公尺，建於1109

▲代表家族勢力的雙塔

～1119年，其內的498級階梯增建於17世紀，目前遊客仍可登上塔樓。而葛里塞達塔(Torre della Garisenda)因地基不穩，塔樓已傾斜約3公尺，只有47公尺高。也由於塔樓過於傾斜，基於安全起見並不開放登塔參觀。

波隆納大學的
阿奇吉納西歐宮
L'Archiginnasio di Bologna

🌐 www.unibo.it／📍 Piazza Galvani 1／📞 +39 051 276811／🕐 10:00～18:00／💲 €3，中庭及走廊可自由參觀／➡ 由佩脫尼歐主教堂步行約4分鐘／⏳ 1小時

波隆納大學中世紀時，是歐洲重要的學術中心，但丁、佩脫拉克(Petrarca)、哥白尼(Copernicus)等人都曾在此學習，如今是義大利第二大

的大學，擁有32個系所，將近8.5萬名學生分布於波隆納大學的5座校園。

佩脫尼歐主教堂斜後面坐落著典雅的大學校舍——阿奇吉納西歐宮，始建於1562年，30座優美的拱廊圍築出內庭院，四周掛著曾在此學習的學生家族徽章。現在主校園已移至波奇宮(Palazzo Poggi)，1803年以前，這裡一直是主校園，為法學、哲學、醫學、自然科學、物理學等科系的校舍，主要建築包括寶格利禮拜堂(Cappella dei Bulgari)與解剖教室(Teatro Anatomico)。

解剖教室的原文雖名為劇場，但其實是講解大體的教室，目前這座是1944年二次大戰後，依原設計重建的，劇場設計相當巧妙，座位層層高起，環繞著中間的平台，讓學生都能清楚看到平台上的大體。走出劇場往左走是檔案圖書館(Biblioteca comunale dell'Archiginnasio)，雖然目前不對外開放，但這裡的拱廊是這棟建築內最典雅的一角。法學廳(Sala dello Stabat Mater)與藝術廳(Artisti)這兩個典雅的廳室也值得參觀。

▲宛如劇場的解剖教室

▲典雅的阿奇吉納西歐宮

波隆納現代美術館
MAMbo - Museo d'Arte Moderna di Bologna

http mambo-bologna.org／◎ Via Don Minzoni 14／🕐 週二～三14:00～19:00，週五～日10:00～19:00，週四14:00～20:00／休 週一／＄€5／➡ 由主廣場 (Piazza Maggiore)步行約16分鐘／⏳ 1.5小時

大戰過後各地民生陷入困境，當時波隆納市長 Francesco Zanardi在這裡設置了一座麵包廠，讓有需要的人到此做麵包回家餵飽家人，也做麵包供應到市場上販售，得以控制麵包這項民生必需品的價格，波隆納果真是個注重市民福祉的社會主義城市！

現在麵包廠改為既前衛又具實驗精神的現代美術館，變成了啟發市民靈感的精神食糧。除了大型策展外，還設置永久收藏館及波隆納知名藝術家喬治·莫蘭迪(Giorgio Morandi)專區，收藏兩百多幅莫蘭迪的作品。現代美術館後面的紅色建築，原為肉品及菸草加工廠，現改為電影圖書館與藝術電影院，假日時也常舉辦市集或電影展。

FICO Eataly World 美食樂園

http fico.it／◎ Via Paolo Canali, 8／📞 +39 051 002 9001／🕐 週四～日每天開放時間不同，請參見官網／＄€10／➡ 由波隆納中央火車站前搭巴士，約半小時車程／⁉ 每天提供不同試吃導覽團及課程，詳細時間請參見官網／⏳ 90分鐘

義大利著名的慢食主義發跡於都靈，以慢食主義為概念創建的Eataly超市，在美食之都波隆納郊區創立了號稱全球最大的美食樂園。

美食樂園共規畫了40家工作坊與餐飲區，讓訪客深入了解義式火腿、冰淇淋、葡萄酒醋、起司、咖啡豆的實際製作過程，或向拿坡里著名的義大利麵店學習如何自製義大利麵、在收藏各區美酒的酒鋪品酒、認識義大利傳統烘焙、義式手工啤酒等。另還設有互動展覽區，讓訪客深入了解義大利蔬菜水果的種植情況、海洋生態與肉品養殖，外圍還設有小菜園和小牧場。

欲參加導覽或工作坊，可先上網查詢或當日至櫃台詢問、向櫃檯報名參加FICO Tour導覽，概括性認識園內的各項設施，從中認識義大利食品；或者參加試吃導覽及食品工坊，包括葡萄酒醋、火腿、起司、冰淇淋、咖啡豆烘焙等，能深入了解這些食品的製作過程。

▲非常推薦品嘗冰淇淋大學 (Carpi-giani Gelato University) 的冰淇淋

▲既可暢享美食、又具教育功能的美食樂園

▲商場區範圍大，故提供裝著菜籃的共享單車，讓顧客能在商場內騎車，方便盡情購物

名車酒醋之鄉

艾米利亞—羅馬涅區 Emilia-Romagna

Modena
摩德納

　　義大利紅酒醋、法拉利(Ferrari)、瑪莎拉蒂(Maserati)這些頂級品，以及著名的男高音帕華洛帝(Luciano Pavarotti)，全來自摩德納這個人口僅約18萬的小鎮。羅馬帝國時沿艾米利亞大道(Via Emilia)修建了好幾座城市，摩德納就是其中之一，始建於西元前2世紀。然而這座城市曾遭洪水淹沒，居民遷居他處後，又於9世紀遷回，並在守護聖人San Geminiano過世的地點建造主教堂，由此為中心建立新城，期待聖人能守護這個城市世代平安。

http 摩德納官網：www.visitmodena.it

交通資訊

【搭火車】

摩德納位於米蘭與波隆納的幹線上，火車班次還算多，波隆納到摩德納(Modena)僅約半小時車程，米蘭到摩德納約1小時15分鐘車程。摩德納火車站距離摩德納主教堂(Duo-mo di Modena)約15分鐘步行路程。

【市區交通】

摩德納的市區巴士公司由SETA營運，75分鐘有效單程票€1.5，在車上購買為€2。

市區內亦可使用C'entro in Bi-ci共享單車作為代步工具，登錄個人資料並支付€20的押金後，持鑰匙即可免費使用共享單車。

● C'entro in Bici共享單車
http www.centroinbici.it

● SETA巴士
http setaweb.it/mo

推薦飲食

香腸

豬腳香腸(Zampone)：Zam-pone字面意思是「大蹄子」，據傳1511年時，敵人就要打進城，居民們趕緊把豬隻宰了，絞成碎肉後，再添加一些香料塞進豬腸或帶蹄的豬皮裡，形成這道獨特的料理。

豬肉香腸(Cotechino)：另一種將碎肉包在腸衣裡的大香腸稱為Cotechino，這也是道義大利傳統年菜，通常跟象徵錢財的小扁豆一起食用。

▲豬腳香腸 (圖片提供／Modena 觀光局)

葡萄酒

餐廳當然還少不得這區生產的蘭布魯斯寇微氣泡酒(Lambrus-co)，摩德納北區以Lambrus-co di Sorbara產區的氣泡酒最為聞名，南區則為Lambrusco Grasparossa di Castelvetro這個小葡萄酒產區。

餐廳推薦

Ristorante da Danilo
傳統料理餐廳

http www.ristorantedadanilomode-na.it／ Via Coltellini, 31／ +39 059 225498／ 週一〜六12:00〜15:00、19:00〜22:00／休 週日／ 由摩德納主教堂步行約5分鐘

古城最受歡迎的老餐館，想品嘗傳統摩德納料理，來這裡就對了！推薦綜合冷切盤，內含炸麵團、火腿、臘腸、起司及自製果醬，第一道菜可選南瓜起司義大利餃(Tortelloni di zucca burro e parmigiano)，第二道菜可點燉肉拼盤(Carrello del bollito mis-to)，嘗嘗這區特產的豬腳香腸。

▲南瓜起司義大利餃

Caffé Concerto
老咖啡館

http caffeconcertomodena.it／ Pi-azza Grande, 26／ 週日〜四07:30〜00:00，週五〜六07:30〜02:00

位於摩德納主教堂旁，從早到晚都可在此享用以當地食材料理的美味佳肴。來到這義式火腿、起司大產區內，推薦點盤綜合拼盤佐酒享用。

富含羅馬、哥德風格教堂

摩德納主教堂
Duomo di Modena

http www.duomodimodena.it／ 📍 Corso Duomo／ 🕐 07:00～19:00，週一07:00～12:30、15:30～19:00／ 💲 免費；鐘樓及主教堂博物館需購門票€6，可同時參觀Ghirlandina鐘塔、市立醋工坊、主教堂博物館／ ➡ 由摩德納火車站步行約15分鐘／ ⏳ 40分鐘

▲ 1月31日守護聖人節，教堂內的聖人墓穴會開放信徒入內參拜

　　主教堂始建於1099年，為羅馬風格建築，兩百年後又加入哥德風格。面向大廣場(Piazza Grande)的Porta Regia主入口，上面架了以前的商人在遠洋經商時買到的大鯨魚骨，當時的人們不清楚這骨頭到底是邪、是善，乾脆放在教堂門上，讓主與聖人護佑著，人們就無須擔心害怕了。而門上還有6幅浮雕，雕繪著摩德納守護聖人聖傑米尼安諾(San Geminiano)的生平事蹟，包括：聖人離開摩德納、搭船漂洋過海、拯救異國公主、接受國王饋贈的禮物、回到摩德納及聖人過世埋葬於此的場景；而面向艾米利亞街(Via Emilia)的門則刻繪以往各個月分的的農業生活，

另外還可看到許多極富想像力的動物雕刻。主教堂旁高聳的哥德式鐘塔Ghirlandina，高87公尺，1999年已列入世界文化遺產。

　　每年1月31日守護聖人節時，穿著文藝復興傳統服飾的隊伍手持著蠟燭遊行至主教堂，教堂內的聖人墓穴也會開放信徒參觀，廣場上還會舉辦市集，充滿熱鬧的節慶氣氛。

　　由於主教堂廣場原本是鎮上的市集所在處，所以教堂的牆面上可看到以往交易用的量尺。廣場上還有塊大理石，是以往認屍或處罰欠債者用的平台。

▲主教堂建築主體為羅馬風格，後來又加入哥德建築風格的特色

艾米利亞－羅馬涅區

摩德納

典雅的摩德納市政中心

市政廳
Palazzo Comunale

📞 +39 059 203 2660／🕐 週一～六09:00～18:00，週六13:00～15:00，均須先預約，週日採定時導覽制／💲 €6，可同時參觀Ghirlandina鐘塔、市立醋工坊、主教堂博物館／➡️ 由摩德納主教堂步行約1分鐘／⏳ 40分鐘

主教堂廣場邊的市政廳裡，有個從波隆納搶來的水桶，這可是摩德納的鎮城之寶，紀念1325年成功擊敗波隆納的勝利之役。此外市政廳內還有好幾個漂亮的廳室，如：火室(Sala del Fuoco)的溼壁畫描繪摩地那戰爭場景，老議會廳(Sala del Vecchio Consiglio)則還保留18世紀的老家具，典雅的阿拉茲廳(Sala degli Arazzi)仍保留大幅溼壁畫與水晶吊飾，呈現出典雅的風格。

▲摩德納老市政廳

▲各廳室仍保留美麗的溼壁畫，記錄城裡的大事件

跑車迷不容錯過的博物館

法拉利博物館
Museo Enzo Ferrari

🌐 musei.ferrari.com／📍 Via dino Ferrari 43, Maranello／📞 +39 059 439 7979／🕐 冬季09:30～18:00，夏季09:30～19:00／💲 €22；博物館迷體驗€90／➡️ 由摩德納火車站步行約8分鐘／⏳ 1.5小時

摩德納地區又稱為「汽車之鄉」(The Land of Motor)，這裡是名車品牌的製造地，最著名的法拉利公司就位於附近的馬拉涅洛鎮(Maranello)，總可看到許多法拉利奔馳於小鎮街上。而法拉利總部規畫了一座法拉利博物館，收藏歷年的法拉利車型。2人以上還可預約博物館迷體驗(Musei Fan Experience)，實際操作法拉利賽車隊(Scuderia Ferrari)的虛擬器，體驗F1賽車的快感。

 CHECK 周區看點

瑪莎拉蒂車廠
Maserati Factory and Showroom

除了法拉利之外，同樣來自摩德納地區的瑪莎拉蒂車廠，車廠內的展示中心也開放免費參觀，另還可預約Factory Tour，參觀車輛組裝、試車等過程(€30)。

🌐 www.maserati.it/maserati/it/it/Maserati-Life/factory-tour／📍 Viale Ciro Menotti／🕐 09:00～17:00，8月不開放參觀／⁉️ 欲參加Factory Tour，需先上官網預約；或至現場看是否還有名額

▲館內收藏歷年的法拉利車型

義起旅行

參觀、品嘗酸甜滋味的
摩德納醋莊

摩德納的葡萄酒醋是以這區種植的Trebbiano及Lambrusco這兩種葡萄釀造的，將新鮮葡萄榨成汁後，仔細控制溫度滾攪24小時，排出多餘的水分，接著讓它沉澱3個月。每家醋莊口味的不同，關鍵在於每年所進行的添桶程序，醋換到不同的木桶陳釀，可以增加不同的香氣與色澤。而這道過程就要發揮釀造師敏銳的口感，在陳釀的12年間，慢慢添入一絲又一絲細緻的香氣。

摩德納傳統酒醋正式裝瓶前，需先通過酒醋釀造協會品醋師的檢驗，認定品質及年分後，才能正式貼上DOP字樣的認證標籤，並將酒醋裝在釀造協會統一設計的方底圓肚玻璃瓶，再標上傳統葡萄酒醋「Aceto Balsamico Tradizionale」

的標章。艾米利亞區的酒醋，以瓶肚上的標籤顏色來區分年分：12年的酒醋是紅色標籤、銀色為18年酒醋，而25年則為金色標籤。摩德納區(Modena)以瓶頸標籤顏色區分：鵝黃色為12年酒醋，25年老酒醋以金色「EXTRAVECCHIO」特陳酒醋做標示。

前往摩德納前，可先與醋莊聯繫或透過摩德納觀光局官網預約參觀醋莊，絕對是最特別的義大利體驗之一。推薦的醋莊包括曾出現在電影場景中的老醋莊Villa San Donnino，或者親切純樸的Acetaia Caselli，還可品嘗醋莊媽媽料理的鄉村菜佐葡萄酒醋。

摩德納觀光局官網
http www.visitmodena.it

Villa San Donnino老醋莊
http www.villasandonnino.it

Acetaia Caselli醋莊
http www.acetaiacaselli.it

▲滿室芳香的釀醋室

▲可由酒醋標章辨識釀造年分

義起旅行　參觀、體驗摩德納醋莊

Firenze
佛羅倫斯

　　這座偉大的城市拉丁文名稱為「Florentia」，即繁花盛開之意，因此英文名稱為「Florence」，普譯為「佛羅倫斯」，徐志摩則依義文名稱譯為「翡冷翠」。這座亞諾河流經的古城，仍保有無數藝術瑰寶與建築，許多知名的義大利精品，如Gucci、Ferragamo也來自手工藝術卓越的佛羅倫斯。因此一年四季，無論夏季有多悶熱，遊客還是蜂擁而至。

聯外交通

【搭飛機】

佛羅倫斯機場(Aeroporto Firenze，FLR)位於古城區西北方約4公里處，銜接歐洲及義大利各大主要城市。廉價航空多停靠附近的比薩機場(Pisa Aeroporto Galileo Galilei，PSA)，若由歐洲其他城市過來，可考慮飛到比薩再搭火車或巴士進佛羅倫斯。

往返佛羅倫斯機場及Santa Maria Novella火車站可搭乘T2號電車到Alamanni-Stazione Santa Maria Novella站下車，車程約20分鐘。也可搭乘Volainbus機場巴士，由Firenze Santa Maria Novella(SMN)火車站旁的BUSITALIA巴士站出發，每半小時一班車，車程約20分鐘，此巴士站也有前往比薩、Prato等城鎮的巴士線。另也可以搭乘計程車，從佛羅倫斯機場搭計程車到古城區旅館的固定價為€22。

● 佛羅倫斯機場
🔗 aeroporto.firenze.it

● 比薩機場
🔗 www.pisa-airport.com

● T2號電車
🔗 www.ataf.net／🕐 週日～四05:00～00:25，週五～六05:00～02:00／💲 90分鐘單程有效票為€1.5

● Volainbus機場巴士
🔗 www.fsbusitalia.it／📍 BUS-ITALIA巴士站：Via Santa Caterina da Siena, 17／🕐 05:00～00:10／💲 €6，來回票€10

【搭火車】

由羅馬到佛羅倫斯車程約1.5小時；威尼斯與佛羅倫斯約2小時；米蘭與佛羅倫斯約1.5小時。靠古城區的主火車站為Firenze Santa Maria Novella(SMN)，部分火車停靠Stazione Firenze Rifredi站或Campo Marte站，可轉搭區間火車到SMN站，再步行進市區。火車也可至阿雷佐(Arezzo)、西耶納(Siena)、比薩等托斯卡尼城鎮。

【搭巴士】

至佛羅倫斯可搭乘BUSITALIA巴士，其營運路線包括托斯卡尼各主要城鎮與The Mall Outlet，另還包括緊鄰托斯卡尼的溫布里亞。

● BUSITALIA巴士
🔗 www.fsbusitalia.it/content/fsbusitalia/it/toscana/servizi-in- toscana.html

▲聯外大巴士

▲古城多為這種小巴士

知識充電站 文藝復興運動 (Renascimento)

西元14～16世紀的文藝復興時期，字義本身就是「Born Anew」重生的意思，就好像是歐洲人經過黑暗的沉睡期，隨著春天的降臨緩緩甦醒，重現古希臘哲學、科學、藝術的理想世界。當時商業蓬勃發展，財富讓人們覺得自己好像越來越能掌握些什麼，於是，他們試著將世界的中心從「神」，拉回到「人」身上，不再一昧受宗教控制，人文主義逐漸興起。畫家開始思考創作的意義，將自己的思想、情感融入畫中，並以更精確的構圖，呈現出合諧、理想的畫面。

而此時，剛好出現了集財力與權力於一身的麥迪奇家族，積極培育全方位人才，成就了許多萬古流芳的作品，寫下人類史上最光輝燦爛的一頁，如：波提伽利的《維納斯的誕生》與《春》、百花聖母教堂與羅馬聖彼得大教堂的大圓頂、達文西《最後的晚餐》、米開朗基羅在羅馬西斯汀禮拜堂所繪的《最後審判》與《創世紀》、拉斐爾的《雅典學院》。

市區交通

【搭巴士】

佛羅倫斯市區並不大，可步行參觀大部分的景點，唯一可能需要搭乘的是12或13號巴士至米開朗基羅廣場(Piazzale Michelangelo，也可以由亞諾河畔步行上山)；菲耶索萊，則需搭乘7號巴士前往。

市區車票可在火車站前的票亭、或標示有ATAF的菸酒雜貨店(Tabacchi)購買；也可上巴士後向司機購買，但價格較貴。Google Map可查詢到巴士班車時間，記得提早到巴士站牌候車，因前面的停靠站若沒人上、下車，巴士會比預定時間早到站。

上車記得刷卡，由第一次使用的時間算起，在90分鐘有效時間內可任轉市區巴士。下車時按鈴即可，由中間或後門下車，前門為上車專用。

● ATAF市區巴士公司
http www.ataf.net / $ 90分鐘有效巴士車票€1.5(車上購票是€2.5)，10趟票€14 / ⓘ 線上購票：下載「ATAF 2.0」APP

【共享單車】

佛羅倫斯市區規模相當適合騎單車，現在單車道也規畫得越來越完善了。市區隨處可看到橘黑色的Mobike共享單車，使用當地電話號碼註冊即可透過APP租用。

● Mobike共享單車
http mobike.com

▲ 橘黑色的 Mobike 共享單車

【搭計程車】

大景點、火車站均可找到計程車招呼站，或以電話、官網叫車，基本費用為€3.3起，夜間為€6.6起，假日是€5.3起、大行李或第4位乘客多加€1。另外也可使用Uber的乘車服務。

● 計程車公司
http www.4242.it、www.4390.it / ☏ +39 055 4390、+39 055 4499、+39 055 4242、+39 055 4798

佛羅倫斯72小時通行證
Firenzecard

由第一次開始使用的時間算起，72小時有效的通行證，可免費參觀合作的景點、一次免預約優先入場(烏菲茲美術館、學院美術館、大教堂圓頂除外)、合作的商店及餐廳享優惠折扣(如Eataly超市)。

$ €85 / ⓘ 旅遊資訊中心、合作的景點可購票；線上購買www.firenzecard.it，購買後下載APP可使用電子票券

推薦飲食

佛羅倫斯牛排

佛羅倫斯牛排(Bistecca alla Fiorentina)是佛羅倫斯最具代表性的美食，這種白牛源自Valdi-chiana區，因此取名為Chianina，自古羅馬時期就已存在，吃谷地中的野草長大，成長時間較長，約需18～20個月，因此肉質特別鮮嫩，佛羅倫斯牛排只取其肉質最好的後腰肉(沙朗)，先在室溫熟成1～2週，切成厚5～6公分、至少1～1.5公斤的大塊T骨牛排。肉的本質鮮嫩，只要簡單碳火烤就相當美味了。

城內幾乎每家餐廳都有這道佳肴，一般至少要點兩人份，若想便宜享用的話，推薦中央市場後面的Trattoria Mario小餐館，這裡只供應午餐，在鬧哄哄的食堂

▲ 肉質好，只要撒上鹽就相當美味了，不需其他調醬

▲ 總是熱鬧不已的 Trattoria Zà Zà

裡，感受義大利的活力。但Trattoria Mario店面小，常客滿，隔壁的Trattoria Zà Zà牛排也做得非常好，還有許多經典義大利菜色可選擇，義大利麵、燉飯、披薩都表現得相當有水準。

●**Trattoria Mario小餐館**
🔲 Via Rosina 2R／🕐週一～三12:00～15:30，週四、五12:00～15:00、19:30～22:00／休 週六、日／MAP P.143 ❶

牛肚包

佛羅倫斯人也吃內臟，還以牛肚包(Panino con il lampredotto)聞名。牛肚細分為網格的牛肚(Trippa)及皺胃的牛肚(Lampredotto)。推薦中央市場外知名的Lupen e Margo牛肚包攤(位於Via dell'Ariento與Via Sant'An-

tonino街口)，牛肚燉滷得入口即化，再淋上最推薦的特製綠醬及辣醬，真是美味至極。不敢吃牛肚者，牛肉包也很推薦。

在中央市場內還有家Da Nerbone，從1872年開業至今，同樣也有牛肚三明治，還有不油不膩的牛肉湯及一些小菜、義大利麵。設有座位區，中午常客滿。

另外，在Sant'Ambrogio市場內也有一家I' Trippaio牛肚攤，可吃到Trippa及Lamporetto這兩種牛肚，推薦綜合盤，除了牛肚包外，還有牛舌包。市場附近另一攤Sergio Pollini Lampredotto，這裡的牛肚包更是深受當地人喜愛，推薦加辣醬(非常辣)。

●**Sergio Pollini Lampredotto**
🔲 Via dei Macci, 126(Cibrèo餐廳前)／🕐10:00～16:00／休 週日、一／MAP P.143 ❷

▲中央市場前Lupen e Margo牛肚包老闆常穿台灣留學生幫他們做的T-Shirt

▲市場內的 Da Nerbone 牛肚攤，中午總是遊客滿座

▲ Sergio Pollini Lampredotto 是較多當地人光顧的牛肚攤

貼心提醒
到中央市場美食街享用美食

　中央市場(Mercato Centrale)的2樓改為營業到午夜的美食街Mercato Centrale，各式托斯卡尼美食，包括佛羅倫斯大牛排、海鮮，現擀義大利麵、披薩，以及甜點、冰淇淋、甚至中式餃子、日式壽司、烹飪課程，一應俱全。足球賽時，還可在酒吧區跟大家一起看足球。

　市場對面的Via Sant'Antonino小巷可找到大叔超市這類的中國超市，內有各種中式食材、泡麵，韓國產品也不少。若想吃日式料理，Iyo Iyo日本料理店(Borgo Pinti, 25/R)價格合理又美味，不過本店老闆親自捏的壽司更加美味。

▲中央市場1樓可買到各種托斯卡尼當地特產

▲ 2樓為強強滾的美食街

餐廳推薦

Four Seasons Florence

茶室

http fourseasons.com；La Terrazza：www.lungarnocollection.com/la-terrazza-lounge-bar／ Borgo Pinti, 99／ +39 055 26261／ 09:00～01:00／ 由百花聖母大教堂步行約15分鐘／ MAP P.143 ❸

佛羅倫斯的四季酒店可謂歐洲貴族風情的最佳典範，內部不過度誇張的典雅裝潢，讓人充分感受高貴的氣質；廣大的戶外綠地庭園，更是舒適宜人。佛羅倫斯四季酒店的米其林義式餐廳(Il Palagio)，週末也推出熱門的早午餐。午后則推薦到優雅的茶室(Atrium Bar)喝杯茶，安靜享受這裡悠閒的午茶時光，之後再到後園散散步，不失為感受佛羅倫斯之美的另一種方式。

Salvatore Freeagamo所開設的高級旅館Portrait Firenze，附

▲推薦找個下午過來享受典雅的下午茶

設的Caffè dell'Oro小酒館及La Terrazza屋頂酒吧，都是很棒的觀景餐廳，可由此欣賞優美的亞諾河景致。

Perché no!...

冰淇淋店

 Via dei Tavolini, 19r／ 12:00～23:00，週一、三11:00～20:00／ 週二／ 由百花聖母大教堂步行約3分鐘／ MAP P.143 ❹

古城內另一家屹立不搖的冰淇淋店，也是最老的冰淇淋店之一，名稱取得相當有趣，意思是「為何不！……」產品是百分百天然、新鮮，夏天尤其適合吃水果口味，因為這家冰淇淋的口感帶點細緻的刨冰感，其中尤推西瓜口味。店內還有一櫃全是無蛋奶的口味，推薦豆漿香草(Vanilla soy)口味非常棒。

▲無蛋、奶的冰淇淋口味也做得非常香醇、爽口

住宿推薦

Plus Florence

青年旅館

http plushostels.com／ Via Santa Caterina D'Alessandria, 15／ +39 055 628 6347／ 由Santa Maria Novella火車站步行約13分鐘，或搭1、11、14號巴士到Indip-

endenza XXVII Aprile站下車步行約3分鐘／ MAP P.143 ❶

雖然是位於市中心的青年旅館，但規模卻相當大、設施完善，包括洗衣間、健身房、泳池、桑拿等休閒設施。房型提供了多人房的青年旅館，以及雙人、三人、四人家庭房，前往各大景點參觀也便利。

Hotel Donatello

中價位旅館

http hoteldonatellofirenze.com／ Piazza della Indipendenza, 23／ +39 055 489 869／ 由Santa Maria Novella火車站步行約11分鐘，或搭1、11、14號巴士到Indip-endenza XXVII Aprile站下車步行約1分鐘／ MAP P.143 ❷

位於獨立廣場(Piazza della Indipendenza)上，可由Santa Maria Novella火車站步行過來或從站前搭巴士到獨立廣場，距離中央市場僅約5分鐘路程，前往百花聖母大教堂等景點均方便。房間布置為傳統義式風格，設有單人、雙人及三人房，還整理了一片讓房客放鬆的庭院休閒空間。

Day 1

百花聖母大教堂(推薦上圓頂)→共和廣場
→ Perche No 冰淇淋→領主廣場及舊宮(時
間有限者在廣場拍照即可)→海神噴泉後面
飲用免費氣泡水→烏菲茲美術館(推薦入內
參觀)→野豬市集→舊橋→彼提宮及波波里
庭園(推薦入內參觀)→米開朗基羅廣場看
日落→逛 Eataly 超市、餐廳晚餐

Day 2

學院美術館觀賞大衛像→巴傑羅博物館
→中央市場牛肚包→麥迪奇家族禮拜堂
→ Trattoria Za Za 或 Trattoria Mario 吃牛排
→ La Rinasciente 及 Coin 百貨→ Gucci 博物
館→精品街購物→亞諾河看日落→新聖母老
藥局購買藥妝→晚餐

▲新聖母老藥局

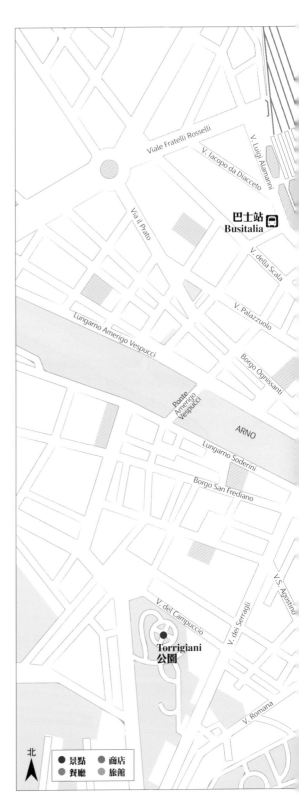

巴士站
Busitalia

Viale Fratelli Rosselli
V. Iacopo da Diacceto
V. Luigi Alamanni
Via il Prato
V. della Scala
V. Palazzuolo
Borgo Ognissanti
Lungarno Amerigo Vespucci
Ponte Amerigo Vespucci
ARNO
Lungarno Soderini
Borgo San Frediano
V. del Campuccio
V. dei Serragli
V.S. Agostino
V. Romana

Torrigiani
公園

北

● 景點　　● 商店
● 餐廳　　● 旅館

1 Plus Florence

2 Hotel Donatella

● Ostello
Archi Rossi

● 聖馬可修道院
Piazza
S. Marco

巴士站
Lazzi

● 聖馬可廣場

Four Seasons
Florence **3**

ℹ️🚻 Stazione
Centrale F.S.
S.M. Novella

中央市場
Mercato Centrale

● 學院美術館 **14**
Galleria Accademia
Piazza S.
Annunzlata

1 Trattoria Mario
Nerbone
牛肚攤
Trattoria Zà Zà

Piazza
della Stazione

Piazza
S. Lorenzo

ℹ️

● 麥迪奇宮

藥房 **16**
M.N.

15

麥迪奇禮拜堂 **13**
Cappelle Medicee

新聖母教堂
Basilica di Santa
Maria Novella

Piazza
Santa Maria
Novella

1 ub

聖羅倫佐教堂

● Eataly

Amon
口袋餅

V. de' Cerretani

● Aromi Firenze

● 主教堂博物館 **4**

聖若望洗禮堂 **3**

1 百花聖母大教堂
Duomo

Piazza di
S. Giovanni

2 Piazza del Duomo

Pegna del
雜貨鋪

共和廣場

喬托鐘樓 **2**

● De Herbore

Iyo Iyo

La Rinascente

Il Corso

巴傑羅博物館
Museo Nazionale
del Bargello

Coin

但丁之家

Perché No!…

Via Ghibellina

Sergio Pollini Lampredotto **2**

11

Ristorante Cibrèo

Gucci博物館 **17**

I' Trippaio

野豬市集 **6**
Loggia Mercato Nuovo

Piazza
di Signoria

Acqua
Al 2

免費氣泡水 **5**
舊宮 **4** Signum

Vivoli **7**

Sant'Ambrogio市場

The
Bridge

領主廣場
Piazza della
Signoria

Piazzo Vecchio

Portrait
Firenze

義式三明治街 **6**
All'antico Vinaio

Piazza
Santa Croce

皮革學校 **3**
Scuola del
Cuoio

10 聖靈大教堂
Basilica di Santo Spirito

舊橋 **8**
Ponte Vecchio

鳥菲茲美術館 **7**
Galleria degli Uffizi

ℹ️

聖十字教堂 **12**
Basilica di
Santa Croce

● 有機市場

Lungano degli Archibusieri

ARNO

Lungano Torrigiani

9 彼提宮
Palazzo Pitti

波波里花園
Giardino di Boboli

Lungamo Tserristori

Piazza
G. Poggi

米開朗基羅廣場 **8**
Piazzale Michelangelo

百花聖母大教堂
Duomo di Firenze

http duomo.firenze.it／**◎** Piazza Duomo／**☎** +39 055 230 2885／**◷** 週一～六10:15～15:45；圓頂：週一～六08:15～19:30、週日12:45～17:15；鐘塔08:15～19:30；洗禮堂08:30～19:30；博物館08:30～19:00／**休** 主教堂：週日；博物館：每個月的第一個週二／**$** 主教堂免費(右手邊門進入)；圓頂＋喬托鐘樓＋聖喬凡尼禮拜堂＋博物館3天聯票€30(圓頂入口在面向教堂的左後方側門)／**⇨** 由Santa Maria Novella火車站步行約10分鐘／**⁉** 1.若購買百花聖母大教堂建築群參觀聯票，可先線上購買，進入第一個景點的時間算起72小時內可憑票參觀各景點；2.盡量避開參觀人數最多的10:00～12:00，中午用餐時間人較少一些／**⏳** 2小時／**MAP** P.143 **❶**

13世紀佛羅倫斯成為繁榮的經濟大城後，決定將市中心的聖雷帕拉塔教堂(Santa Reparata)，重新改建為足以代表佛羅倫斯的主教堂，並於1296年放下第一塊基石，最初的建築師為Arnolfo di Cambio。1348年佛羅倫斯爆發黑死病，城內人口從9萬人銳減為4萬5千人，一度中止建造工程。復工後又陸續由不同建築師接手，1418年轉至布魯內列斯基(Filippo Brunelleschi)之手後，才順利完成當時全球最大的圓頂(Cupola)，並於1436年正式啟用，共花了140年，終於讓雄偉的紅色大圓頂聳立於美麗的古城天際線。

佛羅倫斯素有「百花城」之稱，因此將這座教堂命名為「百花聖母大教堂」(Basilica di Santa Maria Fiore)。立面為1887年完成，與緊鄰的喬托鐘樓(Campanile di Giotto)同樣採白、綠、粉紅大理石，並以聖人雕刻、三角幾何拼貼裝飾。

高153公尺、直徑45.5公尺的主教堂大圓頂，以當時的技術是很難完成這宏偉的大圓頂，建築師布魯內列斯基最後採用雙圓頂結構，並以圓拱形的「拱鷹架」堆築出這完美的八角形圓頂。內層厚約2公尺，用以支撐結構，外層不但具遮風擋雨的作用，還讓整座圓頂顯得更為雄偉。

教堂內部呈拉丁十字形，長153公尺、高90公尺。立柱將內部空間分為三殿，寬敞的空間與高聳的圓頂，呈現出宏偉的氣勢。左殿堂可看到一幅由Michelino描繪但丁拿著《神曲》的木板畫，畫中的背景一邊是15世紀的翡冷翠，另一邊是《神曲》中的三界；右殿堂中間還有個小階梯可走到地下室觀看聖雷帕拉塔教堂遺跡，圓頂建築師布魯內列斯基也葬於此。

▲完美的八角形教堂大圓頂

聖若望洗禮堂

喬托鐘樓
百花聖母大教堂

▲共花了一百多年的時間才完成的宏偉建築

內部最引人注目的是圓頂畫作《最後的審判》，由瓦薩里(Vasari)與祖卡里(Zuccari)於1572～1579繪製完成。推薦大家爬上463級階梯上圓頂，沿著圓頂內圈近距離欣賞這幅偉大巨作，之後還可到外圈欣賞紅頂古城的魅力。

▲百花聖母大教堂

 廣場周區建築群看點 CHECK 1

喬托鐘樓
Campanile di Giotto　MAP P.143 ②

喬托於1334年所設計的鐘樓，高84.7公尺，可謂14世紀哥德風格的典範。喬托過世前只完成第一層，後來由安德烈·皮薩諾(Andrea Pisano)接手，黑死病過後又由塔倫蒂(Talenti)負責，終於在1359年完工。塔倫蒂捨棄喬托原本的尖塔蓋頂，改為皇冠般的平頂蓋，並將上面三層改以細緻的窗戶設計，鐘塔表面則為簡單的幾何圖形，如此一來，也不失喬托原本優雅的哥德風設計。參觀鐘樓時，可仔細欣賞第一層的精緻雕刻，另也可爬上414階的階梯到鐘樓上俯瞰市景。

 廣場周區建築群看點 CHECK 2

聖若望洗禮堂
Battistero di San Giovani　MAP P.143 ③

主教堂廣場上最古老的建築，西元4世紀就已存在，11世紀大規模改建原本的小神殿，獻給佛羅倫斯的守護聖人聖若望(施洗者約翰，San Giovani)，但丁等名人均在此受洗。洗禮堂內部最引人注目的是13世紀增添的拜占庭風格天頂鑲嵌畫，描繪聖若望的生平事蹟與最後的審判。

洗禮堂最著名的是正南、正北、和正東這三座青銅門，最老的南側青銅門，為雕刻家皮薩諾於1330～1336年間刻製的聖若望傳教事蹟；北門及東門為吉貝蒂(Ghiberti)花了27年才完成的嘔心瀝血之作，分別描繪新約與舊約聖經故事。據說米開朗基羅看到東門上的雕刻後說道：「穿過了這扇門，就是天堂了。」因此人稱此為「天堂之門」(Porta del Paradiso)。這也是麥迪奇家族首項贊助的公共建築，並從中體會到唯有贊助偉大的藝術，才會為家族留下不朽的名聲。

▲青銅門上精湛的聖經故事雕刻

主教堂博物館
Museo dell'Opera　MAP P.143 ❹

　　主教堂建築群的大部分原作收藏在博物館中，如著名的天堂之門，以及歷屆建築師、文藝復興及哥德時期的大師作品，包括喬托、皮薩諾、維諾奇歐(Verrocchio)、唐納太羅、米開朗基羅的《聖殤》(Pietà)等。近年大規模整修後，以更完善的方式展出這些珍貴的作品。

UB古董店

http www.ubfirenze.it／ Via dei Conti, 4／ 10:30～19:30／休 週日／MAP P.143 ❶

　　若想找比較平價的品牌，主教堂前的Via Dei Cerretani一路到火車站，也非常好逛，藏在這個街區巷弄裡的UB古董店，是挖掘優美的古董小物、家具、老地圖的寶窟。

Pegna dal 1860 雜貨鋪

 Via dello Studio, 26r／ 週一～六10:00～19:00／ MAP P.143 ❷

　　從1860年開業至今的老雜貨鋪，位於大教堂側面的小巷內，同樣可在此買到知名藥妝產品，以及咖啡豆、義大利知名巧克力品牌Amedei及La Molina、松露等托斯卡尼精選食品。主教堂附近還有另一家Eataly超市，也是購買優質義大利食品、松露薯片、葡萄酒的好地方，店內的披薩、烘焙麵包、甜點均相當推薦。

▲老雜貨店裡的咖啡豆透過這樣的銅管輸送到櫃檯

▲號稱 LV 級的義大利牙膏，在藥妝店及老雜貨店均可買到

▲可買到各種優質食材的 Eataly 超市，也可在店內喝咖啡、吃甜點、用餐

領主廣場&舊宮
Piazza della Signoria & Palazzo Vecchio

http cultura.comune,fi.it／ ⊙ Piazza della Signoria／ ⊙ 週五～三09:00～19:00、週四09:00～14:00／ ⑤ 1樓可免費參觀(但需通過安全檢查)；博物館€12.5、鐘塔€12.5／ ⇨ 由主教堂步行約5分鐘／ ⊠ 1.5小時／ MAP P.143 ◆

　　自古以來，城內的重大政治事件幾乎都在領主廣場發生，環繞著廣場的建築有：曾為權力中心的舊宮、海神噴泉(Fontana del Nettuno)、第一任托斯卡尼大公科西莫一世騎馬雕像與放置多尊雕像的傭兵涼廊(Loggia di Lanzi)。

　　傭兵涼廊正面採三拱門設計，頂篷呈交叉穹窿，不但具哥德風的細緻，還多了文藝復興的和諧感。迴廊上放置1583年詹波隆那(Giambologna)的《劫持薩賓婦女》(Ratto delle sabine)，其人物表情與形體的線條處理精采至極；舊宮正門前還有米開朗基羅的大衛雕像複製品與巴喬‧班迪內利(Baccio Bandinelli)1534年完成的《海格力斯和凱克斯》(Ercole e Caco)，這項作品充分展現神勇的大力士海格力斯打敗邪惡的凱克斯時所散發的正義之氣。

　　廣場上的舊宮為佛羅倫斯共和國的**領主宮殿**

舊宮門口的大衛複製像▶
(Palazzo della Signoria)，由主教堂的第一任建築師Arnolfo di Cambio於1299年設計建造，後來麥迪奇家族16世紀中遷居亞諾河對岸的彼提宮(Palazzo -Pitti)，這裡便成了舊宮殿。建築外表為粗獷的石板貼面，94公尺高的鐘樓高聳其上，宛如一座雄偉的堡壘。義大利統一後，曾為聯合政府的臨時辦公室、國會與外交部，現在則是佛羅倫斯的市政辦公室。

　　舊宮2樓博物館以「五百人大廳」(Consiglio Maggiore)最為著名。五百人大廳始建於1494年，1540年科西莫一世(Cosimo I de'Medici)就任時，特別委請瓦薩里(Vasari)將此裝潢得更為宏偉，整面牆以精采的溼壁畫裝飾而成，主要描

▲領主廣場上可看到科西莫一世騎馬像、海神雕像

▲詹波隆那的《劫持薩賓婦女》

147

▲佛羅倫斯共和國的領主宮殿

▲放置多尊雕像的傭兵涼廊

CHECK 廣場周區推薦市集

野豬市集
Mercato del Porcellino

📍 Via Calimala, 6／🕐 09:00～18:30／MAP P.143 ❻

繪佛羅倫斯的戰事與科西莫一世的事蹟。據説1503年時，曾邀請米開朗基羅及達文西在兩邊的牆壁上競畫，只可惜後來兩人各奔東西，並沒有完成這項美事。

後來才又另請畫家完成這兩幅巨作，分別為佛羅倫斯征服比薩(卡辛那之戰Battle of Cascina)與西耶納戰爭畫(安吉亞里戰役The Battle of Anghiari)，達文西當時曾在安吉亞里戰役這面牆畫下草稿圖，瓦薩里後來接手完成畫作時，還特別在西耶納戰爭畫中的旗子寫了「Cerca Trova」(尋找、發現)的字樣，有一派學者認為達文西的草稿至今仍留在這面牆下。

◀海神噴泉後面可免費裝氣泡礦泉水

領主廣場外這座小小的迴廊市集，往昔主要販售舶來品，由於市場旁有隻野豬雕像，因此又稱為「野豬市集」，據説只要摸摸野豬的鼻子，便能帶來好運氣。現在小市集裡多是佛羅倫斯本地產的皮件，設計美觀的背包及肩包、實用的皮帶等，都是很棒的伴手禮。

▲在這個市場可買到皮帶、皮包、皮夾等實用的產品

▲野豬雕像

烏菲茲美術館
Galleria degli Uffizi

http www.uffizi.it / ⊙ Piazzale degli Uffizi, 6 / ☎ +39 055 294883 / ⏰ 週二～日08:15～18:30 / 休 週一、新年、聖誕節 / $ €26，08:15/08:30這兩個時段€23(線上預訂另加預訂費€4)；每個月第一個週日可免費參觀各國立美術館、博物館 / ➡ 由百花聖母大教堂步行約8分鐘 / ⁉ 旺季建議先預約；美術館內設有露台咖啡座 / ⏳ 2.5小時 / MAP P.143 ❼

若想認識義大利偉大的藝術家、文學家，可仔細觀賞美術館中庭的雕像 ▶

佛羅倫斯的烏菲茲美術館為全球最重要的美術館之一，「Uffizi」意思是「辦公室」，托斯卡尼第一位大公科西莫一世為了將所有的市政辦公室都集中在同一個地方，而委請建築師瓦薩里建造這棟建築。瓦薩里巧妙地利用長廊建築，將舊宮、烏菲茲，以及舊橋上的瓦薩里長廊，連接到領主的私人住宅彼提宮，規畫出一條領主專用道。

身為文藝復興運動推手的的麥迪奇家族，在主政的3百多年間，收藏了許多重要藝術品，1743年麥迪奇家族的最後一代傳人安娜·瑪莉亞·露薏莎過世，將收藏全數捐贈予佛羅倫斯政府，並依其遺願於西元1765年開始對外開放參觀。美術館收藏雖豐富，但規模適中，會是很享受的博物館之旅，非常推薦排進義大利之旅中。

烏菲茲美術館以年代陳列作品，從古羅馬、早期義大利藝術、文藝復興時期、巴洛克、及近代作品，可看到各個繪畫風格的變化，例如從喬托的作品，看到他漸打破中世紀的畫法，賦予畫中人物生命，如《寶座的聖母子》(The Madonna in Majesty)。而達文西20歲所繪的《天使報喜圖》(Annunciation)及《東方三博士朝聖圖》(Adoration of the Magi)，可從人物的動作，感受畫中人物的內心變化；利比(Lippi)的《聖母子與天使》(Madonna and Child with two Angels)和拉斐爾24歲時完成的《金雀聖母》(Madonna of the Goldfinch)，則可看到聖母溫和慈愛的神情，畫中對於薄紗的描繪，也是當時繪畫技藝大躍進的表現。

▲ 規模適中的烏菲茲美術館為文藝復興藝術的大寶庫

《春》
Primavera

　　這幅畫作從右到左是鼓著嘴的西風風神(Zephyrus)，將3月初春的氣息吹向大地，只要開口就會吐出玫瑰花的花神克羅麗絲(Chloris)，望向丈夫西風。旁邊穿著美麗繡花衣裳的是克羅麗絲後來變成的花神Flora，中間則為此畫的主角4月神維納斯(Venus)，後面的樹木呈拱形，讓觀者的目光自然聚焦過去。

　　畫家筆下的維納斯，彷如春臨大地的萬物創造者，開創愛與美的天地。女神旁邊有分別象徵著美麗、青春與歡樂的三位女神，還有5月守護神墨丘利(Mercury)，維納斯上方為愛神邱比特。最不可思議是，這幅畫中藏了高達500多種植物、190種花卉。

《維納斯的誕生》
Nascita di Venere

　　塞維尼尼在《義大利人正傳》(La Bella Figura)書中如此形容這幅畫：「企圖在柏拉圖與基督信仰之間尋找一個平衡點，創造出結合了精神與物質的一種美。」

　　這幅畫完成於1480年代，繪出剛誕生的維納斯女神降臨大地的景象，堪稱西洋畫最具代表性的作品之一。畫中最左側為鼓著雙頰的風神，將載著女神的貝殼緩緩吹向陸地，維納斯女神準備踏出貝殼，掌管四季的女神之一春神，手拿著為女神準備的春花外衣。溫暖的西風吹起，讓女神的髮絲與衣衫往右飄飛。伴隨在西風身旁的花神徐徐吐氣，就要施展神力喚醒大地，讓百花盛開於飄落著片片金心的大地。

關於波提伽利 (Sandro Botticelli)

　　波提伽利本名為Alessandro di Mariano di Vanni Filipepi，出生於佛羅倫斯製革家庭，最初為金匠學徒，師傅幫他取了「Botticelli」的名字，意為「小桶子」，自此普稱為「波提伽利(Sandro Botticelli)」。據說波提伽利是個古靈精怪的青年，收入無處，過著奢華不拘的生活。雖然作品中的女性優雅無比，但據說畫家本人並不是很喜歡女人，或許他一直在追求如畫中的完美女性，在現實中卻怎麼也找不著吧。《春》及《維納斯的誕生》這兩幅畫作都是波提伽利15世紀時完成的作品，主題不再限於宗教故事，而是希臘羅馬神話，並以當時的新觀點來詮釋，將他心中的美，一點一滴展現在世人眼前，讓後代知道，曾有那麼一個光輝的年代，各位藝術家自由奔放地描繪出自己心中那抹雋永不朽的美。

舊橋&米開朗基羅廣場
Ponte Vecchio & Piazzale Michelangelo

MAP P.143 8

▲由米開朗基羅廣場可看到絕美古城全景

連接著烏菲茲美術館與彼提宮的舊橋，是大戰時唯一沒受到德軍破壞的一座。「Vecchio」為「舊」的意思，始建於12世紀，原本是座木橋，14世紀才改為石造橋。橋上的商鋪原本多為肉鋪、皮革工坊，但因為這是連接領主辦公室與領主宮殿的要道，麥迪奇家族便將所有肉販移走，改為金光閃閃的金飾店，橋中間的雕像就是佛羅倫斯著名的金工之父切里尼(Cellini)。橋上還有一座封閉式長廊，是瓦薩里特別為麥迪奇家族打造的專用廊道。

推薦傍晚時過來看街頭表演、欣賞亞諾河日落景色；或者過舊橋後，左轉沿河(Lungarno Torrigiani)直走到Piazza Poggi，由Viale G. Poggi爬上米開朗基羅廣場(Piazzale Michelangelo)，更可欣賞亞諾河上各座橋梁與古城的日落景致。

▲橋上的雕像為金工之父切里尼　▲米開朗基羅廣場上的大衛青銅像　▲舊橋傍晚時常有街頭表演

▲珠寶店林立的舊橋

永遠的皇家居所

彼提宮
Palazzo Pitti

http www.uffizi.it／ ⊙ Piazza Pitti 1／ ⏰ 週二～日08:15～18:30／休 週一／ $ €10，3～10月旺季€17，淡季每週三下午3點過後享半價優惠，預約費€3(一般可不預約)／ ➡ 由烏菲茲美術館步行約7分鐘／⧗ 1.5小時／MAP P.143 ❾

▲雄偉的彼提宮

這棟建築原為佛羅倫斯的銀行家彼提(Pitti)於15世紀所建的豪宅，16世紀中由科西莫一世夫婦購得，並擴建為麥迪奇家族豪華宮殿。1737年由哈布斯堡王朝(Habsburg)繼承，1865年薩伏依王朝統一義大利期間，也以此為皇室寓所。

宮邸現改為複合式博物館，規畫為：收藏黃金飾品、陶瓷、花崗岩器皿、珠寶的大公爵寶藏室(Treasury of the Grand Dukes)；展示麥迪奇家族藝術收藏的帕拉提恩美術館(Galleria Palatina)；可一窺皇室生活的皇家寓所(Imperial and Royal Apartments)；陳列新古典主義到1930年代作品的現代美術館(Modern Art Gallery)；可看到義大利自古至今流行時尚演變的服飾博物館(Museum of Costume and Fashion)；宮殿後還有廣大的波波里花園，將起伏的地景融入庭園設計中，以雕刻、噴泉及石灰岩洞裝飾，為義式庭園的典範。

帕拉提恩美術館較受矚目的作品包括：提香的《合奏》(Il Concerto)，從筆觸中自然表現畫中人物性情的《英國青年肖像畫》(Portrait of a Young Englishman)、《朱利歐二世》(Portrait of Giulio II)；魯本斯的《戰爭的殘酷》(The Conse-quences of War)，藉由戰爭殘酷的景象，表現出對和平的渴望，另外還有拉斐爾的《帶頭紗的女子》(Donna Velata)及深受托斯卡尼大公斐南迪三世(Ferdinand III)喜愛的聖母子像《大公的聖母》(Madonna del Granduca)。

帕拉提恩美術館的盡頭則是麥迪奇家族及後來的**皇家寓所**，包括橢圓廳、藍廳、禮拜堂、紅色謁見室等14個廳室。各廳室華麗的大型水晶燈、金碧輝煌的家具、絲毯畫裝飾，在在展現皇族的氣派。而目前看到的皇后起居室樣貌，主要是薩伏依的瑪格麗特皇后(Margherita of Savoy)所布置的，精緻的古木床，在豪華中還多了股溫馨典雅的氛圍。

▲拉斐爾《帶頭紗的女子》(圖片取自／Wikimedia)

▲魯本斯的《戰爭的殘酷》，充分表現出對和平的渴望 (圖片取自／Wikimedia)

聖靈大教堂
Basilica di Santo Spirito

🌐 basilicasantospirito.it／📍 Piazza Santo Spirito／
🕐 10:00～13:00、15:00～18:00，週日11:30～
13:30、15:00～18:00／💲 免費，博物館區€2／➡️
距離舊橋約6分鐘、距離彼提宮約3分鐘／⌛ 30分
鐘／🗺 P.143 🔟

▲位於亞諾河南岸的聖靈大教堂

▲聖靈教堂外每個月一次的有機市集

聖靈教堂位於越亞諾河區(Oltrarno)，為典型的
文藝復興建築，由百花聖母大教堂大圓頂的建築
師布魯內列斯基於1428年開始設計，不過立面
並未能按照原設計圖建造，與其他教堂相比，顯
得相當素樸。

教堂內部成拉丁十字設計，共有38座小禮拜
堂，由內往外數來第十二座禮拜堂可看到利比的
《聖母子畫》(La Pala Nerli)，畫裡的聖人分別是
與捐贈者家族特別有淵源的聖凱瑟琳及聖馬丁，
捐贈者夫婦虔誠地跪在兩側，背後則是佛羅倫斯
的風光。祭壇上方還有米開朗基羅的耶穌受難木
雕，這是年輕的米開朗基羅回贈教堂的回禮，感
謝他們曾允許他到教堂的修道院學習解剖學。修
道院內有兩座迴廊，其中一座因石頭多取自墓
園，因此名為「死亡迴廊」(Chiostro dei Morti)。

以往位在亞諾河南岸聖靈大教堂這個區域，多
為勞工階級居住，現則為年輕人最愛聚集的區域
之一，因此周區可找到許多特色小餐廳、咖啡館
及工作坊。而每個月的第二個週日，托斯卡尼地
區的有機小農聚集在聖靈教堂外的廣場擺攤，包
括各種有機蔬果、起司、橄欖油、蜂蜜及手工藝
品，相當值得一訪。

知識充電站 ⚡ 開創文藝復興盛世的推手──麥迪奇家族

麥迪奇家族是14～17世紀時期，歐洲最有勢力的家族之一。銀行業發跡壯大後，開始擠身於政
治界，培養出3位教皇、2位法國皇后及幾位英國王室成員，讓家族勢力更加顯赫、穩固。麥迪奇
家族從老科西莫一世(Cosimo di Giovanni de' Medici)成為翡冷翠非官方領主後開始掌握大權，躍
升為歐洲最富有、最具影響力的家族。老科西莫的孫子「偉大的羅倫佐」(Lorenzo il Magnifico，
1449～1492年)掌權後，延攬當時各領域的人才大力栽培，儼然就是文藝復興背後最有力的推
手，是文藝復興盛世的開創者。年僅14歲的米開朗基羅，即偶然被羅倫佐看到他認真雕刻模樣，
很早就有機會入宮在各位大師的薰陶下成長。

家族的最後一位傳人安娜·瑪莉亞·露慧莎(Anna Maria Luisa，1667～1743年)將家族收藏捐贈
給翡冷翠，條件是所有藝術品不得離開翡冷翠並須公開讓大眾欣賞，今日大家也才有幸能在烏菲
茲美術館欣賞麥迪奇家族的豐富收藏。

雕刻藝術的寶庫

巴傑羅博物館
Museo Nazionale del Bargello

http www.bargellomusei.beniculturali.it／📍Via del Proconsolo, 4／🕐週三、四、日08:15～13:50，週一、五、六08:15～18:50／休週日／➡距離舊宮約5分鐘路程／⏳1小時／MAP P.143 🔃

「Bargello」源自拉丁文，有著「防禦塔樓」的意思，中世紀時為軍營所用，後來曾改為監獄，現在則是以保存雕刻收藏品聞名的博物館，包括唐納太羅、米開朗基羅、詹波隆那等人的重要作品，並收藏了大量的陶瓷、絲毯畫、飾品、青銅像等。

其中最受矚目為唐納太羅的《大衛》(David)與《聖喬治》(St. George)，米開朗基羅的《酒神像》(Bacchus)、詹波隆那的《飛奔的墨丘利》(Flying Mercury)。聖若望洗禮堂北門當初競圖時，吉貝蒂(Ghiberti)與布魯內列斯基的作品《以撒的犧牲》(The Sacrifice of Isaac)也收藏於此。

收藏中還包括許多在佛羅倫斯建築上會看到的藍底白色聖母與聖嬰的上釉陶瓷雕像裝飾，這是當地藝術家盧卡‧德拉‧羅比亞(Luca della Robbia)所發明的。

▲唐納太羅詮釋的《大衛》

▲米開朗基羅的《酒神像》

▲墨丘利在羅馬神話中是為眾神傳遞信息的使者，因此墨丘利帽子及腳上都插著雙翅

聖十字大教堂
Basilica di Santa Croce

http santacroceopera.it / 📍 Piazza di Santa Croce, 16 / 🕐 週一～六09:30～17:30，週日12:30～17:40 / 💲 €8 / ➡ 由百花聖母大教堂步行約10分鐘 / ⏳ 1 小時 / MAP P.143 ⑫

若說百花聖母大教堂是佛羅倫斯人生的起點（許多名人出生受洗之處），那麼聖十字教堂就是人生的終點，建築師阿爾貝提(Alberti)、馬基維利(Machiavelli)、伽利略(Galilei)、作曲家羅西尼(Rossini)等名人均安葬於此，甚至客死羅馬的米開朗基羅，在他過世後也依其遺願回鄉。

聖十字大教堂為聖方濟各教會在佛羅倫斯的主要聖殿，據傳這是聖方濟各本人所創立的教會。內部是聖方濟各教會象徵的「T」字形設計，共有16座小禮拜堂，多數為喬托及其弟子修建的，另還可看到唐納太羅、卡諾瓦(Canova)、瓦薩里(米開朗基羅墓碑的設計者)，以及英國藝術家亨利·摩爾(Henry Moore)的雕刻作品。

除了教堂的部分外，另還推薦參觀主殿教堂外的**帕齊禮拜堂(Cappella dei Pazzi)**，這是建築師布魯內列斯基在羅馬花了許多時間研究萬神殿這

偉大的羅倫佐掌權時，麥迪奇家族的聲勢如日中天，死對頭法蘭切斯科·帕齊(Francesco de'Pazzi)密謀趁樞機主教復活節來訪百花聖母大教堂時，刺殺羅倫佐兄弟。當時羅倫佐被身後的兩位牧師劃了一刀幸運逃過死神的召喚，但弟弟朱利亞諾(Giuliano de'Medici)卻沒這麼幸運，還沒進教堂就被刺身亡。麥迪奇家族立即展開瘋狂復仇行動，主謀法蘭切斯科·帕齊和比薩大主教均受到絞刑並掛在舊宮前示眾，還有大批人受到閹割嚴懲。而比薩大主教穿著教袍被絞死這件事，卻觸怒了羅馬教廷，準備動員其他邦國攻打佛羅倫斯，所幸後來羅倫佐成功說服其中最具威脅性的那不勒斯王國簽訂共同防禦同盟條約，又因穆斯林軍隊開始威脅歐洲國家，教皇才先擱置此事。

些古老的建築後，回到佛羅倫斯設計的作品，因此建築比例顯得特別和諧。帕齊家族的安德烈·帕齊(Andrea de' Pazzi)於1429年委請布魯內列斯建造這座禮拜堂，然而後來帕齊家族發動刺殺事件，導致禮拜堂無法繼續完成。

▲每年6月會在聖十字教堂前舉辦中世紀足球賽

▲聖十字教堂周區的街巷自有一番風情

CHECK 1 · 周區推薦商店

皮革學校
Scuola del Cuoio

🌐 leatherschool.biz / 📍 Via S. Giuseppe, 5r / 🕐 10:00～18:30 / 🗺 P.143 ③

這區自古就聚集了許多染坊和皮革工坊，二次世界大戰後，聖十字大教堂的聖方濟各修士將麥迪奇家族捐贈的老宿舍改為皮革學校，與佛羅倫斯的Gori與Casini皮革世家共同合作訓練戰後的孤兒一技之長。1950年開放參觀皮革製作過程並開設皮革課程，甚至與佛羅倫斯著名的手工鞋大師Stefano Bemer合作開設課程。

▲開放大眾參觀製作過程並開設皮革課程

CHECK 2 · 周區推薦商店

Signum Firenze 紀念品店

📍 Borgo dei Greci, 40r / 🕐 09:30～19:30 / 🗺 P.143 ④

由舊宮往聖十字大教堂走時，會經過Signum紀念品店，在這裡可找到許多托斯卡尼傳統風格的紀念品，像是大理石花紋筆記本、立體紙雕、零錢包、沾水筆等較特別的商品，就連明信片都很有特色。

舊橋圖樣的零錢包 ▶

CHECK 3 · 周區推薦美食

義式三明治老店
All'antico Vinaio

📍 Via dei Neri, 76r / 🕐 10:00～22:00 / 🗺 P.143 ⑥

自1991年開業至今的三明治店，每天大排長龍，原因無他，三明治的佛卡夏(Focaccia)麵包體香脆，內餡食材新鮮，提供各式各樣的起司、醬料及配菜，一個三明治就像中型盤子那般大，兩人共吃足足有餘！義式三明治最厲害的是義式火腿選擇相當多，若不知道從何選起，可考慮Vinaio的招牌三明治(Vinaio)。

▲大份量的平價三明治

CHECK 4 · 周區推薦美食

Vivoli 冰淇淋店

📍 Via Isola delle Stinche, 7r / 🕐 08:00～23:00 / 休 週一 / ➡ 由舊宮步行約5分鐘 / 🗺 P.143 ⑦

自1930年代開設至今、傳承了四代的老冰淇淋店，多年來品質仍維持得相當有水準，尤其推薦榛果、開心果、栗子、米這幾個口味，吃完冰淇淋還可再來杯冰淇淋咖啡Affogato。

米開朗基羅的日夜晨昏

麥迪奇禮拜堂
Cappelle Medicee

http www.bargellomusei.beniculturali.it ／ ⊙ Piazza di Madonna degli Aldobrandini, 6 ／ 🕐 週三～五13:45～18:00，週一08:45～13:30，週日08:45～13:45 ／ 休 週二，每個月第一、三、五個週日 ／ $ €9 ／ ⇨ 距離中央市場約2分鐘路程 ／ ⧖ 1小時 ／ MAP P.143 ⓭

來自托斯卡尼鄉間的麥迪奇家族，自喬凡尼・麥迪奇開始踏入金融界，壯大家族財富後，在歐洲歷史上可說是呼風喚雨，家族培育出3位教皇和2位法國皇后，而近50位家族成員葬在這座禮拜堂中。

麥迪奇禮拜堂是聖羅倫佐大教堂後來增建的麥迪奇家族成員長眠之處，入內即可看到家族的最後一位傳人安娜・瑪莉亞・露薏莎的雕像。2樓為科西莫一世以降各位大公的王子紀念堂(Cappella dei Principi)，天頂繪製著新約聖經故事。繼續往內走是米開朗基羅所設計的新聖器收藏室(Sagrestia Nuova)，內有他所打造的精采陵墓。

原本計畫建造4座陵墓，但米開朗基羅只完成朱利亞諾・麥迪奇(Giuliano di Lorenzo de' Medici，偉大的羅倫佐之子)與羅倫佐二世(Lorenzo di Piero de' Medici，偉大的羅倫佐之孫)這兩座陵墓，便被教宗召到羅馬了。

朱利亞諾・麥迪奇的石棺上放著象徵《日》、《夜》的雕像，烏比諾公爵羅倫佐二世石棺上則放著《晨》、《昏》，其上的雕像分別為：手握權杖象徵「行動」的朱利亞諾，與象徵「思維」的羅倫佐，並讓兩組雕像相互對應，《晨》、《夜》是年輕女子，而《日》、《昏》則為老年人。

► 麥迪奇禮拜堂的紀念品也貴氣十足

《日》(Day)：
就好像是剛從睡夢中被驚醒的人，左手從背後撐起身子，眼睛向前凝視著，好似即使在睡夢中也輾轉難眠，象徵世人難以擺脫時間的控制與死亡的命運。

《晨》(Dawn)：
以年輕、健美的胴體，象徵著青春美麗的女子，正從睡夢中甦醒過來。米開朗基羅曾為《夜》這件作品寫道：「睡夢於我如此甜美，化作頑石更覺幸福，畢竟，痛苦與恥辱尚存人間，不見不聞，無知無覺，我是無比的幸福。所以，不要喚醒我，噢，請你細語再輕聲。」

手握權杖的朱利亞諾石棺

《夜》(Night)：
手枕著頭，正在沉睡中的女子，以腳下的貓頭鷹象徵著黑夜的降臨，身旁的面具，則象徵受惡夢纏身。

《昏》(Dusk)：
這位似乎有點經歷的男子，身體放鬆地倚靠著，正處於靜思的狀態。

沉思的羅倫佐石棺

學院美術館
Galleria Accademia

🌐 www.galleriaaccademiafirenze.beniculturali.it／
📍 Via Ricasoli 58/60／🕐 週二～日08:15～18:50／
🚫 週一、新年、聖誕節／💲 €13，預約費€4／🚶 距離百花聖母大教堂約7分鐘路程；或由Santa Maria Novella火車站搭1、6、11、14等巴士到Piazza Di San Marco站下車／⏳ 1小時／🗺 P.143 ⑭

在舊宮前或米開朗基羅廣場均可看到米開朗基羅最著名的作品《大衛像》複製品，而真跡就收藏在學院美術館中，因此即使這座美術館收藏不多，但仍名列遊客的必訪清單。

據記載，建造大教堂時，需要雕刻聖經裡的12座雕像，因此從托斯卡尼的卡拉拉採石場運回這塊大理石，1463年雕刻家Agostino接續唐納太羅這項計畫，但只初步鑿了大衛的下半部，直到1501年由26歲的米開朗基羅接手，才終於完成這座雕像。米開朗基羅切除石塊不必要的部分，解放鎖在裡頭的靈魂，1504年就這麼誕生了一位高5.17公尺的少年英雄，描繪剛下定決心起身對抗巨人歌利亞(Golyat)的大衛，手持著石塊，炯炯有神的雙眼，豪不畏懼地凝視前方，散發一股既緊張、又有自信的氣勢。

原本大衛要放在主教堂上面，因此雕刻的頭部及左手比例較大，讓人由下仰望時，剛好是正常比例。後來因為這座雕像太具代表性，加上雕像重達6噸，佛羅倫斯人最後決定改放在舊宮前，象徵佛羅倫斯人不畏強權、獨立自由的精神。直到1873年，雕像才移至學院美術館保存，館內還收藏米開朗基羅四座未完成的《奴隸》(Slaves)雕像。

◀旺季時學院美術館通常都是這樣地大排長龍，建議先預約

《大衛像》真跡 ▶
(圖片取自／Wikimedia)

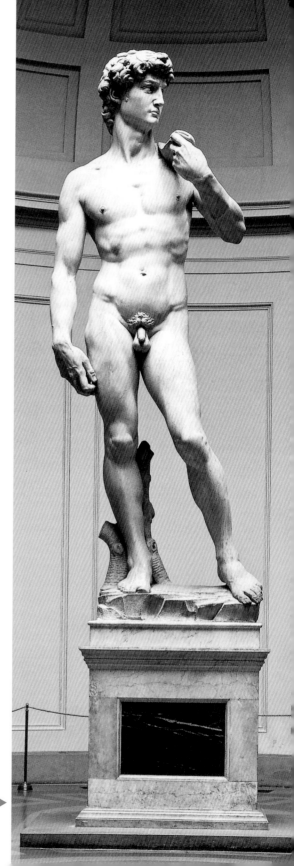

阿爾貝提的完美之作

新聖母大教堂
Basilica di Santa Maria Novella

🌐 www.smn.it／📍 Piazza di Santa Maria Novella, 18／🕐 09:00～17:30、週五11:00～17:30、週日13:00～17:30／💲 €7.5／🚶 由Santa Maria Novella 火車站步行約5分鐘／⏳ 1小時／🗺 P.143 ⑮

　　教堂始建於13世紀，立面是15世紀時阿爾貝提(Alberti)於1476年設計的。建築師運用數理精算出建築完美的比例，無瑕地融入原本的老建築，並以幾何圖形裝飾，呈現出哥德式的細緻與早期文藝復興風格的和諧感。教堂內部最著名的是馬薩奇歐(Masaccio)的《三位一體》(The Holy Trinity)，可以從這幅畫看到畫家如何運用透視法與光影效果，讓人覺得這個牆面好像是個立體空間。祭壇左側的Gondi小禮拜堂，還可看到建築師布魯內列斯基所雕刻的耶穌受難木雕。

　　據說布魯內列斯基看到好友唐納太羅在聖十字大教堂的耶穌受難木雕後，嘲笑那是十字架上的農夫，自己因而著手雕了這件作品，後來捐給新聖母大教堂。

四百年的博物館等級的老藥局

新聖母老藥局
Officina Profumo-Farmaceutica di Santa Maria Novella Firenze

🌐 smnovella.com／📍 Via della Scala, 16／🕐 09:30 ～20:30／🚶 由Santa Maria Novella火車站步行約5分鐘／⏳ 40分鐘／🗺 P.143 ⑯

　　多明尼哥會修士們自13世紀起，以自己栽種的花草製作保養品、香水、草本營養品、蜂蜜、蜂蠟等，並於1612年開始對外販售。至今產品仍堅持：種植花草時不使用任何化學藥品，遵循古法，以全天然的花草製作產品。

　　現在推出的產品相當多，舉凡大人、小孩日常所需的保養清潔用品、居家衛浴用品，一應俱全。當然，最著名的仍是天然草本保養品、香水、古龍水，其中薔薇水依舊採14世紀的古老配方製作，也是產品中最古老的一款，源自1381年。1533年麥迪奇家族的凱瑟琳皇后嫁給法國亨利二世時，老藥房特別配製了一款以Santa

▲博物館等級的老藥局

Maria Novella命名的香水，稱為「皇后之水」。17世紀時，神父採集佛羅倫斯山區的花果，放在陶甕中自然發酵的噗噗莉芬香(Pot-Pourri)產品也是經典，現還推出小陶罐及方便攜帶的小包裝。

　　老藥局的購買方式較特別，入內可隨意參觀，大廳架上放著詳細的產品目錄(包括中文)，對任何產品有興趣，可向櫃檯服務人員諮詢及試用。確定購買產品後，再到內室取貨與付款，現也提供退稅服務。最近還拓增了茶室，可在裡面享用老配方的草本茶和小點心。

来小鎮認識悠久的人類歷史

菲耶索萊
Fiesole

菲耶索萊距離佛羅倫斯約5公里，位於近300公尺的山區。早在西元前8世紀，伊特魯斯坎人即居住於此。羅馬人也因這裡的地勢具防禦功用而占據這區，鎮內還保有古羅馬時期的遺跡。菲耶索萊山區環境優美，自14世紀起，一直是貴族上流人士最喜愛的高級住宅區，因此在美麗的山林間，隱立著不少別墅。很推薦找個半天搭7號巴士上山，短短的車程，就可欣賞到托斯卡尼的美麗風光，也有幾條輕鬆的步道可走。還推薦找家餐廳坐下來用餐，好好欣賞周區美景。

CHECK 1 菲耶索萊看點

班第尼博物館
Bandini Museum

http museidifiesole.it ／ Via Giovanni Duprè, 1 ／ 4～9月09:00～19:00，3、10月10:00～18:00，11～2月10:00～15:00 ／ 休 週一～四 ／ €5，考古博物館＋遺跡區＋班第尼博物館€12 ／ 40分鐘

18世紀的Angiolo Maria Bandini，原為學問淵博的老愣佐圖書館館員，後來成為古董商，他生前收藏的古董均放在Sant'Ansano小教堂，後來全數捐贈給菲耶索萊教會，1913年移轉到這座博物館，讓大眾有機會欣賞13～15世紀的托斯卡尼中世紀至文藝復興時期的作品，以及少部分的拜占庭藝術收藏。

CHECK 2 菲耶索萊看點

考古遺跡及考古博物館
Civic Archeology Museum

Via Portigiani, 1 ／ 4～9月09:00～19:00、3月&10月10:00～18:00、11～2月10:00～15:00 ／ 休 冬季：週二 ／ €7，考古博物館及遺跡區€10、考古博物館＋遺跡區＋班第尼博物館€12 ／ 1小時

位於鎮中心的考古遺跡區可看到伊特魯斯坎人及古羅馬人所建的神廟遺址、浴場和1世紀的羅馬劇場，現在這裡仍常在遺跡區的古羅馬劇場舉辦露天的藝文活動，夏天來訪佛羅倫斯，推薦過來聽場音樂會或表演。考古博物館則主要展出青銅器時代至羅馬時期的考古文物。

▲位於鎮中心的考古遺跡區及博物館

CHECK 3 菲耶索萊看點

聖方濟各修道院
Convento San Francesco

http fratifiesole.it ／ Via S. Francesco, 13 ／ 09:00～18:00 ／ 免費 ／ 距離考古博物館約5分鐘路程 ／ 30分鐘

位於高處的聖方濟各老教堂暨修道院，建於14世紀，15世紀又再度擴建。修道院內有個幽靜小巧的迴廊，並可望見美麗的托斯卡尼風光。喜歡健行者，這附近就有幾條輕鬆的健行路線。

▲修道院內小巧幽靜的迴廊，可由此望見美麗的托斯卡尼風光

文藝優雅的佛羅倫斯
購物區

佛羅倫斯古城規模不大，購物街區集中，除了精品名牌外，周區美食、美酒特產也不少，真是個優雅又好逛的城市。

購物點 1　主教堂至領主廣場、及平行的主教堂至舊橋主購物街

Via Roma／Via Calimala這兩條主街周區的街巷，可找到許多中價位的時下流行品牌店(如Zara、H&M)。靠近舊橋的野豬市集與中央市場，可買到各種皮件及圍巾。往領主廣場的小巷內還有佛羅倫斯著名的皮件品牌The Bridge。

源自佛羅倫斯的Gucci品牌博物館，特別在家鄉的主廣場－領主廣場設立品牌博物館，展出歷年來的經典設計，以及總設計師精心規畫的展覽，並推出這座博物館的限定款商品，另還設置了茶室及相當受好評的餐廳Gucci Osteria da Massimo Bottura。

購物點 2　精品街區

共和廣場上有家La Rinascente百貨公司，最頂樓的食品雜貨部，是購買伴手禮的好去處，頂樓也設有咖啡座，可由此俯瞰熱鬧的共和廣場。百貨公司正對面的大拱門走過去就是Via Strozzi 街與交叉的Via de' Tornabuoni精品街。Tornabuoni街轉角處的Palazzo Strozzi，現為活躍的藝文活動展覽空間，靠近河邊還有Salvatore Ferrgamo的總店暨博物館，斜橫的Via Della Vigna Nuova也有COS、BEN-HEART個性皮件店及一些老皮鞋工坊。

購物點 3　個性商店街

Coin中價位百貨公司可買到質優的中價位服飾、包包、香水，生活雜貨的設計與品質都非常棒。百貨公司後面的Via del Corso及Borgo degli Albizi街巷可找到較具特色的服飾、居家雜貨獨立小店。

購物點 4　火車站地下街及往主教堂的Via Panzani

Santa Maria Novella火車站地下街可找到許多平價年輕品牌，往主教堂的主街Via Panzani則可找到班尼頓、法國童裝品牌(折扣季尤其好買)、OVS平價商場、Dixie、Sisley、及Mandarina Duck義大利行李箱品牌、內衣絲襪品牌、Kiko彩妝、書店等實用好逛的品牌。

Gucci品牌博物館
🌐 on.gucci.com／📍 Piazza della Signoria, 10／📞
餐廳：+39 055 7592 7038(座位少，建議先訂位)／🕐
10:00～22:00／🗺 P.143 📍

▲古城中心雖不大但精品名牌滿齊全

▲中央市場外滿是皮件攤

▲Santa Maria Novella火車站往百花聖母大教堂的主街多為平價品牌

托斯卡尼必逛的
郊區 Outlet

The Mall Outlet Firenze

The Mall 退稅須知

在The Mall店內消費超過€155，即可辦理退稅。若不想在機場排隊退稅，符合下列資格者，也可先在商場內的退稅櫃檯辦理退稅：

■ 將在14天內由米蘭、羅馬、威尼斯機場離開歐盟，或者在7天內由其他機場離開歐盟國家。

■ 3個月內購買的商品。

■ 總退稅額低於€999.5。

■ 現場只接受現金退稅，每筆會加收取手續費，且須準備信用卡，若離境時未繳回退稅單，將連同罰金扣回退稅金額。

托斯卡尼鄉間大名鼎鼎的The Mall Outlet，集結了最知名的頂級品牌，包括：Alexander McQueen、Balenciaga、Bottega Veneta、Burberry、Chloé、Coach、Armani、Gucci、Ermenegildo Zegna、Fendi、Jimmy Choo、Saint Laurent、Ferragamo、Sergio Rossi、Tod's、Tom Ford、Moschino等。近年規模越來越大，除了餐廳、咖啡館外，也設有退稅處，購買後若符合條件可先辦理市區退稅。

http firenze.themall.it；直達巴士預約themall.busitaliashop.it／ Via Europa, 8, 50066 Leccio Reggello／ +39 055 865 7775／ 10:00～20:00／休 聖誕節及新年／ **1.直達巴士**：最便利的方式是搭乘The Mall直達巴士專車，由Piazza le Montelungo搭乘，08:50～18:00每半小時一班，約50分鐘車程，單程票€8、來回€15；也可透過Kkday這類網站購票。另還有幾家私營巴士，費用較便宜，在中央市場外的牛肚包攤可買到巴士票。／**2.火車**：可搭火車至Rignano Sull'Arno-Reggello火車站，約35分鐘車程，再轉搭巴士到3.5公里外的The Mall Outlet。／**3.自駕**：約40分鐘車程，商場設有免費停車場

▲Gucci、Prada的店面最大、顧客也最多

▲位於托斯卡尼鄉間的The Mall Outlet

▲後來又規畫了新區，擴大規模，加入更多品牌

Toscana
托斯卡尼小鎮

　　托斯卡尼著名的景點包括：斜塔著稱的比薩(Pisa)、高塔之城聖吉米納諾(San　Gimignano)、中古世紀賽馬城西耶納(Siena)，以及西耶納以南已列入世界遺產的奧爾恰谷(Val d'Orcia)，這區不但有攝影愛好者趨之若鶩的絲柏路，沿路的蒙塔奇諾(Montacino)、蒙特普齊亞諾(Montepulciano)還是著名的葡萄酒產區，而層層而上的薩特尼亞(Saturnia)野溪溫泉、可悠賞托斯卡尼美景的巴尼奧維尼奧尼(Bagno Vignoni)溫泉區，更是舒心的溫泉鄉。

徒步慢遊托斯卡尼路線

徒步遊賞托斯卡尼，當然是最能親近這塊土地的方式，除了觀光局所規畫的文藝復興路線外，還有兩條歷史悠久的朝聖之路，可依自己的喜好選擇：

文藝復興路線
The Renaissance Ring trail

若想慢慢遊賞托斯卡尼的藝術文化，觀光局規畫了一條由佛羅倫斯出發的文藝復興路線，讓遊客以徒步或單車旅遊的方式親近托斯卡尼。

佛羅倫斯資訊中心
http 路線可詳見：www.firenzeturismo.it/it/informazi-oni-utili/gli-itinerari/2236-il-turista-che-cammina.html

法蘭奇納朝聖之路
Via Francigena

朝聖之路的終點包括耶穌受難與復活的耶路撒冷、西班牙的聖地牙哥孔波斯特拉(Santiago de Compostela)、及教廷所在的梵蒂岡城，其中往羅馬梵蒂岡城的法蘭奇納朝聖之路，主要根據11世紀時坎特伯里大主教Sigeric the Serious，由英國的坎特伯里大教堂出發，行經法國、瑞士、最後抵達羅馬的朝聖路線，全長約1,700公里。

「Via Francigena」意思是「來自法國的路」，穿越托斯卡尼段的美麗田野和歷史古城，終抵羅馬、梵蒂岡，路線大致如下：Lucca→Altopas-cio→聖吉米納諾→穿越Val d'Elsa山谷→西耶納→Val d'Arbia丘陵區→奧爾恰谷→羅馬。

一天步行約25公里，沿路皆可找到修道院、青年旅館(Ostello)投宿，餐廳也提供約€10的朝聖套餐(Pilgrim menus)。

朝聖方式

徒步、騎馬、騎單車均可。

五日托斯卡尼路線建議

托斯卡尼路段最熱門的路線是從Lucca到西耶納這段，時間不多，且希望透過朝聖之路看見托斯卡尼之美者，建議由San Miniato到西耶納，全程約85公里：**San Miniato** 24公里→**Gambassi Terme** 14公里→**聖吉米納諾** 13公里→**Colle di Val d'Elsa** 14公里→**Monteriggioni** 21公里→**西耶納**

推薦時間充裕者可以繼續往西耶納南部，擁有豐富地貌、人文、美食的Val d'Orcia谷區，行經Bagno Vignoni等溫泉區(請參見溫泉鎮P.182)。

可繼續延伸至Monteroni d'Arbia，最後抵達Buonconvento鎮，行程共約9天8夜，126公里。

http 路線詳見：www.viefrancigene.org/ 可下載APP「Via Francigena」，提供互動式地圖及住宿資訊

證書(Testimonium)

由起點的教堂或住宿地點多可取得朝聖護照，沿途的教堂可蓋章，起點與終點的章最為特別。徒步里程數需達100公里、騎單車達200公里，才可申請朝聖證書。可至羅馬的領證處：

Opera Romana Pellegrinaggi辦公室
聖彼得廣場：📍 Piazza Pio XII, 9／📞 +39 06 6989 63840／🕐 09:00～17:00
St. Giovanni dei Fiorentini：📍 Piazza dell'Oro, 1

Piazza S. Uffizio
📍 Piazza S. Uffizio／📞 +39 06 69883731／🕐 08:30～12:30／🚫 週三、日

住宿

沿途可找青年旅館、民宿、農莊、旅館住宿，除朝聖組織能查詢相關資料外，推薦可下載APP「DorMi ToPo Francigena」可預訂沿路住宿。

國際聖方濟各組織
🌐 francigena-international.org

聖方濟各朝聖之路組織
🌐 www.viefrancigene.org

聖方濟各朝聖之路
Cammino di Francesco

義大利的聖方濟各朝聖之路，主要追隨聖方濟各的腳步，由佛羅倫斯出發，走上羅馬古道，前往梵蒂岡聖彼得大教堂。英文名稱為The Way of St. Fancis，義文名稱為Via Francigena di San Francesco，普稱為Cammino di Francesco。聖方濟各朝聖之路總長521公里，徒步約需花費29天，大致上以阿西西為中點，南、北段各約需15天的時間，腳程較快者，也可各縮短在10天內。

4個主要路段：Ⓐ 佛羅倫斯到維納聖堂(La Verna)、維納修道院到阿西西大教堂、Ⓑ 阿西西大教堂到里耶提(Rieti)、里耶提到梵蒂岡聖彼得大教堂及羅馬城的七大教堂巡禮(Giro delle Sette Chiese)。

抵達Holy City羅馬聖城後，依據聖徒菲利浦‧內裡(St Philippe Neri)的建議，走訪城內的7座教堂：
- 拉特蘭聖喬凡尼大教堂
  (Basilica di San Giovanni in Laterano)
- 梵蒂岡聖彼得大教堂
  (Basilica di San Pietro in Vaticano)
- 城外的聖保祿大教堂
  (Basilica di San Paolo fuori le mura)
- 聖母瑪莉亞大教堂
  (Basilica di Santa Maria Maggiore)
- 城外的聖老愣佐大教堂
  (Basilica di San Lorenzo fuori le mura)
- 耶路撒冷的聖十字大教堂
  (Basilicadi Santa Croce in Gerusalemme)
- 聖愛之母聖殿(2000年列入七大朝聖教堂)
  (Santuario della Madonna del Divino Amore)

推薦路線

推薦最後100公里，里耶提→梵蒂岡城這段可在一週內抵達朝聖終點梵蒂岡城。以宗教目的來講，最建議的路線是從Acquapendente的聖墓教堂(Basilica of Holy Sepulchre)出發走到梵蒂岡城。若有兩週時間，可考慮由阿西西走到梵蒂岡城的聖彼得大教堂。

貼心提醒 事先規畫休憩、住宿地點

因有些路段沒有休憩或住宿地點，尤其Ⓐ、Ⓑ 兩段路線，建議有經驗再來挑戰。義大利中部7～8月相當炎熱，有些路段全無遮蔽，4～6月及9月～10月氣候較舒適。

▲多數城鎮是像這樣的小山城

比薩
Pisa

重現聖墓教堂的
奇蹟建築群

西元10～13世紀時，比薩與威尼斯、熱那
亞、阿瑪菲並列為四大海權強國，被佛羅倫
斯吞併後，逐漸式微。現在的比薩雖只是個中型的
大學城，卻以斜塔聞名世界，斜塔旁的主教堂11
世紀時曾是全球規模最大的教堂。當時從中東開始
傳入數理，比薩城的幾何原理發展得相當純熟，並
將之運用於建築上，另還融入古羅馬的圓柱、拱門
等元素，形成比薩獨特的「比薩式」風格。

比薩官網 http www.turismo.pisa.it

交通資訊

由佛羅倫斯搭火車至比薩約1～1.5小時。若由佛羅倫斯出發，亦可先搭乘BUSITALIA巴士至比薩機場，再轉搭比薩市區巴士至斜塔；CTT Pisa巴士也提供佛羅倫斯往返比薩、Lucca及Volterra等周區城市的路線。或搭FlixBus到距離斜塔約1公里的Pietrasantina巴士站，再步行進城參觀。

從佛羅倫斯自駕車程約1.5小時，若要直接前往斜塔，可將車子停在比薩的Pietrasantina免費停車場，再步行約15分鐘到斜塔；亦可停在較靠近斜塔的收費停車場。

【市區交通】

由比薩中央火車站(Pisa Centrale)步行到斜塔約25分鐘，也可從火車站搭巴士到比薩斜塔，參觀完後再慢慢走回火車站，順路遊逛古城區。70分鐘有效車票為€1.5。

● BUSITALIA巴士
  http www.fsbusitalia.it

● CTT Pisa巴士
  http pisa.cttnord.it

● FlixBus巴士
  http global.flixbus.com

知識充電站　奇蹟廣場的奇蹟建築

已列入世界文化遺產的比薩奇蹟廣場(Campo dei Miracoli)，以其四座建築聞名於世，建築風格統一而和諧，堪稱奇蹟之作！

● 由白色大理石堆砌而成的羅馬式大教堂(建於1063年～13世紀)
● 圓形洗禮堂(建於1153年～14世紀)
● 鐘樓(即比薩斜塔，建於1173～1350年)、
● 聖地公墓(建於1278年～15世紀)

公墓中生死自省

聖地公墓
Camposanto

$ €5；兩個景點聯票€7(不含比薩斜塔)／⌛ 30分鐘

始建於1278年，由Giovanni di Simone負責設計，據說這裡還撒著第一次十字軍東征時，由耶穌受刑的山丘所帶回的土壤，因此這塊公墓被稱為「聖地」。公墓內展示許多在此出土的古羅馬石棺、拉丁文石碑及大理石器具，從這些大理石文物就可了解當時的藝術已達到相當純熟的境界。拱門迴廊圍繞著中間的露天草坪，呈現出靜穆的氛圍。14世紀時，迴廊牆壁繪製了一系列關於生死議題的壁畫，刺激觀者對生命的省思。其中最著名的《死亡之凱旋》(Triumph of Death)，已於2018年修復完成，透過生死、罪孽和地獄景象，讓自己對目前的所作所為反省，以得永恆生命的凱旋之境。據說當初為了達到最佳效果，

▲內部最著名的為近年修復完成的《死亡之凱旋》溼壁畫

還在畫旁放置鏡子，讓觀畫者看到自己反射到鏡中的表情，得以更清楚地了解自己的內心世界。

鐘樓(比薩斜塔)
Torre Pendente

http www.opapisa.it / 📍 Campo dei Miracoli / 📞 +39 050 560505 / 🕐 09:00～18:00，3～5月與10～11月09:00～19:00，5～6月與8～10月09:00～20:00，6月中～8月09:00～22:00 / 💲 奇蹟廣場全部景點聯票€27，大教堂＋斜塔€20，大教堂＋洗禮堂或公墓或博物館€7、加兩個景點€7 / 🚌 由火車站轉搭LAM Rossa紅線到Torre 1站或LAM Verde綠線、4、13號巴士到比薩斜塔 / ⁉️ 須預約參觀 / ⏳ 40分鐘

▲遊客最愛在此玩錯位照 　▲登鐘樓

當初建造鐘樓時，為了讓塔樓與大教堂看起來更諧和，特地設計得像比薩大教堂後殿的圓曲造型及洗禮堂的圓形建築，讓奇蹟廣場上的建築群，就好像現代版的耶路撒冷聖墓教堂。其典雅的列柱與階梯設計，可說是羅馬式建築的完美典範。每根圓柱頂部刻有獸頭像，最頂層的雕刻最為精細，宛如一頂精緻的皇冠。

由於這座塔樓建造的地基相當不穩，花了近兩個世紀的時間才建造完成(其實整座位於亞諾河三角洲的比薩城地基都不穩，城內許多建築都有傾斜的情況)。後來又因傾斜狀況日益嚴重，有倒塌的危險，1990年封閉鐘樓，開始進行修復工程，直到2001年6月17日比薩守護神紀念日才重新對外開放。

▲塔上風光

專家仔細地研究過斜塔後發現，斜塔每一塊石磚黏著得完美無瑕，也因為如此，即使斜塔傾斜如此之久，還曾歷經至少四次的大地震，仍奇蹟般地斜而不倒，保持完整的外觀。

展現比薩雄厚財力之作

比薩大教堂
Duomo

💲 2個景點聯票€7，斜塔聯票€20 / ⏳ 1小時

比薩大教堂與威尼斯的聖馬可大教堂都建於1064年，這是比薩最富強的時期，當時比薩野心勃勃地建造這些建築群來展示自己的國力，因此大量採用巨大的石柱和附近的卡拉拉潔白大理石、遠從薩丁尼亞島及艾爾巴島運來的大理石等

高貴石材建造教堂。建築師還為此特別發明了一種舉重器，建造工程才得以順利進行。教堂立面共有三座大拱門，上方分為四層，每一層都以優雅的拱門裝飾，最頂端矗立著聖母子雕像。

教堂內部呈拉丁十字形，共用了70根圓柱，圓柱高7.5公尺，但在尖拱頂的設計下，卻呈現出如清真寺中常看到的寬敞效果，並在細節設計中融入了摩爾、東方拜占庭風格。然而教堂曾遭受兩次大火肆虐，目前所看到的建築大部分是16世紀重修的成果。其中最顯目的是麥迪奇家族為了顯示在比薩的統領權，特別捐贈24公斤黃金打造

的天花板，並大剌剌地鑲上麥迪奇家族徽章。

中殿的講道堂是建築師Giovanni Pisano的精湛大理石雕刻作品，他突破以往的人物雕繪手法，雕刻出栩栩如生的人物神態。主祭壇後面則可看到27幅托斯卡尼畫家所繪的基督生平，比薩的守護聖人——聖拉涅尼(San Ranieri)也葬在這裡。教堂的青銅正門雕繪了24幅新約聖經故事。此外，教堂內部還保留著名的伽利略吊燈，據說這位天才物理學家就是在此做禮拜時，看到吊燈的搖擺而悟出了單擺定律。

▲正門上的聖母子雕像

▲教堂內部的細節設計融入了摩爾、東方拜占庭風格

義大利最大的洗禮堂

洗禮堂
Battistero di San Giovanni

$ 2個景點聯票€7(不含比薩斜塔)／⏳ 20分鐘

▲建築風格與大教堂相呼應，內部擁有絕佳的迴音效果

建築師Diotisalvi於1152年開始建造主教堂前的洗禮堂，百年後由皮薩諾父子(Pisano)接手後才於1363年順利完成這座義大利最大的洗禮堂(圓周長107.24公尺，高54.86公尺)。外牆底層以封閉的假拱門裝飾，上層則是環形拱廊與哥德式鏤空三角楣裝飾，圓頂與大教堂相呼應。

洗禮堂內部以天堂般的迴音與共鳴效果聞名，由於內部的牆壁表層均勻，空間又寬敞，能將每個音階回彈出相對高低的迴音。因此只要站在洗禮台旁歌唱，即可聽見天降聖音般的音效。每半小時會有人在此歌唱，讓參觀者了解何謂聖音繞梁，也可試著在洗禮池上拍手聽迴音。

內部的洗禮池共有三層，象徵聖父、聖子及聖靈三位一體，洗禮池上方原本還有個開口，雨水會落到洗禮池。洗禮堂內也有座大理石講道壇，這是Nicola Pisano的作品，以耶穌生平故事為主題。由於當時開始挖掘古羅馬文物，仿古風蔚為藝術風潮，許多人物雕刻均仿自古羅馬棺木。另外，這裡還特別設立了階梯，讓婦女能在樓上的席位聽道。

奇揚地
Chianti

最知名的
黑公雞酒鄉

揚 名全球的托斯卡尼奇揚地葡萄酒
(Chianti)及奇揚地經典(Chianti
Classico)，來自佛羅倫斯與西耶納之間
的丘陵地，這區的葡萄酒公會以黑公雞
作為商標，在SS222公路上，沿路立著
「奇揚地經典酒與橄欖油之路」(Strada
del Vino e dell'Olio Chianti Classico)
標示。

1.原為貴族夏宮改建的酒莊Meleto Castle／2.內部還留有18世紀的小劇場／3.可住宿也可品酒、品嘗當地特產

黑公雞路線
Strada del Vino e dell'Olio Chianti Classico

經典奇揚地酒及橄欖油之路

奇揚地地區較為著名的城市包括Greve in Chianti、Panzano、San Leolino、Castellina、Fonterutoli，最後抵達西耶納。建議從佛羅倫斯租車，沿路參觀幾座酒莊，再到Greve in Chianti緩慢城鎮的肉鋪店Macelleria Falorni，品嘗美味的義式臘腸、火腿、起司等，當然還有這區釀造的美酒。

晚上可以入住Meleto Castle城堡酒莊，這家城堡酒莊位於Chianti Classico葡萄酒產區的中心位置，不但可看到美麗的葡萄園丘陵風光，還可入住城堡，進酒窖品酒。周區還有多家高級酒莊，像是城堡酒莊Castello di Brolio。

Antica Macelleria Falorni肉鋪店
📍 Piazza Giacomo Matteotti, 71／🕐 週一～六09:00～19:00，週日11:00～19:30

Meleto Castle城堡酒莊
🌐 castellomeleto.it／📍 Localit Castello di Meleto, 53013 Gaiole In Chianti SI／📞 +39 0577 749129

關於奇揚地葡萄酒

奇揚地葡萄酒早在13世紀就已存在，18世紀開始發光發熱，這都要歸功於Bettino Ricasoli男爵研發了奇揚地獨特的釀酒配方，得以釀造出優雅的酒性，適合各種場合及菜肴(陳釀時間較久的Riserva則適合肉類主菜)。義大利酒分幾個不同等級：

- 最頂級為DOCG(Vino a Denominazione di Origine Controllata e Garantita)
- 次級為DOC(Vino a Denominazione di Origine Controllata)
- 第三級為IGT(Vino a Indicazione Geografica)
- 再來是餐酒Vino Da Tavola，「Chianti」及「Chianti Classico」均屬於DOCG葡萄酒

▲ Contessa di Radda 奇揚地酒算是義大利最知名的葡萄酒

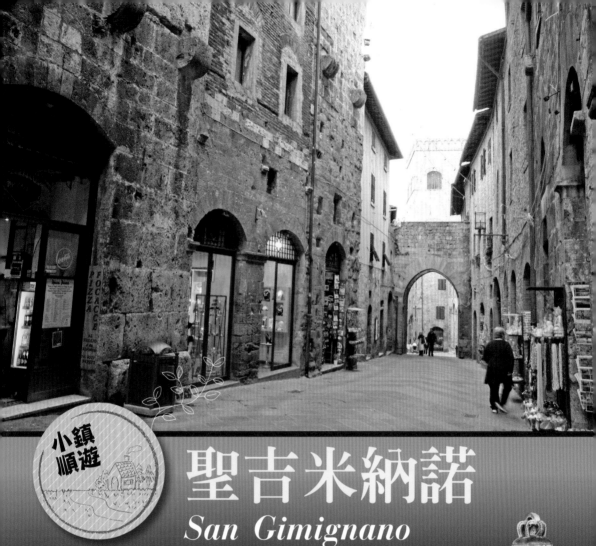

聖吉米納諾
San Gimignano

就是愛炫富的
百塔之城

遠就可看到高塔林立的聖吉米納諾，坐落於334公尺高的丘陵頂端，至今仍保留完整的古城牆，環護著城內的中世紀老房舍，整座古城已列入世界文化遺產。由於聖吉米納諾位於朝聖者必經之地，再加上Vernaccia di San Gimignano白葡萄酒及番紅花興起，12世紀起，小城開始蓬勃發展，城內各大家族為了顯耀財力，紛紛建造高塔，最盛期多達72座，高度最高達70公尺，直到官方規定塔樓不可高於領主宮的塔樓。然而，現在古城內僅存14座塔樓。

聖吉米納諾官網 http www.sangimignano.com ／ ⇨ 1.從佛羅倫斯搭火車到Poggibonsi火車站，再轉搭巴士進古城，約25分鐘車程；2.由佛羅倫斯搭巴士約1.5小時；3.由西耶納搭巴士車程約1～1.5小時

1.老建築林立的水井廣場／2.大塔(Torre Grossa)是當時的最高權力象徵，遊客可登塔觀景／3.領主宮旁高51公尺的Torre della Rognosa／4.這區有許多小酒莊釀造的高品質葡萄酒

由 Porta San Giovanni古城門進城，走上主街Via San Giovanni，再往前直走就是城內最美的廣場——水井廣場(Piazza di Cisterna)。廣場上擁有13世紀所建的古井，以往為居民的主要水源，周區仍有許多哥德及羅馬式老建築。

最受矚目的當然是曾獲選為全義大利最好吃的Gelateria Dondoli冰淇淋店，獨創口味包括番紅花松子口味(Crema di Santa Fina)、葡萄柚氣泡酒口味(Champelmo)、白葡萄酒冰沙(Vernaccia)，也很推薦採用義大利頂級巧克力Amedei做的巧克力口味及Ricotta起司口味。

再往前就是主教堂廣場(Piazza del Duomo)，周圍有7座鐘塔，有些鐘樓現已改為住宅，廣場

上的12世紀主教堂，立面為樸實的羅馬風格，內部卻相當華麗，讓人明顯感受人間與天堂之別。

主教堂旁為建於1239年的市政廳(Palazzo Comunale)，現轉為市立博物館，主要收藏12～15世紀托斯卡尼地區的藝術品。這裡的大塔(Torre Grossa)是當時的最高權力象徵，高54公尺，遊客可爬上塔欣賞周區風光。

主教堂對面的領主宮(Palazzo Podestà)，原擁有51公尺高的最高塔(Torre della Rognosa)，後來被新興權力的大塔取代。城牆堡壘內還有間葡萄酒博物館(Museo del Vino)，可在此品嘗這區特產的白酒。

Gelateria Dondoli 冰淇淋店
http gelateriadondoli.com／ Piazza della Cisterna 4／ 09:00～22:30

西耶納
Siena

▲ Monte dei Paschi di Siena 銀行總部原位於此

相傳羅馬是由狼養大的羅馬雙胞胎所建的，其中Remo的兩個兒子Senius及Aschius在父親被謀害後逃往西耶納，Siena的名字即取自Senius。西耶納因位於朝聖之路而日益繁盛，早在1167年就宣布獨立，1179年時便已擁有一部成文憲法。13～14世紀最為繁盛，然而1348年黑死病讓西耶納損失大半人口，從此元氣大傷，失去在托斯卡尼的龍頭地位。

西耶納的銀行業相當發達，擁有歐洲現存最古老的銀行，原總部位於城內的Palazzo Salimbeni。西耶納城中還留下許多珍貴的歷史遺產，如幾近完美的主教堂、獨特的貝形主廣場、以及西耶納畫派的藝術作品等。城內還有座1240年成立的大學，以醫學及法律著稱，為古城注入一股年輕氣息，而自中世紀傳承至今的賽馬節，更是牽動著整座古城的生活方式(請參見P.176賽馬節)。

西耶納官網 http www.terresiena.it

交通資訊

由佛羅倫斯搭火車至西耶納古城下方的火車站約1.5小時，再由對面的購物中心外搭巴士或電梯上山，70分鐘有效的市區巴士車票€1.5、車上購票€2.5。亦能由佛羅倫斯的Busitalia SITA Nord Autostazione巴士站搭乘Tiemme巴士到西耶納古城牆外的Piazza Gramsci站，車程約75分鐘；而從西耶納搭乘巴士至羅馬的Rome Tiburtina巴士站或羅馬機場，車程約3小時。

● Tiemme巴士(往返佛羅倫斯西耶納或阿雷佐鎮)
http www.tiemme.tpl.busweb.it/urbano

● FlixBus巴士(往返羅馬)
http pflixbus.com

西耶納人民的聚集中心

主廣場
Il Campo

➡ 距離城牆外的Piazza Gramsci巴士站約10分鐘路程／🚶20分鐘

西耶納古城共由三座丘陵組成，貝形狀的Il Campo主廣場，即是三座丘陵的交匯處，以市政廳(Palazzo Pubblico)為中心，周圍呈放射線的Via Banchi di Sopra、Via Banchi di Sotto、Via di Città為古城區的主街。

13～14世紀是西耶納的最盛期，廣場上宏偉的市政廳及鐘樓為此時期所建，結合了中世紀後期與文藝復興風格，藉以體現烏托邦社會主義

▲西耶納的行政中心

▲廣場上的歡樂噴泉 (Fonte Gaia)

的理想。貝形主廣場地上以白線劃分為9區，代表14世紀時的9人議會型態(Noveschi)。廣場上的歡樂噴泉(Fonte Gaia)是15世紀供給古城民生用水的水源，噴泉上柔細的雕刻為Jacopo della Quercia的複製品。

市政廳&市立博物館
Palazzo Pubblico & Museo Civicoe

http comune.siena.it／ Piazza il Campo 1／ 10:00～18:00，夏季 10:00～19:00，元旦12:00～18:00／休 聖誕節／$ €6；市政廳＋鐘樓聯票€15；市政廳＋史卡拉聖母博物館聯票€14；市政廳＋鐘樓＋史卡拉聖母博物館€20／ 距離西耶納主教堂約5分鐘路程／ 1小時

貝形廣場上的市政廳，始建於1297年，為西耶納共和國及九人議會的市政中心。建築配合貝形廣場呈弧形線，立面受哥德風格影響。高聳的大笨鐘(Torre del Mangia)，高102公尺，基底為大石塊，上半部則為紅磚砌成，頂端的設計宛如優美的皇冠，為14世紀時最高的建築，主要用以警示火災或敵襲。

中庭免費參觀，2樓是市立博物館，收藏許多西耶納藝術。當時的濕壁畫多為教堂宗教畫，西耶納市政廳卻打破傳統，請畫家在市政建築中繪製世俗畫，其中最受矚目的是Ambrogio Loren-

▶貝形廣場頂點高聳的市政廳建築，示警用的大笨鐘高102公尺

zetti在九人議會(Sala dei Nove)兩個廳室所畫的三面《好壞政府寓言》，提醒議事的政治家，他們的決策會帶給人民或好或壞的結果，如豐收或深受乾旱之苦。作為議事廳的地圖廳(Sala del Mappamondo)，內有西耶納著名畫家Simone Martini所繪的聖母與天使畫(Maestà)，此為14世紀義式藝術典範，國際哥德式藝術深受其影響。

知識充電站 ⚡ **貼近西耶納賽馬(Il Palio)文化** 　　西耶納賽馬節 http palio.comune.siena.it

若想真正了解西耶納的生活文化，一定要從瘋狂的賽馬節切入，幾乎整座城市的生活，都繞著賽馬而行。自中世紀起，西耶納主廣場便常舉辦各式比賽，包括騎水牛、驢子比賽等，賽馬則由1633年正式開始，每年舉辦2次，全城為之瘋狂。一次是7月2日，稱為「Palio di Provenzano」，奉獻給以治癒神力聞名的Provenzano聖母；另一次是8月16日，因在8月15日聖母升天節(Festa dell'Assunta)的隔日，因此稱為「Palio dell'Assunta」。

西耶納共分為17個小區，每年選出10隊進行競賽，正式比賽前先舉辦6次試馬會，最後一次是正式比賽當天早上。比賽當天所有隊伍先在廣場會師，接著遊行到主教堂再回到主廣場，準時下午7點(8月賽事7點半)鳴槍開跑，最先抵達的馬匹勝利(騎士被甩出去也算贏)，一賽定勝負！

▲賽馬前會先熱鬧舉辦遊行活動，各鄰區的居民也會在街上擺桌一起用餐歡樂過節

西耶納主教堂
Duomo di Siena

operaduomo.siena.it／ 冬季10:00～13:00、14:00～17:00；夏季09:00～19:30；週日及假日13:30～19:30／ $ 「Opa Si Pass」主教堂聯票：8月中～10月底€15，含天堂之門€20；其他時間€13，含手機導覽／ 距離主廣場約5分鐘路程／ 1.5小時

這座獻給升天聖母的哥德式主教堂始建於1196年，14世紀原本想將教堂擴建為義大利最大的教堂，但因黑死病來襲而中斷，現在還可見教堂側邊未完工的牆面。19、20世紀陸續有增添新裝飾。

教堂立面風格結合了法國哥德、羅馬與古典建築特色，堪稱義大利最美麗的教堂之一。正面下半部主要是1284～1296年負責主教堂建造工程的雕刻大師Giovanni Pisano的手筆，多為聖哲與先知、動物雕像，不過原作現存於教堂博物館。三座山牆的馬賽克鑲嵌畫則是19世紀於威尼斯製作的，中間的《聖母加冕》為Luigi Mussini之作。教堂主調採黑白交錯的大理石，是傳說中西耶納建城雙兄弟Senius和Aschius的代表色，後來成了西耶納軍徽，讓整座教堂顯得肅穆而莊嚴。

教堂內還有4～16世紀打造的56幅彩色大理石地板鑲嵌畫，主要為舊約聖經與寓言故事，據說只要能完全體悟這56幅畫的意境，就能獲得救贖。靠近主祭壇的幾幅，每年只公開展示6～10週(多在9月)，其中最古老的應為1373年完成的命運之輪與母狼哺乳雙子(各動物象徵不同城市：象—羅馬、獅—佛羅倫斯、馬—阿雷佐、豹—盧卡、兔—比薩)，另還有一系列象徵傳達上帝訊息的女祭司故事。

而白色的大理石講道壇主要是1265～1268年Nicola Pisano刻製的救贖與最後的審判，上半部7幅則是耶穌生平事蹟。主祭壇旁的4尊聖人雕像為米開朗基羅之作。

教堂裡的皮可洛米尼藏書室(Libreria Piccolomini)，由Pinturicchi靈動的手法詳繪出庇護二世(Enea Piccolomini)成為教宗的生平故事，滿室的溼壁畫簡直是驚為天人。這是1492年還在西耶納擔任大主教的Francesco Piccolomini(後來的庇護三世教宗)，為庇護二世所建的藏書室，收藏許多珍貴的書籍與聖歌樂譜。

教堂另一側為聖若望洗禮堂(S. Giovanni Battistero)，洗禮堂內最引人注目的是Jacopo della Quercia以大理石刻繪的聖若望生平，另外還有唐納太羅的聖若望雕像。

憑主教堂門票可進教堂博物館，欣賞原教堂內的珍貴文物，還可登頂俯瞰古城。推薦後來才開放參觀的「天堂之門」(Gate of Heaven)，登上主教堂頂部，從上面俯瞰內部的地板畫，向外還能看丘陵風光。

▲全義最美的哥德教堂之一

▲卡拉拉白色大理石與 Prato 墨黑大理石交錯的教堂內部，石柱上均有天使雕飾

▲皮可洛米尼藏書室

小鎮順遊

蒙特普齊亞諾
Montepulciano

暮光之城的古老山城

蒙特普齊亞諾距離西耶納約70公里，位於605公尺的石灰岩山脊上，一向以貴族酒(Vino Nobile)、羊乳酪、蜂蜜聞名。據傳這是伊特魯斯坎的國王Lars Porsena of Chiusi所建的城市，14～16世紀中，蒙特普齊亞諾成為佛羅倫斯的聯邦城，留下不少氣勢恢宏的建築。

然而，自從佛羅倫斯於1559年打敗西耶納後，蒙特普齊亞諾便逐漸失去重要性，不再有太大的發展，也拜此所賜，至今仍保留16世紀的樣貌，蜿蜒的街巷，林立著文藝復興風格的建築與古老的教堂、酒窖，讓原本計畫在沃爾泰拉城(Volterra)拍攝的《暮光之城》劇組，決定改在這迷人的山城拍攝新月這部續集。

古城內不但美食餐廳多，景點也不少，並方便前往附近的城鎮，是相當棒的托斯卡尼住宿據點。

蒙特普齊亞諾官網 http www.stradavinonobile.it

交通資訊

搭火車到Chiusi-chianciano Terme火車站，再轉搭巴士，車程均約1小時。由西耶納搭Tiemme S.p.A.巴士到Porta - al Prato古城門外，車程約1.5小時；由Chiusi搭巴士約50分鐘。此地路況及車況均上佳，自駕方式最為便利，建議可在佛羅倫斯或羅馬機場租車來趟自駕遊。

【市區交通】

古城區以步行即可參觀各景點。若要到附近的皮恩札(Pienza)，搭乘巴士約15分鐘，到S.Quirico約30分鐘，由S.Quirico到Bagno Vignoni溫泉鎮約10分鐘。

● Tiemme S.p.A.巴士
（往返西耶納）
http www.tiemmespa.it

▲古城內及周區有許多住宿選擇，可找家農莊享受托斯卡尼生活

餐廳推薦

Caffé Poliziano
咖啡館

http caffepoliziano.it / ◉ Via di Voltaia Nel Corso, 27/29 / 🕐 07:30 ～22:00 / ➡ 由Porta al Prato步行約7分鐘

1868年開幕的Caffé Poliziano是家充滿新藝文氣息的咖啡館、餐廳，常舉辦藝文活動，為小城裡的文化沙龍，不但可在這裡喝咖啡(推薦Grappa酒和奶油調製的Gran Caffé Poliziano咖啡)，還可以享用早餐、每天現做的甜點、或當地的經典料理。尤其推薦坐在後面的露台用餐，美麗的風光就在眼下。

Osteria Acquacheta
餐廳

http acquacheta.eu / ◉ Via del Teatro, 22 / 📞 +39 0578 717086 / 🕐 週四～一12:30～15:00、19:30～22:30 / 休 週二、三 / ➡ 由大廣場步行約3分鐘

若想吃這區特產的牛排，Osteria Acquacheta應該是首推的一家，最原始、豪邁的吃法，就在這裡了，記得先預約！

L'altro Cantuccio
餐廳

http www.laltrocantuccio.it / ◉ Via delle Cantine, 1 / 📞 +39 0578 758 364 / 🕐 週五～三12:00～14:00、19:00～21:30 / 休 週四 / ➡ 由Porta al Prato步行約2分鐘

餐廳就位在蒙特普齊亞諾古山城內，車子可停在古城門外的停車場，進古城門直走就可以來到這家餐廳。內部是非常傳統的山城餐館氛圍，有種鑽進老酒窖用餐的感覺。特別推薦添加了貴族

酒桿揉製的義大利麵料理、當地特產的Pici肉醬麵、豬頰肉。

▲貴族酒揉製的義大利麵

Osteria La Porta
餐廳

http osterialaporta.it / ◉ Via del Piano 1 / 📞 +39 0578 755163 / 🕐 09:00～15:30，19:30～21:30 / ➡ 由蒙特普齊亞諾搭53A號巴士約30分鐘車程，開車約20分鐘

餐館位於另一座山城Monticchiello的古城門邊，故取名為「城門餐廳」。餐館料理道道美味，諸如石蕈菇、松露料理，羊排的火候也掌握得很好，就連魚麵都相當鮮美，料理的配菜均具畫龍點睛之效。餐廳還擁有百萬美景的大露台，自駕者別錯過，還可順便參觀這可愛的小村莊。

蒙特普齊亞諾古城區
Montepulciano

古城區／🌐 www.montepulcianoliving.it／➡️古城較多上坡路，不方便步行者，也可搭往返Porta al Prato與大廣場的Pollicini橘色小巴士，車費為€1，步行約12分鐘／⏳2小時

教堂酒窖／🌐 www.cantinadericci.it／📍 Via Ricci, 11／⁉️ 建議先至官網預約酒窖參觀行程，能深入了解與品嘗這區的特產酒

由Porta al Prato進入古城，走上商店林立的Via di Gracciano nel Corso主街，散步時可留心路上的牆面雕刻，這些浮雕就像山城史記。沿路行經**Sant'Agostino教堂**，這是由深受麥迪奇家族重用的文藝復興建築師Michelozzo所設計，內有唐納太羅的耶穌受難雕刻作品。再往前來到**Agnolo Poliziano之家**，他是文藝復興時期人文主義學者和詩人，曾擔任麥迪奇家族家庭教師。

穿過小而蜿蜒的老街巷後，來到開闊的大廣場(Piazza Grande)。廣場上17世紀末建造的**主教堂**(Cattedrale di Santa Maria Assunta)，內有大量西耶納畫派作品及Taddeo di Bartolo完成的

巨幅《聖母升天圖》(Assumption of the Virgin with Saints)。廣場上另一座醒目的建築為Michelozzo所建造的**市政廳**(Palazzo del Comune)，天氣好的話，可上市政廳鐘樓遠眺周區優美的田園風光。

城內還有個相當有趣的景點，也就是讓人宛如跌入時光之輪的14世紀老酒窖—**教堂酒窖**(De' Ricci Cantine Storiche in Montepulciano)。入口共有兩處，若由較靠近大廣場的Via Ricci進去，可沿著老石階梯往深裡走，探索伊特魯斯坎人先前開鑿的地下聖殿，以及後來改為酒窖所陳放的古老釀酒桶，有種闖進另一個紀元的感覺。

接著再步行到10分鐘路程外的**San Biagio聖堂**，此為16世紀所建的文藝復興風格建築，內部呈希臘十字設計，迴音效果非常好，往San Biagio聖堂途中也可停**聖方濟各教堂廣場**(Piazza di S. Francesco)觀景。

▲ 14 世紀的老酒窖

▲ San Biagio 聖堂

▲大廣場為古城中心

知識充電站 ⚡ **關於貴族葡萄酒**

蒙特普齊亞諾貴族酒(Vino Nobile di Montepulciano)也受到DOCG頂級葡萄酒的認證，必須使用70%的Sangiovese葡萄、10～20%的Canaiolo Nero葡萄及少量其他種的葡萄(如Mammolo)。釀造時間約2年，其中至少要在橡木桶中陳釀1年，時間比Brunello短，喝起來較順口。想買酒、品酒，可到Enoteca La Dolce Vita這家酒窖般的小酒館。

Enoteca La Dolce Vita酒店
🌐 www.enotecaladolcevita.it／📍 Via di Voltaia nel Corso 80／🕙 10:00～22:00

理想城鎮規畫的典範

皮恩札
Pienza

http 教皇宮殿：www.palazzopiccolominipienza.it／➡ 最近的火車站為Chiusi站，可轉搭巴士過來／🚆 2.5小時／**Trattoria da Fiorella餐廳**／http trattoriadafiorella. it／📍 Via Condotti, 11／🕐 週四～二12:00～14:00、19:00～21:00／休 週三

15世紀時，來自皮恩札這個迷你鎮的皮可洛米尼(Piccolomini)，也就是教皇庇護二世(Pius II)，由西耶納回到故鄉後，決定以人文主義為根基規畫城市，將小鎮改為文藝復興風格的理想城，並從佛羅倫斯聘請建築師Bernardo Gambarelli da Settignano(因有一頭紅髮，而得了Rossellino的稱號)來建造主教堂(Duomo di Pienza)、教皇宮殿(Palazzo Piccolomini)與市政廳，貫穿古城的主街還以建築師的稱號命名—Corso il Rossellino。為了感謝教皇的建設，古城也由Corsignano改名為Pienza，即庇護之城(City of Pius)。1996年古城列入世界文化遺產，並被喻為「文藝復興都市生活的試金石」，皮恩札的城市規畫概念後來成為義大利許多城鎮的藍圖，並漸擴及歐洲其他國家。

建築師巧妙地利用視覺效果，讓梯形狀的主教堂廣場看起來像個寬敞的長方形廣場。廣場上的主教堂，內部以高聳的石柱及明亮的採光，呈現出聖殿氣息。然而，走到後殿就會發現這裡已因地質下陷而明顯下塌，這也是目前鎮民最憂心的問題。

主教堂旁的教皇宮更是理想建築之作，冬暖夏涼、採光十足，所有細節兼顧美學和實用性，並影響其他文藝復興建築甚深，因此Piccolomini家族1962年之前，一直居住在此，內部仍保留家族生活樣貌。除了舒適的生活空間外，樓上令人屏息的田野風光，應該才是讓人難以離開這座大宅的主因吧！現在夏季時，中庭常舉辦音樂會。

沿著主教堂後面的小徑散步，可以望見優美的奧爾恰谷風光，沿路的小街巷還浪漫地以吻(Bacio)、愛(Amore)命名。旺季時這裡遊客如織，秋末來訪較能悠閒逛古城。城裡的餐廳則推薦Trattoria da Fiorella，利用當地的食材及傳統的料理方式，提供最道地的家鄉菜，像是這區的名產羊起司(Pecorino)與Pici義大利麵做的胡椒起司麵(pici con cacio e pepe)。每年9月皮恩札還會舉辦Fiera del Calcio節，展開各種傳統活動及美食大會，最受矚目的是滾羊起司大賽。

▲皮恩札的城市設計，後來成為許多規畫歐洲城鎮的藍圖

▲街巷裡仍有些工藝家的小工坊

義起旅行

托斯卡尼
溫泉之旅

托斯卡尼這塊福地從北部的Lunigiana到南部的奧爾恰谷,均遍布著溫泉,除了規畫良好的溫泉中心外,穿過田野尋找野溪溫泉祕境,更是有趣的探險。再加上托斯卡尼區域並沒有什麼汙染,溫泉溪均相當乾淨,隨跳、隨泡,真是舒爽!對於時間有限的遊客,首推地形獨特的Saturnia;以美景、地點便利性及設施而論,推薦優美的Bagno Vignoni溫泉鎮;喜歡野溪溫泉者,則可考慮Bagno Vignoni附近的Bagni San Filippo。距離Chiusi火車站約40分鐘的地方,還有設備完善的溫泉中心Terme Sensoriali及大溫泉池Piscine Termali Theia。

在地獄之口泡溫泉
梯形溫泉區
Saturnia, Cascate del Mulino

http 巴士時刻查詢:www.tiemmespa.it / ➡ 最近的火車站是Albinia站,但附近另一個Orbetello站較多班車停靠,再由此轉搭巴士到Manciano,由此可轉搭巴士到Cascate del Mulino溫泉區;自駕較方便,Cascate del Mulino野溪溫泉區設有兩處免費停車場

Saturnia城外宛如白色梯田的Cascate del Mulino溫泉區,應該是全義大利最特別的溫泉之一,泉水源自Amiata山,富含礦物質,略

帶點硫磺味,屬鹼性泉水。不過溫度僅約37.5℃,於春末、初夏及初秋來體驗較為適合。

相傳這裡是土星與木星雷電大戰留下的切口,正巧是通往地獄之口,才會冒出蒸氣和臭水。現在這裡為免費的公共溫泉區,沒有清洗的地方,建議出發前先換好泳衣、並攜帶浴巾,也可自備地墊放個人用品(不要攜帶貴重物品)。溫泉水的地面並不好走,有些石塊較滑,行走時務必小心,若有防滑的溯溪鞋更好,現場沒有任何救生員。建議自己攜帶食物與水,這裡並無任何餐廳,僅入口處設有一台披薩自動販賣機。此外,這是相當熱門的溫泉區,16:30過後人較少。

若想到設施較好的地方泡溫泉,可至距離野溪溫泉約1.5公里外的Terme di Saturnia - Thermal Park大型付費溫泉中心。住宿則推薦住Saturnia鎮,此為距離免費溫泉區最近的城鎮,約3公里,鎮上的Saturnia Tellus公寓價格合理、設施又現代,並設有免費停車場。

Terme di Saturnia - Thermal Park溫泉中心
http termedisaturnia.it / 🕐 09:30～19:00

Tellus Saturnia公寓
http saturniatellushotel.com / 📍 Via Giuseppe Mazzini, 4 / 📞 +39 338 412 9138

▲ 37.5℃的溫泉飛瀑

▲踩著崎嶇的石塊,找個自己滿意的水窟躺下吧

▲ Terme di Saturnia 溫泉中心,占地廣大

托斯卡尼美景環繞的古溫泉鎮

古羅馬溫泉鎮
Bagno Vignoni

➡️ 由西耶納搭巴士到San Quirico D'Orcia鎮，再轉搭巴士過來，約1.5小時；自駕較方便，從西耶納開車過來約1小時、距離佛羅倫斯約2小時、羅馬約2.5小時

Bagno Vignoni不僅以溫泉著稱，其迷人的小鎮風光及周區優美的丘陵景觀，具有他處難尋的條件。鎮中心仍保留古羅馬浴池，這也是溫泉出水的源頭。目前雖不開放，但自9世紀起，Bagno Vignoni就是著名的溫泉療養鎮，陸續建設了完整的引水道與水磨坊，現仍有小水道將溫泉水引至鎮內小公園Parco dei Mulini順流而下，因此這下面還有一小區免費野溪溫泉(可定位：Terme Libere，由公園順著小路往下走約5分鐘)。

由於這裡的溫泉出水溫度高達52°C，為托斯卡尼最熱的泉水，對於皮膚及關節問題特別具療效。小小的鎮內共有兩家較具規模的溫泉旅館，其中最推薦安靜又優雅的Hotel Posta Marcucci，園區及戶外溫泉池相當大，可躺在躺椅上欣賞眼前絕美的山景，室內還設有按摩池及桑拿室。除了主館的住房外，鎮中心古羅馬溫泉池旁還有公寓式住宿，廚房設備無比完善，建議直接寫信或電話詢問旅館是否提供含晚餐的方案。非房客也可付費使用溫泉池，要請注意的是戶外溫泉池是療養池，非泳池，大部分的客人以放鬆療養為目的，務必安靜泡溫泉，不要戲水及游泳。

Hotel Posta Marcucci溫泉旅館
🔗 postamarcucci.it / 📍 Via Ara Urcea, 43

▲由鎮內公園往下走也有一處小小的野溪溫泉

▲ Hotel Posta Marcucci 溫泉旅館，環境優美、設施齊備

▲迷人的小溫泉鎮

飛瀑般的石灰岩野溪溫泉

白瀑野溪溫泉
Fosso Bianco - Bagni San Filippo

➡️ 由西耶納搭巴士到San Quirico D'Orcia，再轉搭巴士過來，約2小時車程；自駕較方便，距離西耶納約70分鐘車程、佛羅倫斯約2小時

距離Bagno Vignoni約25公里處，有個隱藏在樹林裡的野溪溫泉區，就位於Bagni San Filippo這個小鎮外。自駕者，車子須停在上面的路邊，再往溪邊走。

Fosso Bianco這區長期經溫泉水沖刷，形成美麗的飛瀑型石灰岩，再加上冷溪水與熱溫泉水在此交融，水呈透藍色，流淌於白色石灰岩與綠林間，真是迷人！秋冬時，可走到較裡面的白鯨岩(Balena Bianca)，白色岩石宛如白鯨而得其名。這區的出水溫度達48°C。這區是沒人管理的野溪溫泉，無清洗設施，同樣建議先穿好泳衣、攜帶大浴巾。若需用餐，可至Bagni San Filippo鎮上的幾家餐廳及酒吧簡單用餐。

▲隱藏在林子裡的野溪溫泉

▲溫泉水與溪水在此交融，持續流動的水相當乾淨

Orvieto
奧維多

奧維多位於325公尺高的石灰岩上,自西元前7世紀就是伊特魯斯坎人的大聚落,至今已有2千多年歷史。由於這裡的土質是較鬆軟的石灰岩層(tufa),適合打造他們最擅長的地底世界。羅馬帝國興起後,因其地勢及所在位置,而成為重要的防禦城市,羅馬人於是在這上面建造新的城市。

奧 維多城分為山下的新城及山上的古城，可搭乘火車或開車到山下的新城，再搭纜車上山至古城，景點主要位於古城區。大部分前往天空之城的遊客，會由奧維多搭巴士過去，非常推薦也留點時間拜訪奧維多古城，欣賞優美的哥德風主教堂，也能在迷人的老街巷找家餐廳品嘗這裡特產的溫布里亞松露麵(Umbrichelli)、喝杯著名的Orvieto Classico白酒。

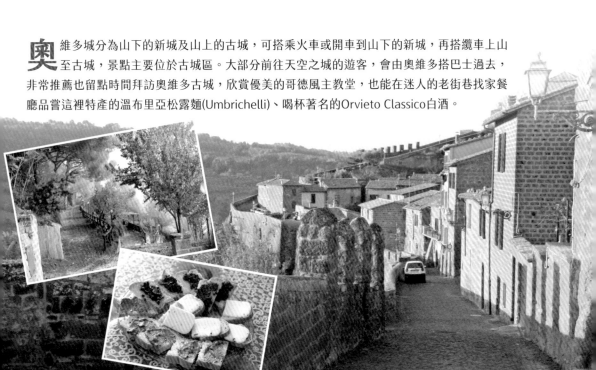

交通資訊

【搭火車】

由羅馬搭火車到奧維多車站的車程約60～90分鐘；到佛羅倫斯約2～2.5小時；往返佩魯吉亞則需在科爾托納站(Terontola-Cortona)換車，約1.5～3小時。

▲奧維多火車站

【搭巴士】

由羅馬的Roma Tiburtina巴士站搭Flixbus長途巴士前往奧維多，車程時間約1.5小時；由佛羅倫斯搭Flixbus巴士約3小時。

● Flixbus長途巴士
http flixbus.com

【市區交通】

奧維多火車站對面就可看到Funicolare di Orvieto - Scalo纜車站，搭纜車上山僅需5分鐘即可抵達古城區。憑纜車票可轉搭市區巴士，或步行約10分鐘進古城。

市區巴士分A、B兩線，A線直接由纜車站到主教堂廣場；B線繞行到古城區另一頭的人民廣場。奧維多古城並不大，所以車程都相當短。

● Funicolare di Orvieto Scalo纜車
http www.orvietoviva.com／◷ 07:15～20:30，假日08:00～20:30

▲義大利山城大部分設有這種類似電梯功用的纜車，方便上下城

餐廳推薦

Osteria da Mamma Angela

義式餐廳

📍 Piazza del Popolo, 2 / 🕐 12:15
～14:30、19:15～22:00 / 休 週四

安琪拉媽媽使用當地食材為大家準備的奧維多當地料理，尤其推薦Umbrichelli pistacchio e speck這道開心果義式培根義大利麵，以及使用當地松露製作的各式餐點，甜點也做得很棒。

Caffè Montanucci

咖啡館

📍 Corso Cavour, 23 / 🕐 07:00～00:00，週五、六07:00～02:00

位於奧維多主街的Montanucci咖啡館，除了可來此享用咖啡、早餐外，也是中午簡單用餐、下午享用茶點的好地方。

▲白酒之鄉奧維多，古城周區多為葡萄園

Ristorante Maurizio

義式餐廳

http www.ristorantemaurizio.it / 📍 Via Duomo 78 / 📞 +39 0763 343 212 / 🕐 10：00～18：00 / ➡ 由奧維多主教堂步行約1分鐘

餐廳就位於主教堂旁，在俐落的現代設計環境中，提供道地的奧維多料理，尤其推薦奧維多松露麵，搭配餐廳精選的奧維多葡萄酒。

▲主教堂旁的 Maurizio 提供優質的經典料理

▲到這區可好好享用 Orvieto 著名的白酒

住宿推薦

La Magnolia

民宿

📍 Via Duomo 29 / 📞 +39 0763 34 2808 / ➡ 由奧維多主教堂步行約2分鐘

位於主教堂附近的Via Duomo主街上，房間布置簡單地呈現出小城風情，提供雙人房、三人房及公寓式住宿，價錢也算合理。

▲地點便利的公寓式住宿

Hotel Valentino

三星級旅館

http www.valentinohotel.com / 📍 Via Angelo da Orvieto, 30 / 📞 +39 0763 342464 / ➡ 由奧維多主教堂步行約5分鐘

位於古城區邊緣，距離古城的停車場不遠，走出旅館小巷直走就是主街。房間布置較為傳統，但整理得很乾淨，設備也齊全。

▲位在古城邊緣的三星級旅館

奧維多主教堂
Duomo di Orvieto

http www.opsm.it ／ ⏰ 週一～六09:30～17:00、週日13:00～16:30，夏季延後1小時／ $ 主教堂、寶藏室、聖布里吉歐禮拜堂、Palazzi Papali及Emilio Greco博物館€5／ ➡ 由古城纜車站步行約5分鐘／ ⏳ 40分鐘

　　據說1263年時，有位牧師經過奧維多附近的Bolsena小鎮，在教堂舉行望彌撒儀式時，竟然看到聖血滲入亞麻布。聖血奇蹟發生後，決定將這塊奇蹟麻布移至奧維多城存放，並於1290年，在尼閣四世教宗的主持下，開始動工建造這座獻給聖母的教堂。

　　當時共花了30年的時間規畫教堂、三百多年的時間建造。最近的研究指出，最初的設計應是來自佩魯吉亞的Fra Bevignate修士，教堂外牆為中部地區常見的綠、白條紋，整體風格則為哥德風。共動用了33位建築師、90位馬賽克鑲嵌藝術家、152位雕刻家、68位畫家，一直到1970年青銅門安置完成後，才算真正完工。

　　教堂立面是14世紀時，西耶納建築師洛倫佐‧邁塔尼(Lorenzo Maitani)接手後才完成的，以4座尖塔及三角形馬賽克鑲嵌畫繪出新、舊經故事，讓立面呈現出彩虹般的繽紛色彩。建築上半部主要為十二使徒雕像及1359年Andrea Orcagna的玫瑰花窗，正門上面則為安德烈‧皮薩諾(Andrea Pisano)於1347年雕刻的《聖母與聖嬰》(Madonna and Child)。教堂立面在幾何、線性、及細部雕飾方面，處理得相當和諧，足以讓人在教堂前駐足良久。尤其是當你從教堂前的小巷走來，隨著兩旁的老建築從身旁慢慢退去，立面逐漸變得清晰、壯麗。

　　教堂內部更是精采，以聖布里吉歐禮拜堂(Cappella di San Brizio)最為聞名，禮拜堂內的溼壁畫為盧卡‧西諾萊利(Luca Signorelli)的《最後的審判》(Last Judgementt)，在色彩或人物的表現上都處理得相當好，據說米開朗基羅於西斯汀禮拜堂的所繪的《最後的審判》，靈感就是來自這裡。對面的科爾波拉列禮拜堂(Cappella del Corporale)，收藏著當時聖血奇蹟的亞麻布，烏戈里諾(Ugolino)藉由牆上的溼壁畫記錄下聖血奇蹟。

　　主教堂右後方的Il Gelato di Pasqualetti Terni冰淇淋店，每天以新鮮食材製作，是城內著名的手工冰淇淋店！

▼共花了三百多年的時間才完工的奧維多主教堂

摩羅塔&Corso Cavour主街
Torre del Moro & Corso Cavour

http coopcarli.it／ Corso Cavour, 87／ 10:00～19:00，5～8月延後1小時，冬季10:30～16:30／ €2.8／ 由奧維多主教堂步行約3分鐘／ 30分鐘

　　德塞特宮(Palazzo dei Sette)旁的摩羅塔，正位於古城四個老區的中心點。塔樓上的大鐘鑄造於1313年，原本放在主教宮的鐘樓上(Palazzo del Capitano del Popolo)，1876年才移放到此。遊客可爬上47公尺高的摩羅塔，欣賞溫布里亞周區開闊的風光。

　　而鐘塔前的橫向街道就是奧維多最熱鬧的Corso Cavour，不過可別只逛大街，這附近的小街道裡有許多精采的手工藝品店，將小巷道妝點得相當迷人。由Corso Cavour再往前走，可來到共和廣場(Piazza della Repubblica)，這裡有座12世紀的聖安德列老教堂(Chiesa di Sant' Andrea)。

▲塔樓上的大鐘原本位於主教宮鐘樓，1876 年才移放到此

▲鐘樓上的美麗的風光

卡瓦井
Pozzo della Cava

http www.pozzodellacava.it／ Via della Cava 28／ +39 0763 342 373／ 週二～日010:00～20:00／休 週一／ €4，餐酒館與庭院可免費參觀／ 由奧維多主教堂步行約10分鐘／ 1.5小時

　　整座奧維多古城的地底下，可說還存在著另一個世界，幾乎家家戶戶都有個存放食物的私人地窖。卡瓦井就是住在地窖上的人家於1984年時意外發現的，當時以為只有24公尺深，逐年清理後，才發現36公尺深的地底下，還有170公分高、20公尺長的通道，內有伊特魯斯坎人的墓室、雨水過濾機制、蓄水槽、製陶工坊。後來根據陶瓷色彩及製陶技術判斷，13～16世紀的先人都曾使用過這個地底空間。

▲卡瓦井內意外發現伊特魯斯坎人精采的生活空間

探索十幾樓層深的地底世界

聖派翠克井
Pozzo di S. Patrizio

🌐 orvietoviva.com/pozzo-di-san-patrizio/ ╱ 📍 Piazza Cahen, 5B ╱ 🕐 夏季09:00～19:45、冬季10:00～16:45 ╱ 💲 €5 ╱ ➡️ 距離古城纜車站約1分鐘 ╱ ⧗ 1.5小時

　　古城的纜車站外有座古堡壘改建的公園，這裡不但可眺望周區景致，還可鑽進深約53公尺的聖派翠克井，沿著248階迴旋梯走到井底。據記載當時從羅馬到此避難的克勉七世教宗(Pope Clement VII)，為提防神聖羅馬帝國查理五世圍城導致水源不足，下令建造此井，前後共花費了10年才完成(1527～1537年)。

▲一路上共有72個小開窗

▲小開窗外的景觀

　　當時的建築師安東尼‧桑加洛(Antonio da Sangallo)特別將此井打造為兩個單向坡道，以便驢子跟人上下時可分開行走，沿路還開鑿了72個小開窗，以利於通風和採光。

貼心
提醒 **地底世界導覽行程**

　　由導遊帶領遊客參觀地底世界，隨著昏黃的燈光，踏上狹小的階梯，走進伊特魯斯坎老祖先的地底世界，遊走於1,200多座錯綜複雜的地道、酒窖、廊道間，探索古老的居所、水井、陶瓷工作坊、酒窖，並可看到以往驢子拉的石磨。牆上一個個的小洞，則是放養野生鴿子的地方，因當時的鴿肉是比雞肉還要便宜的肉品，目前在奧維多的餐廳仍可嘗到鴿肉料理。許多貴族宅邸還會利用地底世界挖鑿逃難的通道，從自家宅邸直通古城某個安全出口。這地底世界還真是萬用無窮。

🕐 導覽時間：11:00、12:15、16:00、17:15 ╱ 休 聖誕節 ╱ 💲 €8 ╱ ⁉️ 導覽可至遊客中心(Piazza Duomo 23)報名或上網預約www.orvietounderground.it，全程約45分鐘

▲以往飼養鴿子的小洞

絕美
拍攝

與世隔絕的天空之城（由
新城區邊緣可拍到美麗
的天空之城全景）

**小鎮
順遊**

天空之城
Civita di Bagnoregio

**雲端上的
遺世孤城**

距離羅馬約120公里的天空之城(Civita di Bagnoregio)，為2500年前伊特魯斯坎人所建的村莊，因孤立於火山凝灰岩上，就像座與世隔絕的傳奇聚落，因此有著「天空之城」的稱號。

　　這裡是15世紀被封為聖人的聖文德(Bonaventure)的故鄉，但自16世紀起，天空之城長年受板塊運動與風雨侵蝕，立基的土石不斷崩落，面臨消失的危機，已被列入「100座瀕臨消失的遺跡」。17世紀歷經一次大地震後，大部分居民移至新城區巴尼奧雷焦(Bagnoregio)，目前僅剩16位居民留在這裡。小小的村落逛一圈約15分鐘，在古樸優雅的老石頭街巷裡，可找幾間香氣不斷飄出的小餐館，也可入住村內的民宿，或許有幸能拍到雲霧繚繞的山城美景。

▲孤立於火山凝灰岩上的古城

天空之城／**$** €12／**⏳** 2小時

交通資訊

可搭火車到奧維多轉車(羅馬至此約1.5小時)，再由奧維多火車站前的廣場轉COTRAL巴士到22公里外的巴尼奧雷焦鎮(Bagnoregio，天空之城旁的新城鎮)，車程約40分鐘，車票可在奧維多火車站內的雜貨店購買(€7)，或上車後向司機購票，但票價會較貴一些。

回程在下車處候車即可，但務必先查詢回程車班，因回奧維多的最後一班車是17:25，且週日及國定假日並沒有巴士行駛。

抵達Bagnoregio站後，依循「天空之城」(Civita di Bagnoregio)的指標往下坡步道走，再爬上天空之城的唯一一條聯外道路進城，路程約15～20分鐘，稍微有點喘的程度，但還不至於太辛苦。不方便步行者，也可由售票處搭小巴進城。

▲可由新城區往下走到購票處，購票後再爬上古城；而自駕者可利用購票處旁設置的停車場

COTRAL 巴士車班時刻：

路線	時間	公休	網址
奧維多⟷Bagnoregio	06:30、08:00、09:40(週六09:25)、12:10(週六無此班次)、12:55、13:10、14:05、15:55、17:50、18:30	週日及國定假日並沒有車班	servizi.cotralspa.it/Orari
Bagnoregio⟷奧維多	05:30、06:50、09:55、11:10(週六無此班次)、13:00、14:25、17:25		

※以上時刻僅供參考，出發前務必上官網再次確認時刻

餐廳推薦

天空之城內有少數幾家餐廳，其中推薦Alma Civita小餐館，無論是義大利麵或牛排、甚至呈盤都非常有水準。另也可到新城區用餐，主街上可找到簡單的烤肉三明治，另也推薦到Janky Bistrot餐館享用當傳統料理。

Alma Civita 餐廳

http www.almacivita.it／⊙ Via della Provvidenza／☎ 0761-792415／🕐 4～10月中餐每天提供，週末也提供晚餐，週二公休；11～3月週五～日提供中餐

Janky Bistrot 餐廳

http www.jankybistrot.eu／⊙ Via Fidanza, 6, 01022 Bagnoregio／☎ 0761-792415／🕐 07:00～18:00，週四09:00～17:00，週五～六07:00～23:00／➡ 由Cotral巴士站步行約5分鐘

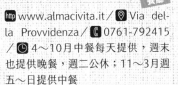

▲古城雖不大，但老建築相當迷人，也有幾家香噴噴的餐廳

Perugia
佩魯吉亞

佩魯吉亞，人稱「外國人的大學城」，城內自1926年即
創立了一所專門教導外國人義大利語言和文化的大學，吸
引無數外國學生前來進修。也因如此，許多新思潮得以打
進這座老山城，殊不知這老山城裡竟然還有座讓人以為是
未來世界的迷你電車！現在那個小而潮的鐵盒子，會沿著
打上藍光的鐵軌，在10分鐘內讓你上山又下城。

此外，每年7月初的夏季爵士季(Umbria Jazz Festival)
更是嗨翻全城，而這裡也是義大利巧克力大本營，每年10
月盛大舉辦巧克力節，12月則是充滿歡樂的耶誕氣息。

交通資訊

【搭飛機】

佩魯賈聖弗朗切斯科·阿西西機場(Airport SAN FRANCESCO D'ASSISI，PEG)為溫布里亞地區的主要機場，提供銜接歐洲各主要城市及義大利米蘭、西西里島(Catania)及馬爾他(Malta)的班機。

往返機場可搭市區巴士E007(€2.5，車上購買€3.5)或搭乘機場巴士ACAP-SULGA(€8)，約20分鐘車程。

● 佩魯賈聖弗朗切斯科·阿西西機場
http www.airport.umbria.it

【搭火車】

由佛羅倫斯搭火車約2～2.5小時(較多直達車)，到羅馬約2.5～3小時(需換車)，到阿西西約30分鐘。

火車站位於佩魯吉亞古城下，可搭免費的手扶梯上山，或由火車站前的Minimetrò迷你電車站Fontivegge MM搭無人駕駛的電車到古城的Pincetto站，也可由火車站搭巴士到古城的義大利廣場(Piazza Italia)下車，旁邊就是主街Corso Vanucci。

● Minimetrò迷你電車
http www.minimetrospa.it／🕐 07:00～21:05，週日09:00～20:45，跨年延長至02:00

【搭巴士】

Flixbus長途巴士提供往返羅馬(2小時15分鐘)、佛羅倫斯(2小時)、西耶納(約1.5小時)的班車，多在佩魯吉亞火車站前發車，亦能在Piazza Partigiani長途巴士站搭乘Busitalia巴士，Busitalia巴士的聯外車班多由此發車。

● Flixbus長途巴士
http global.flixbus.com

【市區交通】

市區巴士由Busitalia營運，70分鐘有效單程票€1.5(車上購買€2)，24小時通行票€5.4。在Minimetrò電車站或巴士站的自動售票機、合作的雜貨店、遊客中心均可購票。

● Busitalia溫布里亞地區巴士
http www.umbriamobilita.it

▲無人駕駛的 Minimetrò 迷你電車

▲電車站

餐廳推薦

Ristorante del Sole

景觀餐廳

📍 Via della Rupe, 1／📞 +39 075 5735031／🕐 12:30～14:30、19:30～22:00／休 週一／➡ 由十一月四日廣場步行約5分鐘

鄰近Minimetrò迷你電車搭乘處的景觀餐廳，推薦到這裡享用餐點，欣賞開闊的溫布里亞風景，天氣好時，甚至可看到阿西西古城。

Al Mangiar Bene

環境友善餐廳

📍 Via della Luna, 21／📞 +39 075 573 1047(只接受電話預約)／🕐 週一～六12:30～14:30、19:30～22:30／休 週日

食材均與本地小農合作，堅持採用天然食材料理，例如披薩使用天然酵母發酵。晚上還推出含開胃菜及酒水的披薩暢吃套餐。

商店推薦

Antica Drogheria Bavicchi
雜貨店

📍 Via dei Priori 15／📞 +39 075 572 2633／🕐 週一～六09:00～20:00／🚫 週日／➡️ 由十一月四日廣場步行約2分鐘

　　自1897年即開始在古城內供應各種當地食材的老雜貨店，可買到優質的菊花茴香茶包(Camomilla e Finocchio)及佩魯吉亞著名的巧克力。

住宿推薦

B&B San Fiorenzo
公寓旅館

🌐 www.sanfiorenzo.com／📍 Via Galeazzo Alessi, 45／📞 +39 393 386 9987／➡️ 由Minimetrò迷你電車站Pincetto步行約7分鐘

　　位於古城區市中心的15世紀老宅邸改建的民宿，內部裝潢適切地融入古老結構中，呈現出現代設計感。距離主街並不遠，方便參觀城內景點。

Albergo Fortuna
三星級旅館

🌐 www.hotelfortunaperugia.com／📍 Via Luigi Bonazzi, 19／📞 +39 075 572 2845／➡️ 由Minimetrò迷你電車站Pincetto步行約5分鐘

　　13世紀老宅改建的典雅旅館，備有舒適又現代的住房設施。館內多以老闆收集的老古董裝飾，閱讀室還保留美麗的古老溼壁畫。樓頂可眺望整個古城及周區風光，從部分房間望出去，還可看到城內由古老的鐘樓改建的房舍。

聖母庇蔭之地

聖羅倫佐主教堂&十一月四日廣場
Cattedrale di San Lorenzo & Piazza IV Novembre

📍 Piazza IV Novembre／🕐 週一～六08:30～12:30、15:30～19:30，週日08:30～12:30、15:00～19:00／➡️ 由Minimetrò迷你電車站Pincetto步行約7分鐘／⏳ 30分鐘

　　主教堂前的Piazza IV Novembre廣場上，有座宛如三層蛋糕的大噴泉(Fontana Maggiore)，最上面為象徵豐收的佩魯吉亞女性雕像，下層共有25面精細雕刻，精采刻繪十二星座、先知、聖人、羅馬歷史、四季、聖經故事，為13世紀的名雕刻家皮薩諾(Pisano)父子之作。

　　廣場上的主教堂始建於14世紀，由Frà Bevignate設計，大致於1487年完成建築，1507年修繕得更為完整，20世紀時又加入了Moret-

▲佩魯吉亞主教堂

ti-Caselli工坊所做的馬賽克鑲嵌畫，2000年時為慶祝千禧年，還增設了一道青銅聖門，由Artemio Giovagnoni負責門上的浮雕。

教堂入口前有座聖母雕像，這是因為以前市民們最討厭的教皇就是從這條路進城的，市民特地在此豎立這座雕像，期望聖母能保護市民。這座教堂主要是獻給聖羅倫佐，教堂內最珍貴的為聖母婚戒。15世紀中一位修士由丘西(Chiusi)將這只婚戒帶過來時，引發了兩城的爭奪戰，後來戒指還是放進聖羅倫佐教堂，並以特製的保險箱嚴密地保護著。

▲共有 25 面精采雕刻的大噴泉

法院及交易所
Nobile Collegio del Cambio

http www.collegiodelcambio.it／ ◎ Corso Pietro Vannucci, 25／ ℂ +39 075 572 8599／ ◐ 09:00～13:00、14:30～17:30／休 國定假日下午、耶誕節、新年／ ⑤ €6／➾ 由十一月四日廣場步行約2分鐘／⧗ 40分鐘

城內相當值得參觀的建築，內部的聽證廳留有拉斐爾的老師佩魯吉諾(Pietro　Vannucci，人稱

Perugino)優雅的溼壁畫：手持代表公平、公正天秤的女神，藉以提醒法官應公正審判，因為這裡就是當時專門審判貨幣兌換案件的判決所；而下面兩兩一組的名人畫像，則以蘇格拉底等古代偉人來象徵各種美德。畫與畫之間的裝飾花樣，仿自當時挖掘出的羅馬古遺跡，大量挖掘出古羅馬遺跡，仿古藝術蔚為風潮。佩魯吉諾的畫風總是一派平和，這也深深影響了弟子拉斐爾。

大門上方還有佩魯吉亞的象徵物——飛獅，由於這裡是交易所，獅子下方有著錢幣箱的符號。各建築外牆均標示著不同的象徵符號，方便人們了解該建築的功用。

▲佩魯吉諾在聽證廳繪製了一系列的溼壁畫

▲獅子下方有著錢幣箱的符號

溫布里亞國立美術館
Galleria Nazionale dell'Umbira

http gallerianazionaledellumbria.it／ Coros Vanucci, 19／ +39 075 572 1009／ 週二～日08:30～19:30，週一12:00～19:30／休 週一早上／$ €11；每個月的第一個週日免費入場，但須先預約，預約費€2／ 由Minimetrò迷你電車站Pincetto步行約5分鐘／ 40分鐘

▲老市政廳的部分空間闢為溫布里亞國立美術館所用

主街上另一座重要建築執政官宮殿(Palazzo dei Priori)，一直是佩魯吉亞市政廳，1樓除了紀念品店外，還可看到大廳擺了2座雕刻，分別是佩魯吉亞的象徵動物——獅子與禿鷹。目前部分空間闢為溫布里亞國立美術館，2樓收藏了13～19世紀的重要作品(尤其是中世紀和文藝復興時期的作品)，其中包括了佩魯吉亞藝術家佩魯吉諾的畫作，以及坎比歐(Arnolfo di Cambio)、皮薩諾父子(Giovanni & Nicola Pisano)等藝術家的

作品。另外還有珠寶、象牙、木雕收藏，波蒂安尼廳(Sala Podiani)也常有臨時策展或音樂表演。

美術館的側面有座階梯，可往上爬到諾塔利廳(Sala dei Notari)，外國人大學最初即創立於此，現為市政廳的一部分，主要作為大型會議所用。會議廳內齊致的拱脊橫頂著天花板(拱脊下面的鐵條具防震功能)，構築出和諧的空間感，所有的拱脊及天花板、牆面，以溫潤的色彩繪製聖經及預言故事，有些則仿自阿西西聖方濟各大教堂內部的溼壁畫。

Perugina巧克力之家
Casa del Cioccolato Perugina

http perugina.com／ Viale San Sisto 207/C, Perugia／ +39 02 454 67655(由海外撥打)、+39 800 800 907(義大利境內免付費)／ 開放時間各季節略為不同，建議先預約／$ €10，課程需預約，可透過官網或電話詢問課程費用／ 由古城搭計程車約15分鐘車程／ 1.5小時

Perugina是佩魯吉亞最著名的巧克力，幾乎全球各地都可看到這藍銀色的蹤影。品牌由一位佩魯吉亞女性Luisa Spagnoli所創立，其中以Baci巧克力最為著名，每塊巧克力裡藏有一首小情詩，讓收到巧克力的人開心又甜蜜地享用。除了古城主街Vanucci 101設有專賣店外，在佩魯吉亞郊區工廠還首創義大利第一家巧克力博物館，開放參觀廠內巧克力的製作過程，另設有巧克力學校，可預約課程學做巧克力。

▲義大利首座巧克力博物館

▲除了買巧克力當伴手禮，還有許多可愛的周邊產品

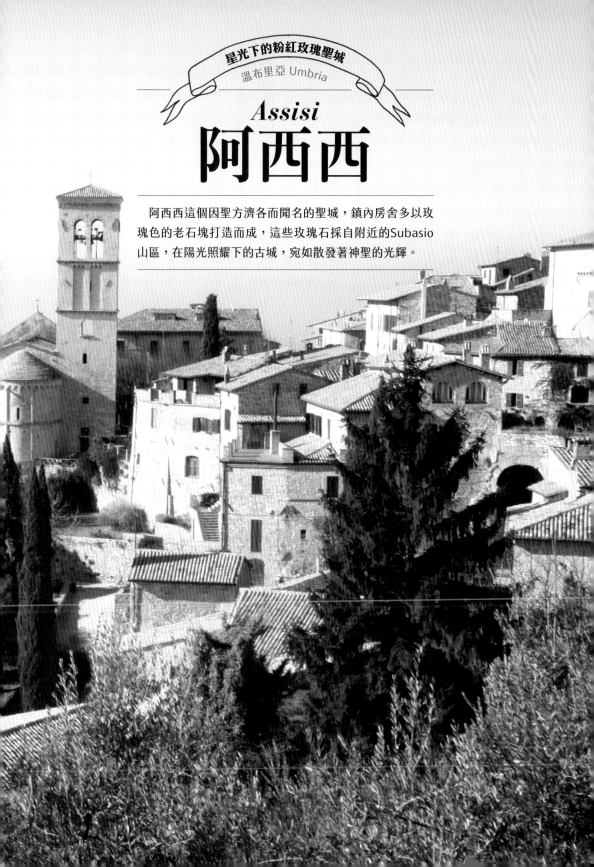

Assisi

阿西西

　　阿西西這個因聖方濟各而聞名的聖城，鎮內房舍多以玫瑰色的老石塊打造而成，這些玫瑰石採自附近的Subasio山區，在陽光照耀下的古城，宛如散發著神聖的光輝。

阿西西就是聖方濟各的故鄉及長眠之地，成千上萬的信徒，總是不遠千里前來朝聖。除了必訪的聖方濟各大教堂外，古城的聖魯菲教堂(San Rufino)及聖嘉勒大教堂(Santa Chiara)也很值得參觀，而山下常被忽略的聖母瑪麗亞與天使大教堂(Santa Maria degli Angeli)，是聖方濟各悟道之處，往返火車站時，推薦停下來參觀這恢宏的教堂。10月4日為聖方濟各辭世的日子(瞻禮日)，城內在這天會舉辦盛大的紀念活動。

交通資訊

【搭火車】

阿西西火車站距離古城約4公里，由佛羅倫斯搭火車約2～3小時(部分班車須在Terontola-Cortona轉車)，由羅馬約2～2.5小時(部分班車須在Foligno轉車)；而阿西西火車站到佩魯吉亞約30分鐘。若由羅馬火車站出發至阿西西，要注意搭乘的月台並不是在主要月台區，建議先詢問站內工作人員，取得確切搭乘方向後再前往，因搭乘月台有段距離，務必多預留走過去的時間。

另外，阿西西火車站的候車室、月台，相當典雅，不妨花點時間好好欣賞。

▲阿西西火車站

【搭巴士】

可搭Busitalia巴士E007線到Umbria International Airport - San Francesco d'Assisi機場(€3，車上購買為€4)，約1小時車程。

● Busitalia巴士
http www.airport.umbria.it/en/transport

【市區交通】

由阿西西火車站前可搭巴士C線到義大利統一廣場(Piazza Unità d'Italia)站下車，這裡較靠近聖方濟各大教堂，車程約20分鐘；也可繼續搭到古城另一端的馬泰奧蒂廣場(Piazza Matteotti)站下車，這裡比較靠近古城內的市政廣場(Piazza del Comune Assisi)。

自駕的旅客，可將車停在Parcheggio di Giovanni Paul II停車場，這是距離聖方濟各大教堂最近的停車場。

住宿推薦

Hotel Berti
平價小旅館

http hotelberti.it／ Piazza S. Pietro, 24／ +39 075 813466／ 距離聖方濟各大教堂約4分鐘路程

這家小旅館就在義大利統一廣場的古城門旁，距離聖方濟各大教堂僅200公尺。只有10間客房，地點好，房間也相當乾淨，提供1～4人房，旅館附設餐廳還提供當地傳統料理。

▲地點便利的平價旅館

聖方濟各大教堂
Basilica di San Francesco

http sanfrancescoassisi.org／⊙ Piazza Inferiore di S. Francesco,2／📞 +39 075 819001／🕐 教堂：週四～二06:00～19:00；冬季上教堂08:30～18:00，夏季延長1小時，墓室僅開放入內祈禱；夏天18:00舉辦朝聖者彌撒／休 下教堂：週三／💲 自由捐贈；10人以上可透過官網預約修士導覽，每人€2，或租約音導覽，€3／➡ 由火車站搭C線到Piazza Unità d'Italia站、或E068到Viale G. Di Savoia站下車／⁉ 內部不可拍照／⏳ 2小時

聖方濟各想效法耶穌，與社會所遺棄的人同在，希望自己死後能葬在地獄山，也就是原先為犯人行刑之處，人們也依其遺願在地獄山建造聖方濟各大教堂，並設計為上、下教堂兩部分，1228～1230年先完成下教堂，1253年完成上教堂。參觀時建議先參觀下教堂，再參觀上教堂，因上、下教堂的設計，就像人們先在這世間受完苦痛，最終得以上天堂。

聖方濟各大教堂的下教堂(Basilica Inferiore)主要獻給聖方濟各，教堂形式有點像墓室，讓信徒在此瞻仰聖人遺骨及靜心禱告。進教堂往左走到盡頭就是遺骨祭壇，在它的左側可看到有著與耶穌相同傷口的聖人畫像。四面半圓壁的溼壁畫則分別描繪聖方濟各的四大寓言：第一幅是聖人戰勝邪惡的「榮耀」，其他三幅則是聖方濟教會謹遵的「貧窮」、「貞潔」、「服從」三個信念。

由祭壇旁的階梯可到上教堂(Basilica Superiore)，上教堂的高度足足比下教堂高了兩倍，外牆以附近山區的玫瑰石砌成，並利用高聳的哥德尖頂及華麗的細節裝飾，表現出超凡的神聖感，尤其是當陽光穿過主入口上方的馬賽克玫瑰窗，彩光灑落在教堂內部時，更顯神聖氛圍。

這裡最著名的就是喬托大師的28幅溼壁畫，以順時鐘方向，從聖人信仰之前、受到感召、與父親決裂、到顯現神蹟等景象，環繞整個牆面。而祭壇兩側是新、舊聖經故事及耶穌的一生，因為耶穌的復活就是信仰的見證，也就是聖方濟各教會的信仰中心。

▲大教堂分為上、下教堂

聖母瑪麗亞與天使大教堂
Basilica di Santa Maria degli Angeli

http www.porziuncola.org ／ 📍 Piazza Porziuncola, 1 ／ ☎ +39 075 805 1430 ／ 🕐 06:15～12:30、14:30 ～19:30 ／ 💲 自由捐贈 ／ ➡ 由阿西西火車站步行約8分鐘 ／ ⏳ 1小時

聖母瑪麗亞與天使大教堂位於古城與火車站之間，9世紀時，教堂原址為本篤會修士的寶尊小教堂(Porziuncola)，也就是聖方濟各生前修復的教堂。聖人曾在此看到聖母顯靈，天使在聖母周圍歌頌著，教堂名稱即取自此奇蹟。方濟各生前常在此靜修，並在此悟道，開始過著真摯而清貧的生活。

這座教堂對於聖方濟各信徒來講，是最神聖的教堂之一，聖人過世後，成了朝聖者最愛聚集之處。由於朝聖者總是擠滿小聖堂，16世紀便決定擴建教堂，並將原本的寶尊小教堂包覆在內，擴建完成後，成為第七大基督教堂。教堂內的玫瑰園，是聖方濟各曾居住的森林，當時他就是在此向林子裡的動物、鳥兒傳福音。

▲天主教世界中的第七大基督教堂，在此舉辦過多次重要宗教會議

這裡曾是聖方濟各生前最▶喜歡的靜修地點

▲此地為聖方濟各悟道之處

聖方濟各的第一位女性追隨者

聖嘉勒大教堂
Basilica di Santa Chiara

http www.assisisantachiara.it / 📍 Piazza Santa Chiara, 1 / 📞 +39 075 812216 / 🕐 06:30～12:00、14:00 ～ 18:00，夏季延長1小時 / 💲 自由捐贈 / ⧗ 30分鐘

　　沿Corso Mazzini主街直走到Via S. Chiara，即可抵達聖嘉勒大教堂，這是1257年信徒利用白色與粉紅色的石頭，為聖女嘉勒修築的安息地，規模雖比聖方濟各大教堂小許多，但內部神聖寧靜的氣息，卻也是座可讓人在此靜心祈禱的聖堂。教堂的位置剛好與古城另一端的聖方濟各大教堂遙遙相望，一起守護著阿西西。

聖方濟各 (San Francesco d'Assisi，1182～1226年)

　　生於阿西西富裕布商家族的方濟各(Francesco)，年輕時恣意揮霍，直到加入對抗佩魯吉亞的軍隊，在淪為俘虜1年後人生大轉彎。

　　據說有天方濟各經過傾頹的San Damiano教堂時，聽到「重建我的殿宇吧！因它已快傾倒。」方濟各以為主要他重建這座教堂，便偷偷將父親店裡的布賣掉，資金全數投入教堂整建上，這也使得他與父親決裂，從此與貧窮清修為伍，在山林間傳教，力行基督精神，據傳就連鳥兒們都乖乖在樹梢上聽他傳福音。

　　西元1224年，方濟各在光榮聖十字架瞻禮時，向主耶穌基督祈禱讓他的肉體與靈魂感受耶穌當時受的苦，並在內心感受到上主之愛。此時，一名六翼天使顯現，手持釘著耶穌像的十字架，方濟各也開始在自身看到耶穌的五道傷痕。據說這些傷痕整整流了2年的血，直到1226年方濟各過世。一般要封為聖人必須至少顯現3個神蹟，而聖方濟各生前就有過好幾次神蹟，所以在短短2年後即封為聖人。

▲聖方濟各

聖嘉勒 (Santa Chiara，1194～1253)

　　聖方濟各不但自己過著清貧的生活，還寬厚照顧痲瘋病人和動物們，為上主傳教、重振基督精神，許多人深受感動而開始追隨他的腳步，聖女嘉勒就是第一位女性追隨者，並創立了聖方濟各女修道會，1255年受封為聖人。

▲聖嘉勒

溫布里亞．阿西西

Roma & Vaticano
羅馬&梵蒂岡

每個人到羅馬城都要聽一遍母狼育雙生的故事,據傳戰神
(Mars)與女祭司莉雅(Rhea)所生的雙胞胎兄弟Romolo與Remo被
惡叔叔遺棄在台伯河岸,後來被母狼發現,哺乳救活了他們,
直到一位牧羊人將他們帶回撫養長大。兩兄弟長大後,Romolo
於西元前753年在這七丘之地建立羅馬城,並殺了雙胞兄弟
Remo,成為羅馬第一位國王,羅馬城的名字也取自「Romolo」,
在羅馬各角落,總不時可看到母狼哺育雙胞胎的雕像。

千年永恆之都與
最迷你的國度

西元前753年4月21日建城的羅馬，宛如一部石頭寫的千年史詩，帝國時期的宏偉建設，至今仍可在城內的各角落尋得千年前的古意。而15世紀文藝復興風格以及16世紀巴洛克風格的輝煌建築，讓羅馬城更為華美富麗。1871年起，羅馬也成為統一後的義大利首都，1980年羅馬古城區列入聯合國世界文化遺產。

緊鄰著羅馬的梵蒂岡城，拉丁文指「先知之地」，國土僅0.44平方公里，1929年成為獨立邦國，為全球最小的邦國，卻是天主教世界最強大的精神中心。梵蒂岡城為羅馬教廷所在處，全球最大的聖彼得大教堂、藝術寶庫梵蒂岡博物館，都在這方塊之地。

七丘之城

羅馬地區共有9座山丘，但7為吉利的數字，因此普稱為「七丘之城」，後來君士坦丁大帝至東方所建的東羅馬帝國首都，即今日伊斯坦堡，也是一座七丘之城。

● 羅馬官方旅遊網站
http www.turismoroma.it

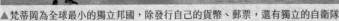
▲梵蒂岡為全球最小的獨立邦國，除發行自己的貨幣、郵票，還有獨立的自衛隊

聯外交通

【搭飛機】

羅馬共有兩座國際機場，主要機場為菲烏米奇諾李奧納多達文西國際機場(Leonardo da Vinci Fiumicino，FCO，簡稱Fiumicino)，距離市中心約30公里；廉價航空則多停靠錢皮諾機場(Ciampino-Aeroporto Internazionale G. B. Pastine， CIA，簡稱Ciampino)，距離市中心約15公里。

往返菲烏米奇諾機場

通常有四種方式：

1.機場快捷火車：搭乘Leonardo Express機場快捷火車到羅馬市中心，€14，約32分鐘，最為快速，但也比較貴。

2.地區性火車：從羅馬的Trastevere或Ostinese火車站搭地區性(Regionale)火車，約48分鐘，€8，車費較便宜。

3.巴士：便宜、省力的機場巴士(Airport Bus)，行李可放在巴士行李廂，不用搬上搬下，票價€6～7，約50分鐘。

4.計程車：計程車當然是最舒適便捷的方式，往返機場與市區的固定價為€50，或使用Uber叫車，約40分鐘。

往返錢皮諾機場

有四種交通方式：

1.機場直達巴士：最為舒適經濟的方式是由特米尼火車站(Stazione Terrmini)旁搭乘機場直達巴士，約45分鐘車程；錢皮諾機場往返菲烏米奇諾機場直達車約30分鐘；座位有限，建議先上網預購巴士票。

2.地鐵：由機場搭地鐵至市區，可先搭乘巴士到機場附近的Cinecittà電影城地鐵站，再轉搭地鐵進市區，地鐵車程約38分鐘。

3.火車：由機場搭巴士到附近的Ciampino火車站，再轉搭火車進市區，火車車程約12分鐘，全程約50分鐘。

4.計程車：羅馬市區搭乘計程車至機場，費用為€31，約30分鐘；錢皮諾機場至菲烏米奇諾機場為€52，約30分鐘。

● 羅馬機場
　http www.adr.it

● Leonardo Express
　機場快捷火車
　http www.trenitalia.com

【搭火車】

主要火車站為特米尼火車站，較便宜的Intercity火車多停靠另一個大站Stazione Tiburtina。市區還有Stazione di Roma Trastevere(越台伯河)、Stazione di Roma Ostiense、Stazione di Roma S. Pietro(靠近梵蒂岡城)等小車站。由羅馬到翡冷翠約1.5～4小時；到拿坡里約1～2小時。

【搭巴士】

搭乘巴士旅遊是較平價的方式，在義大利境內可善用德籍Flixbus長途巴士，搭乘處包括Rome Tiburtina火車站旁的巴士站或Anagnina地鐵站旁的巴士站。建議先上網預訂，至佛羅倫斯或拿坡里可買到€8～12的車票。

● Flixbus巴士
　http global.flixbus.com

● 長途巴士聯合查詢網站
　http getbybus.com、www.rome 2rio.com

貼心提醒 特米尼火車站買什麼、吃什麼

旅客流量大的羅馬特米尼火車站，招募了許多知名商店進駐，包括班尼頓、Mango、O Bag、Kiko彩妝店、Coin百貨、Mercato Centrale美食街區，地下1樓還設有營業到半夜的超市，現在也買得到壽司之類的亞洲食物了。

Mercato Centrale美食街設有披薩、海鮮、牛肉、冰淇淋及亞洲食物攤。

市區交通

【步行】

羅馬古城區的景點多可步行抵達，街巷路名通常標示在街頭或街尾的牆上。

【搭地鐵／電車】

羅馬市區交通運輸系統由ATAC公司營運，共有A、B兩條地鐵線，C線部分車站已通車，未來也將連接B線競技場站(Colosseo)，以及A線梵蒂岡城的Ottaviano站，威尼斯廣場和靠近花之廣場的Largo Argentina也會設站。

●ATAC市區公共交通

http www.atac.roma.it／ 🕐 05:30～23:30，週五～六05:30～01:30／💲單程票€1.5，可在100分鐘內轉乘巴士及電車，地鐵只能進出一次；另有24小時票€7、48小時票€12.5、72小時票€18、7天票€24／⁉️可無限次數搭乘市區公共交通；地鐵站或部分巴士站的自動購物機、以及標有ATAC標示的菸酒雜貨店(Tabacchi)均可購票

【搭巴士】

記得每次搭車均須在巴士、電車上的打票機打票，進入地鐵站需刷卡，未先買票者，可上巴士後立即向司機購買。

【搭乘計程車】

計程車車費平日白天起跳價€3起，假日白天€5起，假日夜間€7起，大件行李每件加€1。在車站或景點附近的計程車招呼站、或路上均可攔車，也可使用Uber叫車。付款時不需給計程車司機小費，但有些司機會自動不找零。

【前往梵蒂岡】

梵蒂岡雖為獨立城邦，但其實就是緊鄰羅馬城的一區，由羅馬古城步行或搭巴士、地鐵即可抵達。

羅馬通行證
Roma Pass

羅馬通行證可免費搭乘市區公共運輸，免費參觀1～2個景點，以及享部分景點的優惠折扣。

💲48小時通行證€32(免費參觀一個景點)，72小時€52(免費參觀兩個景點)／⁉️可在旅遊資訊中心、合作的博物館、地鐵站或線上購買 www.romapass.it

---

La Buca di Ripetta

羅馬料理餐廳

http 可線上預訂：www.labucadiripetta.com／ 📍 Via di Ripetta, 36／ 📞 +39 06 321 9391／ 🕐 12:00～15:30、19:00～23:00／ ➡️ 由Flaminio地鐵站步行約5分鐘，距離西班牙廣場約8分鐘路程／ MAP P.209 ❶

若想避開遊客品嘗口味道地，但料理手法創新的羅馬料理，推薦人民廣場附近的La Buca di Ripetta餐廳。這裡同樣提供培根蛋義大利麵，另還包括燉飯、海鮮麵、茄子起司義式餃、墨魚麵、烤羊肉等義式料理，餐點選擇多樣，料理手法細緻。

▲墨魚麵

Osteria La Carbonara

羅馬料理餐廳

http lacarbonara.it／ 📍 Via Panisperna, 214／ 📞 +39 06 482 5176／ 🕐 週一～六12:30～14:30、19:00～22:30／ 休 週日／ ➡️ 由特米尼火車站步行約11分鐘／ MAP P.209 ❷

只要提到義式培根蛋義大利麵，就會讓人想到這家1906年開業至今的代表性餐廳。這裡的培根蛋義大利麵採傳統料理方式，香脆的義式培根，且沒有使

用鮮奶油，吃起來不膩口。菜單上還包括各種羅馬傳統料理，難怪會吸引如此多遊客到訪。

▲羅馬著名的培根蛋義大利麵

Pizza Re
披薩店

http pizzare.it ／ ⊙ Via di Ripetta, 14 ／ ☎ +39 06 321 1468／ 🕐 週日～四12:00～23:30，週五～六12:00～24:00 ／ ➡ 由Flaminio地鐵站步行約6分鐘，與西班牙廣場約9分鐘路程／ MAP P.209 ❸

平價又美味的拿坡里式披薩，餅皮口感相當好，簡單的瑪格麗特披薩就已相當美味，有40種口味，推薦招牌披薩Pizza Re。

▲番茄鯷魚披薩

Pompi
提拉米蘇專賣店

http www.barpompi.it ／ ⊙ Via della Croce, 88／ ☎ +39 06 2430 4431／ 🕐 週日～四10:00～22:30，週五～六10:00～23:30 ／ ➡ 距離西班牙廣場約5分鐘路程／ MAP P.209 ❹

羅馬遊客熟知的提拉米蘇專賣店，這裡的提拉米蘇確實做得相當到位，提供多種不同口味的提拉米蘇，另還推薦千層酥派，這也是義大利著名甜點，酥餅香脆、卡士達醬甜而不膩。

▲提拉米蘇

▲千層酥也做得非常棒

住宿推薦

The Beehive Hotel & Hostel
青年旅館、民宿

http the-beehive.com ／ ⊙ Via Marghera, 8／ ☎ +39 06 44 70 4553／ ➡ 距離特米尼火車站約5分鐘／ MAP P.209 ❶

一對熱愛羅馬和有機生活的美

國夫婦在特米尼車站附近開設的青年旅館，後來又在附近街區擴增了好幾處民宿，提供乾淨、舒適的住宿，且交通十分便利、生活機能佳，步行到特米尼火車站僅需5分鐘路程，方便前往機場或其他城市，車站內的Mercato Centrale美食街即可品嘗各種義式料理。

Hotel Raphaël
五星級旅館

http raphaelhotel.com／ ⊙ Largo Febo, 2／ ☎ +39 06 682 831／ ➡ 距離納佛納廣場約3分鐘路程／ MAP P.209 ❷

位於納佛納廣場附近的古董街區，爬滿外牆的綠藤，包覆這座充滿羅馬風情的五星級旅館，就與這個街區一樣充滿藝術氣息，房間還特別請來美國建築師理查‧麥爾(Richard Meier)設計。地點也相當便利，靠近聖天使橋(Ponte Sant'Angelo)，過河即是梵蒂岡城，徒步往萬神殿(Pantheon)、許願池景點並不遠。旅館還設有可欣賞羅馬夜景的屋台餐廳，並提供獨特的蔬食料理。

Day 1

特米尼火車站→羅馬競技場與議事場→多利亞‧潘菲利美術館→ Via Condotti 精品街購物＆希臘咖啡館→西班牙階梯→ Pompi 提拉米蘇店→午餐 Pizza Re 披薩店／ La Buca di Ripetta 餐廳→波爾各塞美術館→ La Rinasciente 百貨公司→許願池→晚餐 La Carbonara →聖天使堡＆聖彼得大教堂夜景→梵蒂岡附近酒吧聽歌

Day 2

花之廣場市集→梵蒂岡博物館→聖彼得大教堂→ Via Cola di Rienzo 購物 (Castroni 食品雜貨店)→午餐梵蒂岡附近或 Bar del Fico →古董街及納佛納廣場周區逛街、Gelateria del Teatro 吃冰淇淋→納佛納廣場→萬神殿→金杯咖啡→聖伊納爵堂→真實之口→鑰匙孔→晚餐越台伯河區

Day 3

MAXII 當代美術館→ Testaccio 市場→勝利聖母教堂→沿教堂前的 Via Nazionale 上坡路直走到四河噴泉及聖安德烈教堂→沿四噴泉街 (Via delle Quattro Fontane) 往下走往骨骸寺

㉓ 往 MAXXI二十一世紀藝術博物館
Museo nazionale delle arti del
XXI secolo

國立現代與當代美術館
Galleria Nazionale d'Arte
Moderna e Contemporanea
㉒

Piazza del
Popolo Ⓜ
● 人民聖母教堂
● 人民廣場

波爾各賽美術館 ⑬
Galleria Borghese

Corso d' Italia
V. Campania

Pizza Ré ③

La Buca di
Ripetta ①

La Maison
d'Epoque Spagna

Pompi ④

Spagna
Ⓜ

⑥ Babington's Tea Room
⑧ 西班牙廣場
Piazza di
Spagna

勝利聖母教堂
Chiesa di Santa
Maria della
Vittoria

往 The Beehive Hoel
& Hostel ①

Caffe Greco ⑤

骨骸寺
Convento dei
Frati Cappuccini ㉞

㉜ 天使聖母教堂

⑨ Repubblica

V. V. Colonna

巴爾貝里尼廣場 ● Ⓜ Barberini

共和廣場 ●

Rinascente
Roma Tritone ①

● 四噴泉
Le Quattro Fontane

特米尼火車站

法國人的聖路易教堂
Chiesa di San Luigi
dei Francesi

Giolitti

克里納雷山丘
Quirinale

奎里納雷聖安德烈教堂 ㉚
Chiesa di S. Andrea al Quirinale

古董街
② Hotel
㉕ Raphaël

⑩ 許願池
Fontana di Trevi

③③

⑧

⑦ 金杯咖啡
Tazza d'oro

聖母瑪利亞大教堂
Basilica di Santa ㉛
Maria Maggiore

Bar del
o Roma

⑫ 納佛納廣場
Piazza Navona

⑪ 萬神殿
Pantheon

㉗

㉖ 多利亞·潘菲利美術館
Galleria Doria Pamphilj

Osteria La
② Carbonara

聖伊納爵堂
Chiesa di Sant' Ignazio di Loyola

瓦倫蒂尼宮
⑨ Palazzo Valentini
Ai Tre Salini

⑬ 花之廣場
Campo de'Fiori

V. S. Marco

威尼斯廣場 ⑥
Piazza Venezia

② 帝國議事場

Cavour Ⓜ

西斯托橋
Ponte Sisto

● 威尼斯宮

鎖鏈聖彼得教堂
㉘ Basilica di San
Pietro in Vincoli

台伯島

⑦ 康比多宜博物館
Musei Capitolini

Ⓜ Colosseo

● Tonarello

① 古羅馬議事場
Foro Romano

競技場 ③
Colosseo

⑮

③ 君士坦丁凱旋門
Arco di Costantino

④ 帕拉提歐丘
Palatino

⑱ 真理之口
Bocca della Verità

河岸聖方濟各教堂
⑯ Chiesa di San
Francesco a Ripa

阿凡提諾山丘
Aventino

Ⓜ Circo Massimo

波特賽門
Porta Portese

⑲ 馬爾他騎士團鑰匙孔
Kinght of Malta Keyhole

㉔ 往 中央蒙特馬提尼考古博物館
Centrale Montemartini

羅馬議事場
Foro Romano

🕐 09:00～19:30，冬季至16:30，每個月的結束時間略為不同／💲與競技場聯票／➡️距離Colosseo地鐵站約5分鐘路程／⏳1.5小時／🗺️P.209 ❶

▲凱撒火葬之處，人們依舊會到此獻花致敬

競技場旁的議事場遺跡區，雖然現在看來只是散布著碎石殘礫的區域，但在古羅馬時期，這裡是最重要的公共場所(Foro)，自西元前6世紀便開始在此建設神殿、最高議會元老院、市集、妓女院、交易所等，為當時的政治經濟中心，後來羅馬成為全球最大的城市，這區已不敷使用，便又拓展至對街的帝國議事場(Fori Imperiali)。

更多觀看景點

● **塞維羅凱旋門(Arco di Severo)**：建於西元203年，拱門上描繪塞維羅皇帝遠征東方(波斯)的史跡。

● **元老院(Curia)**：共和國時期的最高議事場所，目前所見的建築為重新修復過的樣貌。

● **農神殿(Tempio di Saturno)**：目前僅留下8根圓柱，為當時祭祀農神的廟宇。

● **艾米里亞會堂(Basilica Emilia)**：課稅及審判所，但在西哥德人入侵時已嚴重燒毀。

● **凱薩神廟(Tempio del Divo Giulio)**：奧古斯都皇帝為紀念凱薩，在凱薩屍體火葬之處建造這座神廟。

● **聖火貞女神殿(Tempio di Vesta)**：古羅馬時期最重要的神殿之一，由女祭司守護爐火神(Vesta)永不熄滅的聖火，象徵羅馬永世繁盛。

● **安東尼與法斯提納神殿(Tempio di Antonius e Faustina)**：安東尼皇帝為其愛妻法斯提納所建，皇帝過世後也安葬於此。

● **馬克森提烏斯會堂(Basilica di Massenzio)**：西元308年馬克森提烏斯皇帝下令建造，但卻是西元312年君士坦丁大帝打敗馬克森提烏斯之後才完成的，用以集會及開庭審判。

● **提托凱旋門(Arco di Tito)**：紀念提托隨父皇遠征耶路撒冷凱旋而歸所建，為現存最古老的凱旋門。

帝國議事場
Fori Imperiali
http P.209 ❷

帝國人口增加後,開始在帝國大道另一側拓增圖拉真市場、凱薩廣場、奧古斯都廣場、圖拉真圓柱等,目前考古工作仍持續進行中。這區的圖拉真市場原為三層樓建築,內有150家商鋪、餐廳,商品應有盡有,宛如現今的購物商場。

古羅馬時期的女祭司享有相當重要的地位,僅次於皇帝。這些女祭司均選自高貴家族,年紀約6～10歲,任期30年。

神祕的「SPQR」

羅馬許多古羅馬遺跡都會看到「SPQR」字樣,這神祕的文字取自拉丁文的「Senātus Populusque Rōmānus」,意即「羅馬元老院與人民」,也就是羅馬共和國的國名,因此在公共建築、甚至現在的羅馬市徽都可看到「SPQR」的字樣。

凱撒遇刺地點

二千多年前,凱撒於龐貝劇院遇刺,在實格麗的贊助下,經過兩年的步道規畫與興建,於2023年開放大眾參觀,方便大家近距離觀賞4座神廟遺跡。

君士坦丁凱旋門
Arco di Costantino
http P.209 ❸

競技場與羅馬議事場之間的白色凱旋門,是為了紀念君士坦丁大帝在羅馬城外的密維歐橋(Ponte Milvio)成功擊敗原皇帝馬克森提烏斯(Massenzio),而成為羅馬帝國新皇帝的關鍵一戰。

帕拉提歐丘
Palatino
http P.209 ❹

羅馬城共由7座丘陵組成,古羅馬時期最重要的丘陵區為羅馬議事場旁的帕拉提歐丘,名字取自女牧神(Pales),當時的王公貴族多在此建造華麗宮殿,因此英文「Palace」這個字也源自於此。目前在這片遺跡中仍可看到羅馬皇帝「奧古斯都宅邸」(Domus Augustana)的遺址,又稱為「奧古斯都之妻利維亞之屋」(Casa di Livia)。中世紀時這些宮殿逐漸荒廢,直到文藝復興時期的法爾內賽(Farnese)主教,才又在此建造美麗的庭園。

現代體育館的鼻祖

競技場
Colosseo

http www.coopculture.it，可預約地下層與觀景台導覽團／📍Piazza del Colosseo／🕐09:00～19:30，冬季至16:30，每個月的結束時間略為不同／💲大人€16～18(1～2日有效聯票，可參觀帕拉迪歐博物館＋羅馬議事場)；持羅馬通行證者須先預約，手續費為€2；導覽費用：地下層€9、觀景台€9，地下層＋觀景台€15，須先網路預約，因此須另加€2手續費／🚇地鐵B線至Colosseo站／⏳1.5小時／MAP P.209 ⑤

▲競技場外觀採典雅大方的柱式設計，第一層為樸實精壯的多利克柱、第二層以渦旋狀雕飾柱頭的愛奧尼亞柱、第三層為細緻花草雕飾的科林斯式柱

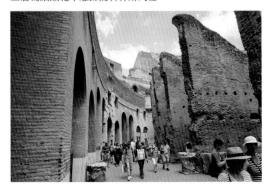

競技場為羅馬最具代表性的建築，完成於西元80年，因這裡曾有座巨大的尼祿像(Colosseo di Nerone)，因此命名為「Colosseo」。競技場主要為帝國時期的大型娛樂場所，也是帝王拉攏民心的媒介，讓一般平民有機會與羅馬帝王同樂。據說競技場完工後舉辦了長達100天的活動，其中以鬥獸最為著名，直到西元5世紀才停止這項殘忍的競賽。

宏偉的競技場直徑達188公尺、圓周長527公尺、高48.5公尺，為當時最大的建築。競技場共有四層樓，各以不同風格的希臘石柱裝飾，每層的觀眾族群也不同：第一層為王公貴族座席、第二層為上流人士、第三層為一般百姓與女性觀眾席、第四層則是奴隸的站票區。當時還設有遮陽的帆布，讓王公貴族們舒服看表演。80座拱門依序編號，5萬多名觀眾能在10分鐘內依序入座，而現代的體育館也是以此為模型建造的。

▲中世紀時，競技場曾被當作現成的採石場，大量石塊被移做其他建築的建材

▲參加導覽團可看到以往的鬥獸機制

威尼斯廣場&康比多宜博物館
Piazza Venezia & Musei Capitolini

http palazzovalentini.it／ ⚲ Foro Traiano 85／ 🕐 09:30～19:30／ 休 五一勞動節、聖誕節／ ⑤ €11.5、優惠票€9.5／ ➡ 地鐵B線至Colosseo站，步行約12分鐘／ ⧗ 1小時／ 🅜 P.209 ❻ ❼

伍迪艾倫的《愛上羅馬》(To Rome with Love)這部電影一開鏡就是這車流不斷的威尼斯廣場，因為也唯有這活力四射的十字路口，才足以襯托宏偉的紀念堂與威尼斯宮，以紀念統一義大利的第一任國王艾曼紐二世。

緊鄰著威尼斯宮的三座建築分別為元老宮(Palazzo Senatorio，又稱參議院宮，目前不對外開放)、保守宮(Palazzo dei Conservatori)、新宮(Palazzo Nuovo)，建築前的康比多宜梯形廣場(Piazza del Campidoglio)，為1536年為了迎接神聖羅馬帝國查理五世來訪，特別委請米開朗基羅設計的。保守宮、新宮合併為康比多宜博物館，為全球首座開放大眾參觀的博物館，內部收藏大量希臘古羅馬文物，重要作品包括《拔刺的男孩》(Spi-nario)、母狼餵養雙胞兄弟青銅像、《垂死的高盧人》(Dying Gaul)等，另外還收藏了卡拉瓦喬、提香等藝術家的作品。從博物館旁通往元老宮的廊道上，還可清楚眺望整座古羅馬議事場。

威尼斯廣場上的24號，是米開朗基羅辭世之處，但原建築已不復存在，只在牆面上嵌了塊碑文紀念。威尼斯宮後面為天壇聖母堂(Basilica di Santa Maria in Ara coeli)，內部以水晶燈裝飾得美輪美奐，由此可觀賞羅馬議事場景色，或登上威尼斯宮後面的觀景台觀賞羅馬古城風光(威尼斯宮與觀景台聯票€16)。

▲紀念堂前的艾曼紐二世國王騎馬像

歡樂滿點的羅馬地標

西班牙廣場&破船噴泉
Piazza di Spagna & Fontana della Barcaccia

📍 Piazza di Spagna／🕐 全年開放／💲 免費／➡️ 地鐵A線至Spagna站／⏳ 30分鐘／🗺️ P.209 🧭

　　位於義大利羅馬古城區的階梯，為何取名為「西班牙階梯」呢？因為17世紀時，這個區域是西班牙大使館的領地，不過這座階梯是法國人出資、義大利人所設計的。階梯底端有艘貝尼尼之父所打造的破船，破船上的噴泉水可飲用，象徵著羅馬人遭遇水災時能同舟共濟的精神，階梯頂端則為「山上的聖三一教堂」(Trinità dei Monti)，為法國國王下令建造，可由此俯瞰羅馬最高貴的精品街Via Condotti。

　　文學評論家Carlo Bo曾寫道：「廣場吸引心之所向的原因，是詩意勝過於歷史。」Servergnini作家則為廣場下了這樣的註解：「對於即將遠行的人，廣場代表了記憶；對剛抵達的人，廣場展臂歡迎。」這137階洛可可風格的階梯，總是在此展臂歡迎來訪遊客，由此展延出羅馬假期的美麗回憶。

▲破船噴泉

▲廣場前為著名的精品街

▲總能為遊客譜出美好回憶的西班牙廣場

CHECK 周區推薦看點

Via Margutta
迷人小巷

　　電影《羅馬假期》的記者男主角，住的就是這條街的51號，電影大師費里尼(Fellini)也曾是這裡的居民，現則有多家藝品店、具設計感的旅館與小餐館，靜立在這條迷人的小街上。

▲與喧鬧的西班牙廣場絕然不同的迷人小巷

Prada、Gucci、Ferragamo、BV、Tod's、LV、Dior、寶格麗等名牌皆林立於西班牙廣場前的Via Condotti這條精品街上。創立於羅馬的Fendi，特別在此設立全球規模最大的旗艦店，將Fendi的經典設計元素融入店內設計，並設有餐廳及頂樓酒吧。逛街逛累了，附近還有許多值得享用下午茶、點心的名店。

希臘咖啡館(Caffè Greco)

逛街逛累了，可到精品街的希臘咖啡館Caffèe Greco，感受這家1760年開幕的老咖啡華麗氛圍。

📍 Via Condotti 86 / 🗺 P.209 ⑤

▲羅馬著名的精品街 Via Condotti

Babington's tea room茶館

位於西班牙階梯旁的老茶館，供應經典英式茶及甜點。

📍 Piazza di Spagna 23 / 🗺 P.209 ⑥

Pompi Tiramisù

號稱全羅馬最好吃的提拉米蘇專賣店(請見P.207)。

La Rinascente Roma Tritone文藝復興百貨

義大利精品名牌齊聚一堂的百貨公司，位於許願池與西班牙廣場之間。在這裡購物的好處是，一次購足商品後，集結在店內辦理退稅，並可透過機器辦理自助退稅，方便又省時。

📍 Via del Tritone 61 / 🕐 10:00～21:00(週六～22:00) / 🗺 P.209 ①

▲Rinascente Roma Tritone 除了各大精品名牌外，生活設計品也相當好買

重現古羅馬宅邸

瓦倫蒂尼宮&圖拉真遺跡區
Palazzo Valentini & Foro Traiano

http palazzovalentini.it / 📍 Foro Traiano 85 / 🕐 週三～一09:30～18:30 / 休 週二、元旦、五一勞動節、聖誕節 / 💲 €12、優惠票€8 / 🚇 地鐵B線至Colosseo站，步行約12分鐘 / ⏳ 1小時 / 🗺 P.209 ⑨

瓦倫蒂尼宮下面挖掘出的古遺跡，在考古團隊的精細研究後，巧妙地運用影音效果，重現古羅馬時期的房舍，讓觀者彷如走進一座完整的羅馬帝國時期豪宅，看著以往的臥房、廚房、家具的擺設，遊走於老石廢墟間，成就一趟有趣的導覽行程。

由這座古遺跡還可近距離仰望圖拉真圓柱上的雕刻，看當時的匠師如何生動刻繪戰勝羅馬尼亞的情景。這座圓柱落成於西元113年，為當時最大的圓柱，柱上的人物共達2,500多尊。

▲近距離仰望圖拉真圓柱上的精湛雕刻

鬼斧神工的石雕舞台

許願池
Fontana di Trevi

📍Piazza di Trevi／🕐全年開放／💲免費／➡️地鐵A線至Barberini站或威尼斯廣場，步行均約7分鐘／⏳30分鐘／MAP P.209 ⑩

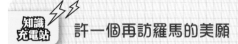

知識充電站　許一個再訪羅馬的美願

　　拿三枚銅板，背對著噴泉，往肩後丟並許下三個願望，據說其中一個願望必須是重返羅馬，其他兩個願望才會成真，而且最靈驗的方式是右手拿著銅板往左肩後面丟。據統計，許願池每天的收入高達€3,000，羅馬政府每天會撈起這些錢幣，用於慈善救助上。

　　Trevi噴泉中「Tre」義文是「三」的意思，vi則是「街」（via的簡寫），因這座噴泉位於三條街的交匯處，因此取名為「Trevi」。據傳，古羅馬軍隊出征回國途中，士兵們又累又渴，怎麼也找不到水喝。這時忽然出現一名少女，指引軍隊到一處湧泉解渴，後來他們稱這泉水為「處女泉」。將軍回到羅馬後，命人築建水道，花了19年的時間將「處女泉」引進羅馬城，從此乾旱的羅馬城有了豐沛的水源，不再受缺水之苦。

　　這裡最初只是個小小的泉水出口，18世紀時克勉七世教皇命索勒維（Nicola Solvi）擴建噴泉。建築師接到這份工作後，想將這裡打造為神話中的海神宮，特請雕刻家彼得巴勒奇（Pietro Bracci）栩栩如生地雕刻出充滿力與美的海神故事。噴泉於1762年完成，共歷時30年。澎湃的水聲在海神腳下奔流，駕著戰車的海神立於其中，飛揚的衣帶、急湧的海浪，展現出一股無人能擋的氣勢，腳下則是兩批奔馳的駿馬和鼓著臉頰用力吹號角的使者。頂端立著4位代表四季的女神雕像，海神兩旁為象徵「健康」與「富裕」的女神。再仔細往後看，右邊的女神像後有一幅「少女指引水源」畫。

　　白天的許願池，總是擠滿遊客，個個奮力丟著銅板，許自己一個再回羅馬的願。這樣一個充滿希望的幸福噴泉，也很適合夜晚來訪，燈光投射到氣宇軒昂的海神身上，腳下的泉水不斷由燦光中湧出，整座噴泉，就好似一座氣勢非凡的舞台，各尊雕像在光影的交錯下，充分展現巴洛克藝術的戲劇張力。

▲氣勢非凡的海神雕像

▲宛若巴洛克舞台的許願池

屹立千年的建築典範

萬神殿
Pantheon

Piazza della Rotonda／09:00～18:30／免費／地鐵A線到Spagna站，步行約15分鐘；或搭公車公車至Largo di Torre站，走進Via Torre Argentina直走約5分鐘／30分鐘／MAP P.209 11

古羅馬人期望藉由眾神的力量，保佑世人在這變化萬千的娑婆世界中，獲得一份平安與喜樂，因此早在西元前27年就建造了這座萬神殿。然而，西元80年時一場祝融之災讓原本的建築付諸一炬，西元125年哈德良皇帝下令重建，成就了這座完全不使用拱柱支撐，單以完美的建築力學，而屹立千年的建築，成為羅馬城內最古老、也是保留最完整的古羅馬遺跡。

建築本身牆厚6公尺，拱頂高46公尺，巨大的穹頂直徑與高度都是43.3公尺，中間直徑9公尺的天眼，提供神殿足夠的光源。無可挑剔的結構，素有「天使的設計」之稱，畫聖拉斐爾及義大利國王艾曼紐二世均長眠於此。

萬神殿後側的米內瓦聖母教堂(Basilica Santa Maria Sopra Minerva)，內有米開朗基羅的《手持十字架的基督像》(The Risen Christ)，也可以順訪。

▲中間天眼提供神殿光源，下雨、下雪時落入神殿的雨、雪景象也相當特別

CHECK 周區餐廳推薦

金杯咖啡
La casa del Tazza d'oro

http www.tazzadoro.coffeeshop.com／Via degli Orfani 84／週一～六07:00～20:00，週日10:00～19:00／約€1／地鐵A線到Spagna站，步行約15分鐘／MAP P.209 7

小小的萬神殿廣場右前方，是許多曾到羅馬的遊客念念不忘的金杯咖啡，不但可在此品嘗咖啡，也可購買咖啡豆及包著咖啡豆的巧克力做伴手禮。萬神殿左後方的Sant' Eustachio廣場上，還有另一家自家烘焙豆子的老咖啡館鹿角咖啡(Sant' Eustachio Il Caffè)，咖啡豆也十分優質。

▲原本為獻給萬神的殿堂，後因羅馬帝國改以基督教為國教，西元609年改為基督教建築

▲畫聖拉斐爾長眠於此

羅馬最具藝術氣息的噴泉廣場

納佛納廣場
Piazza Navona

🕐 24小時／💲 免費／➡️ 由花之廣場步行到此約5分鐘／⏳ 30分鐘／🗺️ P.209 ⬇️

納佛納廣場可謂羅馬古城中藝術氣息最濃厚的廣場，除了三座精采的噴泉外，廣場上的街頭藝人、畫家、咖啡座，以及每年12月的耶誕市集，都讓這座曾為競技場的廣場，充滿歡樂的氣息。

當然，這座廣場之所以能夠聚集如此多人潮，主要還是拜貝尼尼於1651年完成的四河噴泉所賜。雖然目前全球有五大洲，但創作當時只知道四個洲陸，因此貝尼尼僅取材四大洲的象徵河流與動植物，將各洲的意象呈現在四座雕像上。

正中間的方尖碑頂端有隻啣著橄欖枝的鴿子，象徵和平與聖靈，同時意寓世人與上天的連結，神靈的智慧將降臨於世間。

貼心提醒 **隨處可免費飲用的泉水**

在義大利旅遊最棒的是在許多公共空間都可看到免費泉水，因為古羅馬人認為水是眾神的禮物，積極修建水道及噴泉供大眾飲用，只要該泉水沒標示「Non Portabile」，即可飲用。

CHECK **1** 四河噴泉看點

非洲的尼羅河神

手扯著蓋住頭的布巾，一方面是因當時尚未發現源頭，另也象徵尚未見到基督光明的非洲世界，並以棕櫚樹下的雄獅為非洲的代表。

CHECK **2** 四河噴泉看點

美洲的布拉特河神

禿頭的河神伸出左手，呈現新大陸初見基督光明的驚訝之情，身邊的錢幣則代表這塊大陸充滿了財富，岩石下鑽出的怪獸為美洲特有生物犰狳。

CHECK **3** 四河噴泉看點

歐洲的多瑙河神

旁邊有匹駿馬的河神，轉身碰觸教宗的牧徽，代表迎接主的榮光，因此時多數的歐洲國家已信奉天主教。

CHECK **4** 四河噴泉看點

亞洲的恆河神

手拿著槳、槳下竄出一條大蛇的河神，頭偏向外邊不看教堂，象徵亞洲當時仍未看向天主教世界，另也因對面的教堂是貝尼尼的世敵博羅米尼(Borromini)所設計的建築。

古董街 Via dei Coronari

由納佛納廣場走向旁邊的古董街，行經Hotel Raphaël旅館及對面的老書店Antica Libreria - Cascianelli，古董街區則有許多古董老店及好逛的個性小店、古著店，中途可停Gelateria del - Teatro冰淇淋店，或到Bar del Fico Roma這家超有個性的小酒吧喝杯咖啡、小酒、或用餐。

▲周區巷弄有許多個性小店

Bar del Fico Roma

🌐 bardelficoroma.com／📍 Piazza del Fico, 26／📞 +39 06 8865 7702／🕐 07:00～02:30／🗺 P.209 ⑧

位於納佛納廣場周區的潮吧，以老舊的牆面、復古家具，營造出粗獷的美感。咖啡吧台提供香醇咖啡，酒吧區供應各式雞尾酒，餐館區則呈出一道道美味餐點，無論何時來都適合的咖啡吧。

▲提供非常香醇的義式咖啡

以蔬果裝點的漂亮市集

花之廣場
Campo de' Fiori

🕐 08:30～14:00／💲 免費／🚌 搭巴士64號在Vittorio Emanuele II街下車或Argentina廣場下車，步行約7分鐘／⏳ 40分鐘／🗺 P.209 ⑬

羅馬最著名的蔬果市集，一攤攤以蔬果妝點得漂漂亮亮的市集，搭配小販們高亢的叫賣聲，熱鬧不已。廣場周圍則是各家咖啡館、餐館、烤餅店，建議前往一些熱門排隊景點前，可在這裡的餅店購買義式烤餅(Focaccia)墊個肚子。傍晚時，這裡也是喝餐前酒的熱門地點。

這熱鬧的廣場上，還有一尊值得我們花一點時間向他致敬的雕像──主張地動說的天文學家布魯諾(Giordano Bruno)，因當時教廷主張地球是宇宙的中心，布魯諾因此被當作異端分子處死。

▲總是以蔬果裝點得漂漂亮亮的市集

▲附近街巷相當迷人，也可找到許多小店

▲提香的《聖愛與俗愛》（圖片取自／Wikimedia）

綠園裡的優雅藝術

波爾各塞美術館
Galleria Borghese

http gebart.it ／ ⊙ Piazza Scipione Borghese 5 ／ ☎ +39 06 841 3979
(資訊)；+39 06 32810(預約) ／ ⏰ 09:00～19:00，週三09:00～22:00
，週四09:00～21:00 ／ 休 週一、元旦、聖誕節 ／ $ 全票€13＋預約費
€2，優惠票9，參觀前須事先預約參觀時段；免費參觀日：每月第一個
週日，需預約 ／ 🚇 地鐵A線至Spagna站，坐上手扶梯往Borghese方向
出口，出地鐵站左轉直走進公園依指標步行約15分鐘 ／ ⁉ 只接受預約入
場；沒預約者，直接至購票處排隊，每個時段只開放約13個名額，通常
要排很久，建議先預約 ／ ⌛ 2小時 ／ MAP P.209 ⑬

　　坐落於波爾各塞綠園(Villa Borghese)內的優雅
美術館，原為17世紀波爾各塞樞機主教的別墅，
由於整塊別墅園區的形狀宛如愛心，因此有著「
羅馬綠色心臟」的美稱。館內收藏了許多重要
作品，是羅馬最值得參觀的美術館之一。知名收
藏包括：卡諾瓦(Canova)以拿破崙的妹妹寶琳娜
(Pauline)為模特兒所塑造的坐臥雕像；貝尼尼的
《阿波羅與達芬妮》(Apollo and Daphne)；提香
的《聖愛與俗愛》(Sacred and Profane Love)；拉
斐爾的《卸下聖體》(The Deposition)；卡拉瓦喬
的《拿水果籃的少年》(Boy with Basket of Fruit)
及《提著巨人的大衛》(David with the Head of
Goliath)等世界著名的經典之作。

▲位於羅馬綠園中的藝術館

越台伯河區
暢遊路線

雖然這區仍是羅馬市區，但需越過台伯河，稍微遠離商業中心，老巷子裡的雜貨店、老餐館，好似數十年如一日悠悠過日子，因此也成為羅馬人最喜歡的地點，夜晚各街巷的老餐館人聲鼎沸，非常推薦大家到此走走。

➡️ 由Torre Argentina搭8號電車到Viale Traste-vere站(Piazza Mastai站之後)，下車沿著Via di S. Francesco走

▲因需越過台伯河而名為「越台伯河」區

 景點 1 ### 法爾內塞別墅
Villa Farnese

http P.208 **14**

銀行家基吉(Chigi)1511年所建的別墅，這裡遊客較少，可在此靜靜欣賞拉斐爾所繪的水神加拉蒂(Galatea)溼壁畫。

 景點 2 ### 越台伯河聖母教堂
Basilica di Santa Maria in Trastevere

http P.209 **15**

西元221年即存在，為羅馬最古老的教堂之一，12世紀時改建為目前所見的樣貌。教堂的馬賽克鑲拼畫所描繪的，即為這座教堂曾在耶穌生日當天湧現橄欖油的神蹟故事。

 景點 3 ### 河岸聖方濟各教堂
Chiesa di San Francesco a Ripa

http P.209 **16**

這座10世紀就已存在的教堂原本為修道院，據紀錄，聖方濟還曾於1210年留宿於此。18世紀時，貝尼尼的弟子主事改為目前的樣貌。教堂內最著名的為貝尼尼晚年的作品《路德維卡‧阿爾貝托尼》(Ludovica Albertoni)，生動刻繪一生奉獻給窮人的Ludovica蒙主榮召時的喜悅之情。

▲貝尼尼深刻刻繪聖女盟主之召時的喜悅之情

天使降臨的堡壘

聖天使堡&聖天使橋
Castel Sant'Angelo & Ponte Sant'Angelo

📍 Lungotevere Castello, 50／🕐 09:00～19:30／休 週一、聖誕節／💲 €12+
€1預約費／➡ 距離聖彼得大教堂約10分鐘路程／⏳ 40分鐘／MAP P.208 ⬆

聖天使堡原為西元139年哈德良皇帝的陵寢，15世紀時改為堡壘，現在仍有密道通往梵蒂岡。堡壘上方立的是持劍的大天使米迦勒(Michael)，羅馬慘受黑死病之苦時，天使米迦勒曾降臨於堡上宣告黑死病即將結束。天使雕像後面還有座悲憫鐘，因這裡曾是教宗的監獄，有罪犯被判死刑時，鐘聲就會響起。

聖天使堡前立著10尊美麗雕像的橋梁，連接著梵蒂岡城與羅馬古城，橋身兩側的天使雕像中，原本有兩尊貝尼尼的作品，現安放在離此不遠的弗拉特聖安德烈教堂(Chiesa di Sant'Andrea delle Fratte)。

▲古城前立著十尊天使雕像的美麗橋梁，原有兩尊貝里尼的天使雕像，現移放到附近的教堂中

CHECK 周區推薦

Via Cola di Rienzo 中價位購物街

聖天使堡後面與梵蒂岡城之間，有一條優雅的中價位購物街，以中世紀的知名政治領袖Cola di Rienzo命名。這條街道多為中價位品牌商店，如Zara Home、Coin中價位百貨商場、年輕品牌Brandy Melville等，知名提拉米蘇專賣店Pompi在此也設有分店。中午逛完梵蒂岡城，推薦至老雜貨店Castroni的吧台簡單用餐，店內陳列義大利各地的優質食品，如酒、醋、橄欖油、松露產品、咖啡等。

古老的測謊儀

真理之口
Bocca della Verità

📍Piazza della Bocca della Verità／🕐09:30～17:50
／💲免費／➡️可由威尼斯廣場搭巴士到此，約8分鐘
車程／⏳30分鐘／ⓂP.209 ⑱

因《羅馬假期》這部經典的羅馬電影而聲名大
噪的真理之口，其實是塊放在科斯梅丁聖母教堂
(Chiesa di Santa Maria in Cosmedin)走廊的下
水道孔蓋，然而來訪的遊客，還是無怨無悔地排

隊，等著將手伸進海神嘴裡，驗驗自己這一生過
得誠不誠實。

以往這一帶為希臘人聚居的地點，西元8世紀
時特別為他們建造了這座希臘風格的科斯梅丁聖
母教堂。參觀完真理之口後可別急著離開，推薦
往斜後側山丘走，探訪羅馬特有的一孔窺三國特
殊景觀。

三個國家一次囊收眼裡

馬爾他騎士團鑰匙孔
Knight of Malta Keyhole

📍Piazza dei Cavalieri di Malta／🕐24小時／💲免
費／➡️沿著真理之口右後側的山坡，往上步行約12分
鐘／⏳40分鐘／ⓂP.209 ⑲

馬爾他騎士團的宅邸雖不對外開放，但這裡的
鑰匙孔卻因為可一次看到義大利、馬爾他、梵蒂
岡三個國家，而吸引各國人士慕名來看這羅馬特
有的景觀，因此常是大排長龍。

別墅旁還有座寧靜的教堂(Sant'Anselmo
all'Aventino)，沿路經過的公園也能俯瞰羅馬市
區景觀，以及台伯河上沙丘堆積而成的迷你台伯
島，目前島上為Fate Bene Fratelli醫院。

▲即使得爬點山路至山丘上，但仍常是大排長龍

▲透過小小的鑰匙孔，一次看三國

天主教的精神中心

聖彼得大教堂
Basilica di San Pietro

🌐 www.vatican.va／🕐 07:00～18:30，夏季07:00～19:00／💲免費／➡ Ottaviano地鐵站，步行約10分鐘／⏳ 2小時／🗺 P.208 ⑳

西元324年時，君士坦丁大帝下令在聖彼得的受難地建造教堂，然而這座教堂15世紀時已嚴重毀壞，16世紀朱利奧二世命布拉曼特(Bramante)於1506年4月18日開始修建教堂，在120年間經歷多位建築師之手，包括拉斐爾、米開朗基羅等人，才於1626年全部完工，建築面積達2.3萬平方公尺，共可容納6萬人之多。

宏偉的教堂，當然要有座不凡的廣場相稱，當時的教宗亞歷山大七世，委請17世紀的大師貝尼尼設計可容納30萬人的聖彼得廣場。廣場左右兩側的半圓形柱廊宛如張開雙手，溫暖環抱前來朝聖的信徒，將人們引入聖彼得大教堂親近去。整座橢圓形廣場長軸達240公尺，柱廊上立著140尊聖人雕像，廊內排著四列大理石柱。教堂前兩尊大雕像分別為手持劍的聖保祿(San Polo)及手持通往天國之鑰的聖彼得。

貼心提醒 參觀注意事項

● 入內須排隊過安檢，不可攜帶大行李、腳架、雨傘，有寄物櫃可寄放。

● 時間較短者，可先參觀梵蒂岡博物館，進博物館先到最後的出口旋轉梯拍照，接著搭手扶梯上2樓進博物館，順著參觀路線走到西斯汀禮拜堂後，由這裡的捷徑直接到聖彼得大教堂，節省掉排長隊安檢進大教堂的時間。

▲從大圓頂俯瞰聖彼得大教堂廣場與羅馬城，廣場兩側共用了 284 根大理石柱，廊上立著 140 尊聖人雕像

CHECK 1　聖彼得大教堂看點

廣場上神奇的貝尼尼點

廣場的柱廊由四排石柱組構而成，神奇的是只要站在廣場的中心點(Centro del Colonnato)看向柱廊，四列圓柱看起來就好像只有一列。

CHECK 2　聖彼得大教堂看點

大圓頂

高132.5公尺的大圓頂為米開朗基羅的不朽之作，以直徑來算，僅次於佛羅倫斯百花聖母大教堂和萬神殿的圓頂。可惜的是，米開朗基羅71歲才開始設計，圓頂完成前辭世，未能親眼見到圓頂完工。推薦搭乘電梯或爬樓梯上圓頂，俯瞰壯觀的羅馬城景色。

亞歷山大七世教宗陵墓

這是貝尼尼80歲才接的案子，也是他生前完成的最後一項作品。陵墓上的教宗身旁，分別立著象徵仁慈、真理、智慧和正義的女神雕像，中間的沙漏則象徵每個人都無力抵抗時間的流逝。

米開朗基羅的《聖殤》(Pietà)

聖母溫慈地抱著垂下手的耶穌，作品呈穩重的金字型。這件作品是米開朗基羅24歲時完成的，

但因作品太純熟，有些人不相信米開朗基羅這麼年輕就能完成如此完美的作品，於是他憤而潛入教堂，在雕像上刻下自己的名字，這也成為他唯一有署名的作品。

聖彼得銅像

信徒排隊觸摸聖彼得銅像的腳，接受聖人的祝福。

◄ 廣場上拿著天國鑰匙的聖彼得雕像

聖門 (Holy Door)

教堂共有5扇正門，最右側為聖門，最左側則為死門。聖門每25年一次的慈悲聖年(Jubilee Year of Mercy)由教皇開啟一年，讓信徒走過聖門，象徵接收上主的愛與希望。聖門上的浮雕為開過聖門的教皇徽章。

貝尼尼的聖體傘 (Baldacchino)

青銅華蓋打造的聖體傘下為教堂的主祭壇，唯有教皇才能在此帶領信徒做彌撒。祭壇正對面的是聖彼得的地下陵墓，這是信徒的朝聖之地，須先預約才能入內靜禱。

瑞士禁衛隊

1505年朱利奧二世所創立的梵蒂岡專屬護衛，是現存最古老的軍事組織之一。其制服為文藝復興時期的代表色：紅、藍、黃、橙，儼然已成為遊客爭相拍照的焦點。

重量級的藝術寶庫

梵蒂岡博物館&西斯汀禮拜堂
Musei Vaticani & La Cappella Sistina

🌐 biglietteriamusei.vatican.va／📍 Viale Vaticano／📞 +39 06-6988 3860／🕐 週一～六09:00～16:00入場；每月的最後一個週日09:00～02:00開放免費參觀；夜間特別開放時間：5～10月底每週五最後入場時間20:30，週六18:00最後入場，須先線上預約；另還可從官網預約博物館含早餐或午餐的參觀行程／💲 €17，線上預約另加收€5手續費／🚇 Ottaviano地鐵站，步行約10分鐘／❓ 1.旺季時，建議事先預訂或者開館半小時前提早到場排隊，否則可能會排上2個多小時；2.中午時段梵蒂岡博物館的進場人數較少；3.時間有限者，可由梵蒂岡博物館的西斯汀禮拜堂內走通往聖彼得大教堂捷徑（正對著《最後的審判》溼壁畫的小門），但由此走出去就無法再回來看其他畫作／⏳ 2.5小時／🗺 P.208

梵蒂岡博物館位於聖彼得大教堂後側，陳列了歷代教宗與教廷的收藏品，其中包括許多重磅級的藝術品：勞孔父子群像(Gruppo del Laocoonte)、描繪耶穌生平的19幅掛毯畫、達文西未完成的苦行僧《聖傑洛米》(San Girolamo)、卡拉瓦喬的基督下葬(Deposizione)、西斯汀禮拜堂米開朗基羅的《最後的審判》(Giudizio Universale)和《創世紀》(Genesi, Cappella Sistina)、拉斐爾室《雅典學院》(Stanze di Raffaello—La Scuola d'Atene)。

▲陳列自古至今各時期的重要地圖

▲織繪耶穌生平事蹟的精采掛毯畫

▲計畫從西斯汀禮拜堂小門前往聖彼得大教堂者，可先到博物館出口拍迴旋梯再進博物館參觀

CHECK 1 館藏名畫深入看

《雅典學院》
La Scuola d'Atene

拉斐爾分別在簽署廳(Segnatura)的四面半圓拱內繪製了4個不同主題的畫作：神學的《聖禮的辯論》(Disputation of the Holy Sacrament)、哲學的《雅典學院》、詩歌的《帕拿巴斯山》(The Parnassus)、法學的《三德》(The Cardinal Virtues)，其中以《雅典學院》最具代表性。

《雅典學院》繪出希臘哲學家柏拉圖(以達文西為模特兒，手指著思想起源的天)與亞里士多德(手指向前方的現世)辯論真理的景象，四周則是數學家、手杖著頭沉思的哲學家(以米開朗基羅為模特兒的赫拉克利特)等領域的學者，生動描繪古典人文學者與基督教追求真理的景象。拉斐爾也將自己繪入這神聖的場景中，帶著畫家帽的他靜站在右下角，就好像在引領觀眾隨著他炙熱的眼神，看向這理想的世界。

▲《雅典學院》（圖片取自／Wikimedia）

《最後的審判》
Giudizio Universale

西斯汀禮拜堂的《最後的審判》，是米開朗基羅的最後一幅畫作。繪畫主題取自但丁神曲的地獄篇，同時也展現天主教徒在宗教革命中所面臨的衝擊，以及永持心中的堅定信念。

整幅畫以基督為中心，左側站著拿著鑰匙、請求基督公正審判的聖彼得。基督果決的身形，舉起右手，準備做出最後的審判，周遭圍繞著焦慮不安的聖徒，上層為吹著號角，宣告最後的審判即將開始的天使，下層則是從墳墓中拉出的死去靈魂，左邊是得救將升天的靈魂，右邊為將要下地獄的罪人。

《創世紀》
Genesi

米開朗基羅花了4年的時間，仰著頭、彎著身子在這19公尺高的天頂、280平方公尺的天頂繪製了將近300幅人像，完整呈現開天闢地的《創世紀》與人類的墮落，其中，《創造亞當》(Creazione di Adamo)堪稱世界繪畫史中最動人心弦的頂尖之作。這幅天頂巨作一一展現上帝創造晝夜、日月、海陸、亞當、夏娃、原罪、諾亞的貢獻、大洪水、與酩酊大醉的諾亞。周圍的高窗則

繪出預知耶穌來到的先知(其中一幅手掩著臉的Hieremtas，為米開朗基羅的自畫像)，在巨大人形間，又以異國的女預言家穿插其間。四角為象徵人類得到救贖的拯救猶太人寓意畫。

整幅畫作儘管繁複，構圖卻簡潔不混亂，如《創造亞當》中上帝創造之手，觸碰第一個人類亞當時，象徵人類甦醒，開啟俗世的生命與愛，表現出上帝即將觸及亞當、從容不迫創造宇宙萬物的的那一瞬間。這同時也代表著畫家的個人信念：「唯有創造之手，才是有生命之手。」

▲西斯汀禮拜堂的《最後的審判》(圖片取自／Wikimedia)

▲西斯汀禮拜堂的《創世紀》(圖片取自／Wikimedia)

拉吉歐　羅馬＆梵蒂岡

227

國立現代與當代藝術美術館
Galleria Nazionale d'Arte Moderna e Contemporanea

http lagallerianazionale.com／ⓞ Viale delle Belle Arti 131／ⓒ 週二～日09:00～19:00／休 週一、元旦、聖誕節／$ €11、優惠票€6(持MAXII門票可享半價優惠)／⇨ 地鐵A線Flaminio站再步行600公尺，或搭3、19號電車至viale delle Belle Arti站／⊠ 1.5小時／MAP P.209 ㉒

波爾各塞美術館不遠處還有座白色美術館，成立於1883年，擁有豐富的19～20世紀繪畫與雕刻收藏，包括Umberto Boccioni、莫內、克林姆(Klimt)、竇加(Degas)、塞尚(Cézanne)和梵谷等現代大師的作品。最著名的收藏為克林姆的《女人的三階段》(The Three Ages of Woman)，畫中的年輕母親懷抱著熟睡中的嬰兒，背景為色彩鮮豔的地毯，而旁邊則是長髮掩面、血管凸出、胸脯乾癟下垂、腹部鼓起的老嫗，下半部的背景宛如因無情歲月而墜下的淚滴。

▲克林姆的《女人的三階段》(圖片取自／Wikimedia)

MAXXI二十一世紀藝術博物館
Museo nazionale delle arti del XXI secolo

http www.maxxi.art／ⓞ Via Guido Reni 4A／ⓒ 11:00～19:00／休 週一、五一勞動節、聖誕節／$ €12、優惠票€9／⇨ 地鐵A線Flaminio站(人民廣場旁)轉搭2號電車到Apollodoro站／⊠ 1.5小時／MAP P.209 ㉓

MAXXI二十一世紀藝術博物館坐落於Zaha Hadid改造的廢棄兵工廠，2010年落成時，還榮獲英國皇家建築師協會評選的傑出建築獎，內部自由延展的建築空間，與周圍的環境、城市肌理融合在一起，並善用靈動的線條與懸浮階梯區隔出各個展覽空間。

▲內部靈動的線條圍構出抽象性的空間

這是義大利首座國家級當代藝術博物館，也是羅馬城重要的藝術文化中心，期望能扮演古羅馬議事場的角色，因此這裡的策展總是相當具思辨性，並提供各種藝術資源、舉辦不同主題的講座，提供一個公眾能自由參與、思辨的開放場域。

▲自由延展的建築空間與外部地貌和諧共存

▲附設咖啡館也相當具設計感

廢棄電力廠裡的考古文物展

中央蒙特馬提尼考古博物館
Museo Montemartini

http www.centralemontemartini.org／**◎** Via Ostiense 106／**◷**
09:00～19:00／**休** 週一、元旦、五一勞動節、聖誕節／**$** €7.5、
優惠票€6.5／**➡** 地鐵至Garbatella站，再步行約10分鐘／**⧗** 1.5小
時／**MAP** P.209 **㉔**

由羅馬Ostiense區一座廢棄的電力廠改建的考古博物館，
內部仍保留各種大型機械、廠房設備，讓參訪者遊走於現代
機械間，細細欣賞穿插其間的古老雕刻、文物，讓這些千年
古物，呈現出當代藝術感。

廠房主要規畫了三個展覽空間：「列柱室」展出羅馬共和國
文物、「機械室」展示大型的考古文物、「鍋爐室」則以皇室
花園和豪宅裝飾品為主題，地上呈放描繪古代狩獵場景的大
型馬賽克鑲嵌畫。

▲錯落於老機械間的古老藝術品

修道院裡的優雅祕境

修道院藝廊
Chiostro del Bramante Roma

http chiostrodelbramante.it／**◎** Arco della Pace 5／**◷** 週一～五
10:00～20:00、週六～日10:00～21:00／**休** 元旦、五一勞動節、聖
誕節／**$** €8／**➡** 由納佛納廣場步行約3分鐘／**⧗** 1小時／**MAP** P.209 **㉕**

聖母平安堂(Chiesa di Santa Maria della Pace)後面的修道院
為文藝復興時期的知名建築師布拉曼特(Bramante)之作，後來
將原本的修道院空間轉為藝文用途，迴廊則改為咖啡館，適合
在此喝咖啡、享用早午餐。而在聖母平安堂教堂內部還可看到
拉斐爾受西耶納銀行家基吉(Chigi)的委託，所繪的利比亞女先知
(Sybils)溼壁畫。

▲前身為修道院的藝廊及咖啡館

多利亞·潘菲利美術館
Galleria Doria Pamphilj

http www.doriapamphilj.it/roma／⊙ Via del Corso 305／🕐 09:00～19:00，週五～日延長1小時／休 每月第三個週三、元旦、復活節、聖誕節／$ €14／➡ 由威尼斯廣場步行約7分鐘／⧗ 1.5小時／MAP P.209 ⓯

多利亞·潘菲利美術館位於主購物街Via del Corso上，名稱取自多利亞與潘菲利兩大家族。17世紀來自家族的伊諾森十世教宗(Innocent X)，希望能興建一座足以彰顯家族勢力的宮殿，便於1646年開始興建此宮殿，後來又陸續擴建，尤其是18世紀Andrea IV Doria Pamphilj Landi與薩伏依王朝的公主Leopoldina Maria結婚時。這棟建築也因而逐漸成為羅馬私人宮殿中，規模最大的一座。

美術館1樓不收費，2樓的美術館才需門票。入館後首先來到接待廳，接著是音樂廳及舞廳，內部仍保留當時的家具、樂器、甚至僕役的服飾，當然還有富麗堂皇的裝潢，尤其是迴廊的天頂溼壁畫，多為巴洛克後期的藝術家所繪，其中又以鏡廳(Galleria degli Specchi)最令人讚嘆！

大部分收藏來自伊諾森十世教宗，以及後來家族成員聯婚所帶來的大量收藏，包括利比、卡拉瓦喬、維拉斯奎茲(Velázquez)、提香、米開朗

基羅等大師的作品，以及許多荷蘭畫家的精湛作品。作品中最著名的為伊諾森十世教皇的肖像畫及雕刻，分別為西班牙畫家委拉斯蓋茲潘菲利所繪的伊諾森十世教皇肖像畫，及貝尼尼為教宗所雕的半身雕刻。

參觀完美術館後，還可繼續參觀豪宅寓所的部分。而在1樓入口處還設有茶室，不需購票也可入內用餐。

▲令人驚豔的鏡廳迴廊　　　　　▲建築本身的精采度一點也不輸收藏品

CHECK 1 館藏名畫深入看

《伊諾森十世教皇肖像畫》
Portrait of Innocent

畫家委拉斯蓋茲畫完後，教皇看了不是很高興地說：「畫得太像！」因為委拉斯蓋茲將這位心思縝密又有點專制跋扈的教皇神韻抓得太精準，雖

然從垂靠在椅子上的雙手及臉部肌理可看出76歲的教宗身體逐漸虛弱，但在紅袍子的襯托下，眼神依然如此銳利、堅毅。這幅畫堪稱現實主義肖像畫的代表作。

▲ 透漏教宗堅毅神情的肖像畫 (圖片取自／Wikimedia)

CHECK 2 館藏名畫深入看

《逃往埃及途中的歇息》
The Rest on the Flight into Egypt

描繪天使告知約瑟夫，希律王即將大開殺戒，要他趕緊帶著妻兒逃往埃及，此畫為瑪莉亞與聖嬰在途中歇息的情景。

CHECK 3 館藏名畫深入看

《莎樂美與施洗約翰的頭顱》
Salome with the head of St John the Baptist

莎樂美與施洗約翰的頭顱是相當常見的繪畫、文學、戲劇主題，卡拉瓦喬到王爾德、插畫家比亞萊茲(Beardsley)都曾詮釋過這個故事。相傳希律王答應女兒莎樂美公主為他跳一曲七紗舞，便滿足她的所有願望，而公主的願望就是約翰的頭顱，希律王雖然不想殺害約翰，但為了實踐自己的諾言，還是將約翰的頭顱取下，放在盤子上呈給公主。

CHECK 4 館藏名畫深入看

《懺悔的抹大拉》
Penitent Magdalene

畫中的香膏瓶及珠寶拋在一旁，描繪曾為妓女的抹大拉低著頭誠心懺悔的樣貌。

義起旅行

中世紀羅馬
教堂巡禮

羅馬城內約有900多座教堂，其中不乏建築大師的代表作或天主教的重要朝聖地，除了前面介紹的教堂外，若時間許可，也值得一訪下列的教堂。

教堂 1　聖伊納爵堂
Chiesa di Sant' Ignazio di Loyola

MAP P.209 ㉗

教堂中殿的天頂畫以其獨特的繪製方式，讓建築本身看起來比實際上還要高。而中央的圓頂，其實是巴洛克幻象大師Andrea Pozzo利用特殊的繪畫手法，營造出的3D效果，讓整座教堂看起來更為宏偉。可惜的是，圓頂原作已毀損，此為複製畫。

▶這圓頂畫實際上只是17公尺寬畫布上的平面繪畫

教堂 2　鎖鏈聖彼得教堂
Basilica di San Pietro in Vincoli

MAP P.209 ㉘

教堂依收藏聖彼得被收押時所銬的鎖鏈而命名，教堂內最受矚目的是米開朗基羅為朱利歐陵寢所雕刻的摩西像，靈動地雕繪出摩西右臂緊夾著《十誡》、手拿石塊氣憤地要砸掉金牛這世俗偶像。摩西手撚鬍鬚、生動的神情，堪稱米開朗基羅的最佳雕刻作品之一。

教堂 3　勝利聖母教堂
Chiesa di Santa Maria della Vittoria

MAP P.209 ㉙

距離特米尼火車站不太遠的勝利聖母教堂裡，有著貝尼尼精湛的雕刻作品——《聖泰瑞莎的幻覺》(L'Estasi di Santa Teresa)。可到此細細欣賞貝尼尼大師如何生動地雕刻出聖女沈浸於聖喜中的神情。

教堂 4　奎里納雷聖安德烈教堂
Chiesa di S. Andrea al Quirinale

MAP P.209 ㉚

由於教堂空間有限，貝尼尼特地將之設計為橢圓形，讓人一踏進門，很自然地往上看向天上投射下來的光，彷如與上主同在。這也是貝尼尼最喜愛的一座教堂，晚年的貝尼尼常到此做禮拜。

教堂 5　聖母瑪莉亞大教堂
Basilica di Santa Maria Maggiore

MAP P.209 🔴

　　西元356年時，正值熱暑的8月天，竟如聖母瑪莉亞的預言下起雪，讓人們在下雪的地點建造一座教堂。教堂內還有5世紀時，描繪舊約聖經36個場景的馬賽克鑲拼畫。

教堂 6　天使聖母教堂
Chiesa di Santa Maria degli Angeli

MAP P.209 🔴

　　米開朗基羅晚年將可容納3千人的戴克里先大浴場改為教堂，18世紀Vanvitelli又重新改造過，內部寬敞的空間，以極簡的現代宗教雕刻裝飾，呈現出恢宏莊嚴的氛圍。

▲有別於其他教堂，教堂內部以極簡的現代宗教雕刻裝飾

教堂 7　法國人的聖路易教堂
Chiesa di San Luigi dei Francesi

MAP P.209 🔴

　　要欣賞卡拉瓦喬對光線的琢磨可至人民廣場旁的人民聖母教堂(Basilica Parrocchiale Santa Maria del Popolo)，其中《聖保祿的皈依》這整幅畫中(Conversione di San Paolo)，畫中描繪從馬上跌落在地的聖保祿，在溫柔的光線中，與主進行一場神聖的相遇景象。

　　而納佛那廣場不遠處有座外表看似平凡的聖路易教堂，裡面有著三幅卡拉瓦喬描繪聖馬太(San Matteo)生平的重要作品：《聖馬太與天使》、《聖馬太蒙召喚》、《聖馬太殉教》。其中《聖馬太殉教》這幅畫中，巧妙地透過光線的描繪，凸顯出聖彼得受難前的情緒。

教堂 8　骨骸寺
Chiesa di Santa Maria della Concezione dei Cappuccini

MAP P.209 🔴

　　教堂的地下聖堂為一條長約30公尺的長廊，18世紀時修道士們使用3,700多位教會兄弟的骨頭打造的死亡警醒(memento mori)。內部空間雖不大，但精巧地以骨頭裝飾了6座小聖堂，並以其使用的骨頭部位命名聖堂，如：頭窟聖堂。最後一間小聖堂還刻著一段發人省思的話語：「我們曾與你一樣，而你也將與我們一樣。」

▲樸實外表的教堂內，卻有令人驚嘆的骨骸小聖堂

義大利旅遊小錦囊

簽證、交通資訊、貨幣

【簽證】

持台灣護照者，可免簽證至申根國家旅遊90天。2019年中起，14歲以上持台灣護照的遊客可由自動通關出、入境，不需排長隊等候檢查護照。

通關

入境時，通常不會檢查行李，未超過免稅額度者，可走綠色免申報通道。

義大利入境免稅額度

22%以下的酒精飲料2升；香菸200支以下或雪茄50支、菸草250克；€430以下價值的物品(含旅行支票)。超過者應走紅色通道報稅。

【保險與罷工】

旅遊不便險

若遇飛機取消或延誤、行李遺失、現金失竊或信用卡盜刷等旅行意外情況，其造成的額外費用或損失，若有旅遊不便險多可申請理賠。

罷工

義大利常有罷工活動，一般會先公布罷工時間，出發前建議先上網查詢，若遇上交通運輸大罷工，行程安排盡量不要大區域的移動，雖會有少數班車行駛，但常會延遲許久或甚至最後取消的情況。

● 罷工時間查詢
http www.cgsse.it

【飛機、火車】

台灣直飛義大利的航班包括華航飛羅馬及長榮飛米蘭，其他轉機航班也多停靠這兩個城市，部分中東轉機的航班飛往中部的波隆納國際機場。直飛航班約12小時，轉機航班則約16小時起。

義大利火車網絡算相當完善，除了國內各大小城鎮外，也有許多通往歐洲各國的跨國火車。主要營運公司分為義大利國鐵Trenitalia以及私營高鐵

▲大城市火車站乘客相當多，建議盡量透過網路或 APP 訂購電子車票

▲上火車前記得先在月台前的機器打票

▲義大利國鐵高速列車

▲義大利國鐵普通列車

Italo。票價算是歐洲國家中較便宜的，再加上火車票和廉價航空票一樣，推出不同等級的車廂與條件限制的票種，只要提前購買早鳥票，常可買到價格划算的火車票。

可透過官網或APP預訂車票，進出月台及車掌查票時，只要出示電子裝置上的電子車票即可。也可抵達當地後，到火車站內的售票處或購票機購票，持紙本車票者，上車前記得在月台的機器打票，該張票由打票時間算起6小時有效，沒打票者會被視為逃票。

● Trenitalia義大利國鐵
http www.trenitalia.com

● Italo私營高鐵
http www.italotreno.it

【貨幣】

歐元(€)1=約35元台幣

義大利屬歐盟國家，貨幣單位為歐元€，貨幣上的設計多為義大利知名人物及各個風格的建築。

貨幣中以€20及€50的鈔票最實用，換幣時盡量避免換€500的大鈔，因為當地商店為避免收到假鈔，多不收取面額太高的現金。

在台灣即可兌換歐元，建議出國前先換好錢，並開通國內提款卡的海外提款功能，以備現金不夠時，能在當地銀行、或郵局的提款機提領當地貨幣使用。

▲不建議在隨處可見的 Euronet 提款機提款，匯率差

善用電子支付

現在各大小餐廳、商店、超市、交通票櫃檯幾乎都可使用電子支付。雖然海外消費須加收手續費，但有些信用卡推出海外手續費優惠或紅利回饋額度較高的活動，出國前可先比較各家信用卡的優惠方案。

如何在海外提款機提款

Step 1 出國前至銀行開通海外提款功能，並設定四位磁條密碼。

Step 2 尋找貼有與自己的提款卡相同標誌的提款機，例如Cirrus或PLUS。

Step 3 插入卡片並輸入四位密碼。

Step 4 選擇現金提款(Cash Withdrawal)，以及從存款帳號(Saving)提款。

Step 5 選擇提款金額。

Step 6 取回現金、卡片、收據。

5歐元

10歐元

20歐元

50歐元

100歐元

2歐元

1歐元

50分

20分

10分

5分

2分

1分

市區交通

每個城市各有自己的大眾運輸營運公司，票券不相通。主要觀光城市除了單程票外，通常提供一日票這類的票券。

【票制】

單程票通常可在打票時間算起的有效時間內，轉乘巴士、電車、地鐵、纜車(但地鐵及纜車通常只能搭乘一次)。

▲上車走前門，下車由後門，若兩節式巴士則從中間門下車

▲上車須在車上的打票機打票，否則視為逃票，抽查到會罰高額罰款

【自駕】

托斯卡尼等郊區較適合自駕旅遊，歐洲租車公司多為手排車，自排車較貴，但義大利地形坡道多，沒把握者，還是選擇自排車較保險。自駕者需要注意，路口若畫有白色停止線，均須先停車看清楚路況再過；走圓環時，要先禮讓裡面的車出來，再進圓環；一般道路的內車道均為超車道，勿占用車道。

【外車禁止通行】

古城區通常禁止車輛進入(ZTL區)，自駕者若想直接開到旅館，需事先請旅館協助申請進入禁區的通行權，小心可別誤闖了！

▲義大利古城區多已規畫為禁止外車通行的 ZTL 區

生活資訊

【稅率與退稅】

消費稅為4～22%，商品價格均已含消費稅(IVA)，海外遊客在加入退稅聯盟的商店當日消費超過€155者可辦理退稅，實際退稅額度為10～12%(詳細退稅程序請參見P.34)。

【時差】

3月最後一週的週日至10月最後一週的週日為夏令時間，慢台灣6小時；冬令時間則慢台灣7小時。

【旅費預估】

當地消費參考：

礦泉水	€1起
咖啡	€0.9起
市區巴士地鐵票	€1.5起
三明治	€3.5起
披薩	€6起
餐館1餐	€25起
住宿1人	€30起

【小費】

帳單若已加上服務費，便不需給小費。若沒加上服務費，部分觀光區域餐廳的服務人員會要求給小費。一般來講，並不一定要給小費，若覺得服務特別好可給10～15%的小費，或者留下找零。

【電壓插座】

義大利電壓是220V，插座多為三圓孔，細腳兩圓孔轉接頭也可使用。

【廁所】

義大利教堂雖多，但並沒有設置公用廁所，故可善加利用咖啡館、大型超市、購物中心內設的廁所，火車站及觀光區也可找到收費的公用廁所，通常為€1。

▲有蓋的為馬桶，沒蓋的為坐浴桶

【氣候與生活】

義大利地形狹長，各區氣候略有不同，波隆納以北屬於大陸性溼潤副熱帶氣候，佛羅倫斯及利古里亞沿岸地區則跟南義一樣，屬於地中海型氣候。

如北部的米蘭與佛羅倫斯溫差約5度，佛羅倫斯與羅馬也是如此。

夏季炎熱，須做好防曬，但歐洲氣候乾燥，不至於到溼熱難耐的程度；冬季北部山區雪量大，米蘭以南各城市冬季雖也下雪，但不會太過寒冷；春、秋季雖較常下雨，但氣候最為舒適，最適合旅遊義大利。最佳旅遊季節：4、5、6、10、11月。

▲冬季折扣是1月5日，夏季折扣通常是7月第一週

【節慶表】

除了國定假日外，義大利亦有許多宗教節慶及各城市自己的守護聖人節日。如4月復活節期間許多信徒會拜訪羅馬梵蒂岡城，旺季時建議先訂房，或如勞動節、聖誕節時，多數的博物館、美術館公休。

日期	節慶
1/1	新年
1/6	主顯節
1/7	米蘭守護聖人節
4月	復活節
5/1	勞動節
6/2	建國紀念日
6/24	佛羅倫斯聖人節
6/29	羅馬守護聖人節
8/15	聖母升天節
11月	萬聖節
12/8	聖母受胎日
12/25	聖誕節
12/31	新年前夕

月分	1月	2月	3月	4月	5月	6月	7月	8月	9月	10月	11月	12月
購物、生活	血拚：1月冬季折扣季開跑		時令：3月最後一個週日開始夏令時間		運動：5月甲級足球聯賽結束		血拚：7月第一個週末夏季折扣季開跑		運動：9月甲級足球聯賽開始　時令：10月最後一個週日之後開始冬令時間			血拚：12月街道充滿耶誕氣息，商店週日也營業
氣候	最寒冷的季節，羅馬以北較可能下雪		微冷，但仍是舒服的氣候，適合到南部、和西西里島旅遊		還未進入旅遊旺季，也是較舒適的季節；早晚溫差大		炎熱，8月是地中海水溫最暖、適合下水的旅遊旺季		許多美食的收成季，適合老饕拜訪的季節早晚溫差大，下雨機率高			室內大都會開暖氣，室外要注意保暖
服裝建議	必備帽子、圍巾、大外套、手套		薄圍巾、較薄的羽絨外套、雨具		大圍巾、外套、雨具		必備防曬用品，如墨鏡、帽子		外套、雨具			冬季，帽子、圍巾、大外套、手套必備
米蘭氣溫	2~7℃	3~10℃	7~14℃	10~18℃	14~23℃	18~27℃	20~30℃	20~29℃	16~24℃	11~18℃	6~11℃	2~7℃
羅馬氣溫	3~12℃	3~14℃	6~17℃	9~19℃	13~24℃	17~28℃	19~31℃	19~31℃	15~27℃	12~22℃	7~17℃	4~13℃
日出　日落	07:40　16:50	07:20　17:25	06:40　18:00	06:50　19:30	06:10　20:00	05:40　20:40	05:40　20:50	06:00　20:30	06:30　19:50	07:00　19:00	06:30　17:10	07:30　16:40

【郵寄明信片】

特別注意義大利除了義大利郵政(Poste Italiane)外，還有幾家私營的郵局，若購買私營郵政的郵票，需投入該郵政的郵筒，否則無法順利寄出。該郵票販售的雜貨店外通常設有小郵筒。

▲私營郵政在販售郵票的雜貨店外會設這樣的小郵筒

【電話及網路】

義大利電信公司除了好比中華電信的Tim，以及來自英國的Vodafone、本土的Wind，現在還有來自法國的新電信公司iliad。抵達當地後，可在火車站內或市區的電信公司櫃檯及店面購買電話卡(SIM或eSIM)，購買時需出示護照。

歐洲電信較少提供吃到飽方案，通常只提供一定時間內的定額網路用量，如30天內15G+200分鐘通話費，約€20，費用不若亞洲國家便宜。各家公司常變換商品方案，所幸服務櫃檯或店面通常設在同一區，可先比較各家的遊客優惠方案再購買，或者出國前先在KKDay這類代訂旅遊網站購買吃到飽的SIM卡。建議購買可上網及含有通話分鐘數的電話卡，以便連繫旅館、叫計程車或訂餐廳。

此外，旅館、民宿多提供免費無線網路，各城市近年也積極建構免費無線網路，登錄個人資料後即可使用，但通常需當地電話號碼註冊。

● Tim電信
http www.tim.it

● Vodafone
http www.vodafone.it

● Wind
http www.wind.it

● iliad
http www.iliad.it

【拍照】

一般教堂都可拍照，但禁止使用閃光燈，有些會收攝影費，如此一來可區別進教堂祈禱及觀光的遊客。部分的博物館、美術館也禁止拍照，一般均禁止攜帶三腳架，即使可拍照的地方，也不可使用閃光燈，入場前可注意門口張貼的告示。

【行李寄放處】

除了火車站外，城內也可找到一些私營的行李寄放處，要特別注意關店時間。費用視行李大小而定，約€5起。

▲各大火車站內及站外都可找到行李寄放處

▲水果別碰，想買水果要請老闆拿，否則老闆會生氣哦

旅遊安全守則

義大利治安雖然全球知名，但其實並沒有傳說中可怕，只要巴士、地鐵、觀光勝地人多時注意扒手，暗夜不走小巷，以及了解一些常見的陷阱，也能安全快樂地旅遊義大利。

- **重要物品放斜肩包**：重要物品建議放在斜肩包，人多時手按包包。
- **小心假警察**：歐洲各地常出現假扮警察的詐騙集團，通常是一夥人聯合犯案，要求檢查隨身物品，趁機竊取錢財。詐騙手法相當高明，務必提防主動接近的人士。
- **火車自動購票機**：購票時常會有陌生人接近，聲稱要幫忙購票，趁機將找零搜刮一空。購票時若有任何問題，

▲人多時重要物品要背在前面，有人推擠就要特別注意

務必找穿著制服的服務人員。
- **陌生飲品**：尤其在夜店不要喝陌生人提供的飲料。
- **假捐錢**：常是幾個年輕人拿著捐款簿，聲稱同國籍的人剛捐了多少錢，這些通常是假捐款、真詐騙。

▲若擔心安全問題，尤其是夜遊，可透過網路、當地旅遊中心報名參加當地旅遊行程

緊急狀況應變

【護照遺失】

即使護照遺失了，也不需太過擔心，只要向當地警察局報失，取得失竊證明，再持身分證明文件至台灣辦事處申請回國入境用的「入國證明書」。

【信用卡遺失】

建議背下一張信用卡的卡號，並備份信用卡資料與緊急聯絡電話。出行建議至少攜帶兩張信用卡，並分開放。

【急用現金】

若臨時需要緊急匯款，可請家人朋友透過所在地的西聯服務處(Western Union)匯款，給你密碼後，憑個人身分證件及密碼，即可半小時內於就近的西聯服務處取得現金。

【生病】

小病痛可到藥房購藥，重大傷病可請旅館協助，就醫後記得開立收據，回國申請保險醫療理賠或健保補助。

【緊急事件處理】

若遇上重大災難、重大傷害事件等，駐外辦事處可協助安排醫療、安置、提供返國及理賠等相關事宜。出國前建議先至外交部領事局網站或加入外交部領事局Line帳號進行出國登錄，以利發生重大事件時，政府掌握國人動向。

駐義大利代表處

📍 Viale Liegi 17, Roma／🕐 週一～五09:00～17:00／📞 緊急聯絡電話：+39-06-9826-2800／⁉️ 一般護照遺失、申辦護照、簽證及文件證明書等領事事務／🌐 外交部領事事務局：www.boca.gov.tw

緊急連絡電話
義大利救護車：118
消防隊：115
警察：112 或 113
旅外國人急難救助全球免付費專線：00-800-0885-0885

義大利

羅馬・米蘭・威尼斯・佛羅倫斯・都靈・阿西西・五鄉地・天空之城

北部大城小鎮

作　　者	吳靜雯

總 編 輯	張芳玲
編輯主任	張焙宜
主責編輯	孫冠禎
特約編輯	黃　琦
美術設計	許志忠
封面設計	許志忠
地圖繪製	許志忠

太雅出版社
TEL：(02)2368-7911　FAX：(02)2368-1531
E-mail：taiya@morningstar.com.tw
太雅網址：http://taiya.morningstar.com.tw
購書網址：http://www.morningstar.com.tw
讀者專線：(02)2367-2044、(02)2367-2047

出 版 者	太雅出版有限公司
	106 台北市大安區辛亥路一段 30 號 9 樓
	行政院新聞局局版台業字第五〇〇四號

讀者服務專線：(02)2367-2044／(04)2359-5819 #230
讀者傳真專線：(02)2363-5741／(04)2359-5493
讀者專用信箱：service@morningstar.com.tw
網路書店：http://www.morningstar.com.tw
郵政劃撥：15060393(知己圖書股份有限公司)

法律顧問	陳思成律師
印　　刷	上好印刷股份有限公司　TEL：(04)2315-0280
裝　　訂	大和精緻製訂股份有限公司　TEL：(04)2311-0221

初　　版	西元 2023 年 10 月 1 日
定　　價	490 元

(本書如有破損或缺頁，退換書請寄至：台中市西屯區工業 30 路 1 號 太雅出版倉儲部收)

ISBN 978-986-336-387-3
Published by TAIYA Publishing Co.,Ltd.
Printed in Taiwan

國家圖書館出版品預行編目 (CIP) 資料

義大利北部大城小鎮：羅馬．米蘭．威尼斯．佛羅倫
斯．都靈．阿西西．五鄉地．天空之城 / 吳靜雯作 . --
初版 . -- 臺北市：太雅出版有限公司, 2023.10
　面；　公分 . -- (世界主題之旅；137)
ISBN 978-986-336-387-3 (平裝)

1.CST：旅遊　2.CST：義大利

745.09　　　　　　　　　　　　　　　 109002193

填線上回函

義大利北部大城小鎮

reurl.cc/ZW2voQ